清水江研究丛书 （第一辑） 张应强 / 主编

历史的
镜像

三门塘村落的
空间、权力
与记忆

钱晶晶 / 著

社会科学文献出版社
SOCIAL SCIENCES ACADEMIC PRESS (CHINA)

本书的研究和出版承蒙

教育部人文社科重点研究基地重大项目"湘、黔民族地区汉文民间文献的收集与研究"（05JJD840151）

中山大学历史人类学研究中心承担的国家社科基金重大项目"清水江文书整理与研究"（11&ZD096）

教育部人文社科重点研究基地重大项目"山地、流域与族群社会：西南民族地区的生态、文化多样性与社会变迁研究"（17JJD850004）

资助

谨以此书献给三门塘人

总　序

　　以一条江来命名一套研究丛书，确实需要做些说明。

　　贵州东南部的清水江，是洞庭湖水系沅水上游支流之一，亦名清江。清雍正年间设置的"新疆六厅"，其中就有因江而名的清江厅。历史上因江清而名的江河或相应治所不在少数，至今湖北西部仍有清江；民国初年改清江厅置县，也因与江西清江县重名而改名剑河县。清水江之名则渐至固定，用以指称这条源出贵州中部苗岭山脉、迤逦东流贯穿黔东南苗族侗族自治州多个市县的河流。

　　清水江是明清时期被称为"黔省下游"广阔地域里的一条重要河流，汇集区域内众多河流，构成了从贵州高原向湘西丘陵逐渐过渡的一个独特地理单位。特别是在清水江中下游地区，气候温暖、雨量充沛且雨热同期的自然条件，非常适于杉、松、楠、樟等木植的生长。是以随着明代以来特别是清雍正年间开辟"新疆"之后的大规模区域经济开发，清水江流域尤其是中下游地区，经历了以木材种植和采运贸易为核心的经济发展与社会历史过程。以杉树为主的各种林木的种植与采伐，成为清水江两岸村落社会最为重要的生计活动，随之而来的山场田土买卖、租佃所产生的复杂土地权属关系，杉木种植采运的收益分成以及特殊历史时期发生于地方社会的重大事件等，留下了大量契约文书及其他种类繁多、内容庞杂的民间文献。基于对清水江流域整体性及内在逻辑联系考虑，我们把这些珍贵的主要散存于清水江中下游地区的汉文民间历史文献统称为"清水江文书"，这一命名得到了学界的普遍认可和采用。不过需要进一步说明的是，与其说这种整体性及内在逻辑联系是一个客观事实或既有认识，毋宁说是一种理论预设，正需要通过精细个案研究去加以探索与论证。这可以说是组织这套丛书的一个最单纯直接的因由，也是本研究丛书出版希望可以达致的一个目标。

具有现代学术意义的对于清水江流域的深度关注和系统研究，吴泽霖先生或为开先河者，1950 年代完成调查并成书的《贵州省清水江流域部份地区苗族的婚姻》是重要代表作。而后1960 年代由民族学者和民族事务工作者所进行的少数民族社会历史调查，也直接在清水江下游的苗侗村寨收集整理了一定数量的民间文书，并于 1988 年整理编辑出版了《侗族社会历史调查》。正是在这些已有的学术探索和积累的基础之上，笔者开始关注这个区域的材料和问题，并在 2000 年真正进入清水江流域开展调查研究工作。如果说两三年成稿、后经修订出版的《木材之流动：清代清水江下游地区的市场、权力与社会》，是对区域社会文化发展历史进程的综观式考察，那么其后继续推进的相关学术工作，包括清水江文书的收集、整理与研究，以及指导研究生在清水江两岸及更大地域范围的苗乡侗寨开展人类学田野调查等，则可视为既带有某种共同关怀，又因田野点不同或研究意趣迥异而进行的学术尝试。

或许，"清水江研究"可视为一个学术概念，一种其来有自的学术理念传承发展的研究实践，是围绕共同主题而研究取向路径各异的系列工作成果，也是在特定地域范围内密集布点开展深入田野调查，同时充分兼顾历史文献收集解读的研究范式探索。事实上，要想对这些论题多样、风格各异的研究进行总括性的介绍与评述，不仅徒劳而且多余，其间确有误解误读乃至抹杀不同研究独到见解及学术贡献的可能风险。因此，围绕以"清水江研究"名之的这套丛书，余下的就是这个研究群体在实践、交流、互动过程中遵循的原则或认可的价值，以及一些不同研究渐至形成的共识，可在此言说一二。

当我们把"清水江研究"看作一个整体，自然首先是清水江流域可视为一个整体。流域绝非一个纯粹的自然地理概念，流域的历史亦非单纯的自然史，而是与人类的活动交织和纠缠在一起。是以当我们在清水江流域不同地点开展田野工作，这些工作本身即包含了某种内在的共同性。这是显而易见的，构成了我们以为必然存在的整体性的最基础部分。这是流域内干支流水道网络形成的自然条件影响（支持或约束）人们实践活动的基本方面。其次，从政治、经济、社会、文化等层面，我们也不难看到，特定地域在其历史发展进程中形成了或者说呈现出某些共同的特性。如果说"新疆六厅"的设置，标志着地域社会进入王朝国家的政治体系，那么以杉木贸易为核心的区域经济社会生活，更是充分地表现出一种共同性和一致性。当原有的社会组织、社会制度在共同面对王朝国家的制度性介入，以及经济生活中出现一些适应市场机制的制度规范的时候，我们也看到了社会文化层面的某些同步改变与整合。这是一幅生动而丰富的历史画卷，如果说国家治理和市场经济共同构成了画卷材料的经纬或质地，那么杉木的种植与采运则是清水江故事的基本底色。

这样的一种整体性也具体体现在每个基于精细田野调查与深度文献解读的个案研究中。诚然，每项具体研究都自成一体，都有其自身的整体性，且这种整体性是由各自的问题意识以及相关材料的收集和运用所决定的。无论是聚焦山居村寨与人群以杉木种植为核心的经济社会生活，还是着重考察临江村落木材采运贸易的制度运转或人群竞争；也无论是对一个特定苗寨侗村日常生活深入细致的观察与剖析，还是多个相邻相关村寨复杂人群构成及相互关系的历时性比较；亦无论是从婚姻缔结及婚俗改革等传统主题入手探讨社会文化变迁，还是洞悉传统社会组织延续与转型对当下社会生活的意义赋予等，都无不明显呈现出各自的整体性。实际上，这也都是由整个流域整个区域的某种内在整体性所决定的。特别是当我们把"清水江研究"这样一个概念，扩展到超越了清水江流域，而包括了相邻的都柳江流域、舞阳河流域乃至下游的沅水干流等其他一些相关地区的时候，背后所考虑的其实也正是由清水江研究所引出的一些基本问题及某些内在的关联性或者说一致性。

编入"清水江研究丛书"、主要基于不同乡村聚落长期深入的田野调查的这些研究，在某种程度上可视为中国传统人类学关于乡村社区研究的一种延续。这一传统可以追溯到被誉为社会人类学中国时代的 20 世纪三四十年代。吴文藻先生曾强调，社区研究应结合空间的内外关系和历史的前后相续。正如有学者在回顾和反思后来的一些研究时所指出的，在实际的研究过程中往往存在不无偏颇的情况，即将中国乡村社区看成是不太受外界影响的一个整体，以致缺乏对乡村社会的历史性以及内外关系体系等的整合性考虑。在这个意义上，"清水江研究丛书"所涉及的不同村寨，虽说它们都是清水江流域整体的某些局部，但这样的一些局部，又是镶嵌在整个区域社会乃至中国社会文明的一个更大的系统之中的。故此，这些研究实践所带出的关于清水江流域的总体认识，同时提供了看待整个清水江流域如何进入中华文明系统的独特视角。这绝非简单的局部与整体关系、局部如何说明和构成整体、整体又如何在局部里面得以体现的问题，实际上涉及我们所践行的历史人类学研究如何兼顾内外关系和过去现在的方法论视角。

田野工作的重要性已无须再予强调，富有挑战性的是不同的田野点都或多或少地保留了清代以来的各类民间文献。当结合这些文献资料和田野调查以了解某一历史过程中的具体事件及特定人物时，不仅作为史料的各种文献的建构过程值得进行深入的发覆，而且作为历史主体的人的活动，以及历史事件在他们身上留下的痕迹等，都成为田野调查时需要高度的敏感性才能有所觉察和了解的。也因此之故，将过去与现在联结起来的历史民族志就成为"清水江研究"的基础性工作。它不仅是书写村落社会历史甚或"创造"其历史的独特方法，而且是探索和丰富历史人类学取向的有学术积累意义的研究实践。相信这些立足于精细个案及丰富材料，又富含区域和全局关怀的非常有层次感的民族志，都从不同的侧面充分展现了人、社会、自然关系的复杂性与多样性。

"清水江研究丛书"作为一个研究团队在中国历史人类学研究十分难得的试验场的系列工作成果，不能不说也得益于非常系统而完整的清水江文书的遗存。这一由民间收藏、归户性高、内在脉络清晰的民间文书，显然不只具有新史料带出新问题这种陈旧观念所能涵纳的一般意义，其更重要的价值在于提供了完整看待一个地方社会发展历程的全新眼光和别样视野，带给研究者一个回到历史现场的难得机会，帮助我们把探索的触角延伸到非常生动具体的过去，回到文书所关涉的那样一些特定历史时刻的社会生活之中。尤其是在清水江文书呈现出来的文字世界里，既可看到地方人群对主流文化的认同，也可见到在与文化他者的复杂关系中对自身主体性的确立。因此之故，结合深入细致的历史田野工作，我们可以真切感受到清水江文书中包含的极具地方性的思想意识和历史观念，同时也获得了探索特定地域社会动态发展极富价值的历史感和文化体验。

不难发现，在不同专题研究的民族志材料中，均以具体而鲜活的人的历史实践活动为中心，并且饱含研究者真实而丰富的同情之理解。我们的研究都建基于一个个既有共性又个性鲜明的村寨的田野工作，尤其是其中具体的人的实践活动，是探寻国家制度影响、了解不同人群互动交融、理解社会文化历史建构的根本着手点。在某种意义上来说，田野工作的深度不仅关乎对作为一个整体的区域社会的了解认识，更直接影响到立足历史文化过程生动细致描述的历史民族志的独特价值和魅力展现。可喜的是，在"清水江研究丛书"中，在研究者为我们呈现的栩栩如生、极富画面感的历史情境的描述中，不仅可以见到研究者与对象社会人群真情实感的互动与共鸣，还饱含了研究者对对象社会人群思想观念和表述习惯的充分尊敬和理解。或许，正是这样细致有力量感的民族志决定了这些研究的基本学术价值。至于是否在此基础上建立和发展起有关西南地区甚或中国社会历史文化的新视角和新范畴，以及在这样带有方向性的学术努力中贡献几何，则作者自知，方家另鉴。

张应强

2018 年初秋于广州康乐园马丁堂

目　录
CONTENTS

图表目录

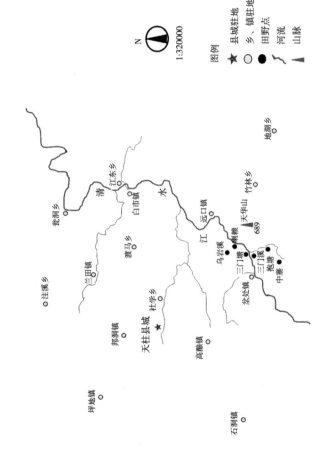

贵州省天柱县田野点

图例

★ 县城驻地
◯ 乡、镇驻地
● 田野点
〰 河流
▲ 山脉

1:320000

N

注溪乡
坪地镇
石洞镇
邦洞镇
天柱县城
高酿镇
兰田镇
渡马乡
社学乡
瓮洞乡
清
江东乡
白市镇
水
远口镇
江口镇
乌岩溪
三门溪
三门塘
垒处镇
蒲赖
竹林乡
天华山
689
抱塘
中寨
地湖乡

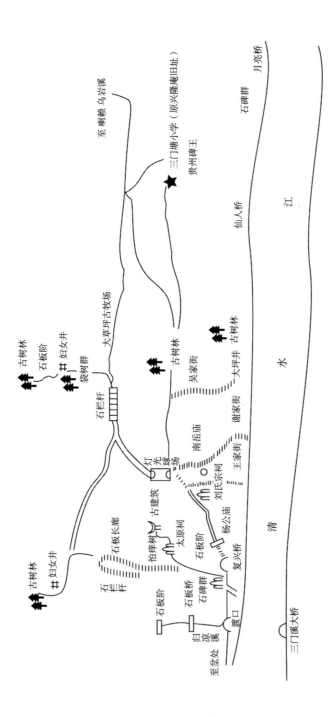

三门塘村落景观

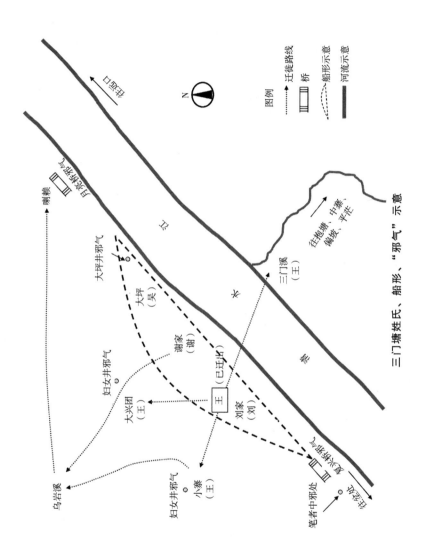

三门塘姓氏、船形、"邪气"示意

图例

⋯⋯▶ 迁徙路线

▯▯▯ 桥

船形示意

河流示意

N

导　言

一　问题意识与学术回顾

> 世界被看作真实的还是虚构的，这无关紧要，理解它的方式同样如此。历史并没有规定，它只能以一种唯一的形式出现。

〔美〕海登·怀特

在当今的现代化、都市化进程中，城市中的许多传统社区被拆除，边远的村落或被改造成城市的一部分，或被当作古村落保留下来。我们似乎越来越轻视历史，却又在某些时刻的现实需要中急切地找寻历史。因为我们无法回避某些遗留下来的事物使我们感受到来自某个历史时期的力量与真实性。我们可以回顾与守望的东西好像越来越少，直接的表面观察不足以认识他人与自我，我们时刻都感受到过去时间暗流中涌动着的东西，就连我们的自我也是从中感受到的相续而已，所以我们太容易同时患上对历史的健忘症与饥渴症。

人类学在19世纪形成之初，便与历史学结下不解之缘，19世纪到20世纪初的进化论学派，通过建立人类文明的演化阶段，来探讨人类文明的历史发展进程。到了20世纪20年代中期，以马林诺夫斯基和拉德克里夫－布朗为首的功能论与结构功能主义，强调以参与观察为基础的田野调查，注重民族志的科学性。他们与以博厄斯为首的美国历史学派一样，均反对进化论学派的历史臆想，从而为建构人类文化具有实证意义的内涵而努力，至此人类学与历史学分道扬镳。直到 20 世纪 60 年代，结构马克思主义的兴起才结束了两者的分裂，恢复了对历史过程的重视。萨林斯有关库克船长的研究，提出了以"文化界定历史"的看法，以此奠定了历史人类学的基础而有所突破。

萨林斯有关南太平洋地区殖民遭遇的论述，[1] 意图传达一个基本的理念：人类学家所称的"结构"，即文化秩序的象征性关系，乃是一种历史事物。历史乃是依据事物的意义图式安排的，也可以倒过来说：文化的图式也以历史的方式进行安排，因此，文化在行动中以历史的方式被再生产出来。[2] 结构人类学作为人类学的一大范式，其代表人物列维－斯特劳斯通过对图腾神话及相关仪式的研究，[3] 打破了历时性与共时性的对立，寻求从历史中发现结构，也从共时性的结构、系统中追溯历时性的意义。

本书的研究对象三门塘村保留着大量的清代石碑、中西合璧的祠堂建筑、年久的古井石桥、悠长的花街石廊。面对这些具有强烈历史感的景观建筑，站在历史发生的田野当下，回望过去，当笔者对寻找弥合过去与现在罅隙的有效路径感到困惑时，村落空间成为笔者的一个切入维度。现存的空间布满了历史文化的苔痕和吸附，沉淀了特有的历史内涵；现存的村落空间对人们现实生活的影响，其中夹杂着情感、历史记忆，以及村落权力的象征秩序；特别是在旅游开发形成热

---

① 萨林斯：《历史之岛》，蓝达居等译，上海人民出版社，2003。萨林斯用四个主要的概念，来分析及呈现历史过程：结构（structure）、事件（event）、实践（practice）以及非常时期的结构（structure of the conjuncture）。

② 按照格尔兹的说法，一方面，一个事件是一个普遍现象独一无二的现实化，是一种文化模式的偶然实现；另一方面，人们会创造性地重新思考他们的惯用图式，也就是说，文化在行动中以历史的方式改变了。

③ 克洛德·列维－斯特劳斯：《野性的思维》，李幼蒸译，中国人民大学出版社，2006。列维－斯特劳斯认为，历史借助特殊能力，将时间压缩成神话中特有的一部分。

潮的当下，人们强化村落空间的历史价值，同时赋予其新的意义。

村落的文化本质决定了本研究的书写势必带来时间与空间的结合，在这些实体空间内可以直观地看见历史痕迹，但在这些房屋居所背后，隐藏着的村落及村际交往中人的关系、权力控制、情感记忆等在三门塘所处的区域历史经济文化背景下演绎出的故事，又显现出它特有的复杂性与多样性。

村落研究是人类学研究的传统话题，在以往研究中出现了诸如"江村""林村""凤凰村"等在学术界广为人知的村落名字。传统人类学的研究方法主要是从研究小型的、简单的、较为原始的聚落社会中发展而来的，即所谓微型的社会学研究方法。这种研究方法将调查限定在一个较小的社会单位内进行，依循社区中的经济生活、亲属系统、宗教信仰等线路，来考察各种文化面向的互动与整合，这种研究方法可以提供一个较小范围内社会生活的全息图景。

20 世纪三四十年代，中国人类学出现了几部著名的村落研究著作，这一时期的人类学村落研究基本融合了社会学和人类学的方法，依照结构功能主义的观点来解释村落社会事实，全面整体地来反映村落生活，虽然忽略了村落历史及村与村的外部关系，但这些学者们都有着通过村落研究来呈现中国社会的整体面貌的学术追求。正如费孝通先生自己所说，《江村经济——中国农民的生活》"不能说是结合了历史的社会学分析"，他的老师、功能学派主要代表人物马林诺夫斯基在该书的序言中也表明了对历史的态度，中国有"考古遗迹和文字记载的悠久文化传统"，在中国社会的人类学研究中"历史学和社会人类学应当是两门可以互为补充的学科"。[①] 人类学对于小范围社区的微观研究，在面对中国这么一个有着博大深远历史背景的复杂社会时，便存在方法论上的挑战。

到了 20 世纪 50 年代，当时的民族学家对少数民族地区进行了

---

① 费孝通：《江村经济——中国农民的生活》，商务印书馆，2003，第332—333 页。

大规模的社会历史调查，留下了许多民族文化文献资料。与此同时，实地村落研究也暂时搁浅，这一时期的人类学研究与历史学及其他社会科学展开密切对话，如何将村落研究与中国社会文化的宏观结构及历史进程有机结合成为村落研究的新课题。

到了 20 世纪 70 年代末，更多的境外学者到中国大陆进行人类学调查，如波特夫妇对广东村庄的研究，黄树民教授对林村的调查，[①] 以及同一时期萧凤霞对广东的田野调查（出版了《华南的代理人与受害者》一书）。20 世纪八九十年代的人类学研究大多也侧重村落，这些大量关于中国乡土社会的描述，不再将自身的研究囿于从村落去看中国，而更多地将村落与国家的关系纳入问题意识。在一些人类学学者和历史学学者的合作经验里，地方社会与国家政治经济、意识形态的复杂互动关系和过程得到了更为具体的论述。[②]

作为法国"年鉴学派"新史学代表作的《蒙塔尤》[③] 讲述的是法国南部一个小山村的历史，展示了 14 世纪法国村落的时代特征。这种小社区的研究实际上带有揭示"整体历史"的意义。本书的写作也是对"小地方"与"大历史"间的逻辑关联研究的一种尝试。三门塘村寨作为清代以来清水江下游一个重要的木材、商贸集散地，以及后来官方确认下的"外三江"，对其的考察将带来在特定时段中对更大区域内的整体性把握。人类学研究的平民化趋向使得本书的研究自然地从社会底层去发掘村落社会变迁的轨迹，对民众日常生活的微观描述，揭示历史生动鲜活的一面，用村民自

---

① 黄树民：《林村的故事》，生活·读书·新知三联书店，2002。该书从叶书记个人生活史的角度叙述了林村的种种变迁。

② 刘志伟、科大卫在多年对华南地区研究的基础上，以宗族为核心进行讨论，将地方认同与国家象征结合起来。阎云翔对东北村庄"礼物交换"的研究，展示了国家政治经济过程与民间社会交往模式之间的关系。另外，关于村落研究的论著还有很多，如杨懋春的《一个中国村庄——山东台头》是把中国乡村生活的各个方面加以综合贯通和透彻理解的一本书。

③ 埃马纽埃尔·勒华拉杜里：《蒙塔尤》，许明龙、马胜利译，商务印书馆，1997。

己的资料（族谱、碑刻、歌谣等）来完成村落历史的叙述。本书以文化视野下的整体观去表述社区的历史进程，将村落的物质空间和精神空间融于一体，通过浸润于人们日常生活的习俗仪式、宗教信仰深入"他者"的精神观念层面，从而形成对村落历史更为丰富饱满的理解。

对三门塘的论述也将涉及乡村生活的全面观和祖祀传承的乡土特色。风水术作为中国占卜术的传统组成部分，认为家族兴旺与风水有着密不可分的关系，林耀华先生的《金翼》① 提供了一个精致深入的研究范本，文学化的叙事涉及家族兴衰与风水之关联。但本研究发现，透过风水看到的空间观念，不仅仅是基于地理形貌的一个概念，其背后有着不同人群之间的复杂关系，以及空间观念与历史记忆的交互作用。

传统中国社会是一个以血缘关系为纽带的宗族社会，是以血缘为主轴而展开的人际关系网络。一个或多个宗族组成的村落，是典型中国版的乡土社会。由姓氏和族谱规范的宗亲关系则是构筑乡村社会结构的重要框架。林耀华先生首先提出了宗族乡村的概念，② 并以村落社会中的宗族为分析性概念研究中国社会。随后弗里德曼从福建、广州两地的经济基础入手，细述了当地宗族的规模和组织结构，并在此基础上探讨了宗族之间以及宗族和国家权力之间的关系，他的宗族理论偏重于经济环境中的宗族功能分析。③

学术界对于中国宗族或是宗族制度的研究颇多，对于不同历史时段以及不同地域空间内的宗族考察，都显现出其差异性。在对珠

---

① 林耀华：《金翼》，庄孔韶、林宗成译，生活·读书·新知三联书店，2008。

② 林耀华：《义序的宗族研究》，生活·读书·新知三联书店，2000，导言第 1 页。"宗族乡村乃是乡村的一种。宗族为家族的伸展，同一个祖先传衍而来的子孙，称为宗族；村为自然结合的地缘团体，乡乃集村而成的政治团体，今乡村二字连用，乃采取自然地缘团体的意义，即社区的观念。"

③ 莫里斯·弗里德曼：《中国东南的宗族组织》，刘晓春译，上海人民出版社，2000。

江流域的国家与地方社会的探讨过程中，研究者们将宗族作为和土地开发、商业发展紧密相连的一种运作机制，不仅仅是将宗族简单地视为共同祖先界定下来的血缘群体，还将其视为"一种独特的社会意识形态，一种独特的社会经济关系"。[①]"将宗族机制视为一种构造宏观中国的新的秩序，而这一秩序在商业化农业发展的地区的推广和普及，就带来了我们可以观察到的区域性经济发展过程中的地权演变。"[②]

本书针对包括三门塘在内的清水江下游一带，在清代以来大规模木材贸易之后所产生的村落社会的商业化过程，着重探讨三门塘村内几大家族在木材商业活动中扮演的角色，以及其在乡民社会中围绕着修祠、建庵、架桥、立碑等行为而展开的空间权力的营造和认可。在本书的讨论中，这些以姓氏为名建造的物质空间成为村落社会中生活层面和信仰层面产生聚合力量的一种象征符号。在商业化之后的三门塘，宗族制度作为村落公共事务和家族商业活动的一种具体运作机制而呈现独有的特征。

本书仍旧立足于传统人类学视角下的整体观的村落研究，对村落的地理概貌、经济生活、社会组织、宗教信仰等文化范畴的各方面进行结构性的总体把握，并揭示人们日常生活表象之下深层的文化象征意涵。村落是在历史中形成的，对村落社会的考察是对一个相对稳定和变化缓慢的社会演进过程的认识。因此，本书的写作引入了历史纵向这一维度，对清水江边这一受制于生态、社会政治经济环境而形成自身特有的生产、生活方式的村落生活，以及人们在长期居住、繁衍而逐渐固定化和稳定化的一个边缘清晰的空间单元

---

① 科大卫、刘志伟：《宗族与地方社会的国家认同——明清华南地区宗族发展的意识形态基础》，《历史研究》2000 年第 3 期。

② David Faure, Helen F. Siu eds., *Down to Earth: The Territorial Bond in South China*, Stanford University Press, 1995, p. 2.

内的生活进行考察，将这一空间聚落的共时性把握和在时间序列内的村落社会发展脉络做一梳理。

如何将历史的宏大叙事落实到具体的时空坐标内，美国人类学者施坚雅用历史学、经济地理学和经济人类学的方法对四川成都平原进行的集镇调查，突破了单个村落研究的界限，用"区域模式"来解释中国传统社会，从市场网络的角度来解释传统中国的社会结构，以一个独特的区域结构系统的模式化来完成对整个中国历史的区域性构建。[①] 他的集市体系理论和宏观区域理论，启发了笔者对清水江水系网络中市场的考察，使笔者能够更好地去理解明清时期三门塘一带的木材贸易运行体系的形成和发展过程，尤其是以三门塘渡口为核心的三门溪一线村落的木材采运系统。

施坚雅的市场理论模型为区域社会研究提供了一个宽广的学术对话平台，其意义得到了肯定。萧凤霞在此基础上向前推进了一步，将市场网络和区域认同的文化意义紧密结合起来，这一加入地域特有文化的讨论，使得对一个区域系统内的文化表达中对有意识历史性结构的追寻更臻于完善。[②] 杜赞奇吸收了施坚雅市场体系理论中的合理成分，而将其融入文化网络的概念之中，加强了对区域市场网络中文化意义的理解。[③]

刘志伟通过对粤东沿海一个小岛神庙系统的考察，透过社区内部结构与村际关系，重新建构了一个多族群定居小岛的形成与发展

① 施坚雅：《中国农村的市场和社会结构》，史建云、徐秀丽译，中国社会科学出版社，1998。
② David Faure, Helen F. Siu eds., *Down to Earth: The Territorial Bond in South China*, Stanford University Press, 1995.
③ 杜赞奇：《文化、权力与国家——1900—1942 年的华北农村》，王明福译，江苏人民出版社，2003。

过程，以及过程中产生的文化整合的意义。① 张应强的《木材之流动：清代清水江下游地区的市场、权力与社会》② 一书，着力于清水江流域这一区域的研究，却表达着对宏观中国构造过程的理解，其将这一区域的研究置于王朝国家、政治经济社会发展的脉络中，回应了华南学派所倡导的传统国家力量与地方社会互动的学术理念。作为围绕清末以来清水江下游木材贸易的一项区域研究，该书给本书提供了一个鲜活的区域性历史图景，也加深了笔者对区域社会变迁中国家力量、市场需求、地方社会发展逻辑等多重因素、复杂关系的过程化理解。

三门塘村寨作为湘黔毗邻地带的古老"四十八寨"之一，它较早地处于了这一传统民族文化网络之中。随着后期木业经济的兴起，基于清水江水系而形成的木材采运市场网络将三门塘纳入其中，三门塘同时处在了区域经济市场网络和传统文化网络之中。对于三门塘所处区域经济文化网络更好的认识，则有助于对其村落社会的发展形貌以及其村际网络有更为深刻的理解。

将三门塘村落研究置于一个特定的区域网络内，并非将区域作为一个先入为主的整体性概念进行论述，而是聚焦于村落内部，寻找一种活生生的地方性特质，同时发散地观看周边。近年来，华南学派所倡导的史学研究成果颇丰，但未免有些依照学者自身预设的逻辑来构成区域历史蓝本的嫌疑，对找寻研究对象社会中隐藏的历史逻辑与文化规则有些无力。如何避免研究者的自我认识成为被研究对象的话语，人类学的反思性使得基于田野调查的学术研究的不断创新成为可能。

黑格尔对时间和空间的关系曾经做过深刻的论述，"空间与时间在运动中才得到现实性。运动的本质是成为空间与时间的直接统一，运

---

① 刘志伟：《大洲岛的神庙与社区体系》，中国社会史学会 1998 年年会会议论文，江苏苏州，1998 年 8 月。

② 张应强：《木材之流动：清代清水江下游地区的市场、权力与社会》，生活·读书·新知三联书店，2006。

动是通过空间而现实存在的时间，或者说，是通过时间才被真正区分的空间"。① 处于三门塘时空中的人们，如何解读过去、把握当下，从而凭借对过去的认识面对未来？本研究的用意并不想把历史割裂为固态的或某种模式化的地方史、村落史或是家族史，而是将它视为一个动态的过程。这个过程化的叙述和讨论，不仅包括发生在过去村落物质空间的营造过程，也包括现在人们利用这一空间进行的当下活动。

涂尔干把空间视为如同时间、数字等基本分类的先验概念之一，而在此基础上发展出知识系统；功能论学派则将空间视为反映亲属关系与社会结构的一方面。埃文思－普理查德指出时间概念不再是人们对自然界的依赖关系的反映，而是社会群体之间相互关系的反映，人群之间的距离是以价值观来表达的，虽然土地的自然条件决定了村落之间的距离，但是当涉及宗族与年龄组、性别等价值观时，人群之间的相对位置便发生变化，并将其称为结构空间。②

结构主义论者将空间分类视为人类社会分类中的一种，如内外、高低、左右等空间观念，不同文化中存在类似的空间分类观念，而这样的分析未免局限于形式表层。象征学派则突出了空间象征体系其本身具有的独特性与自主性，对其文化内在逻辑的探究推进了空间的理论研究。本书尝试将不同类别的空间文化意涵放入一个历史发展的框架内进行解读，将村落空间置于村落历史的背景中，以期呈现不同时期的具体差异，也从中统摄村落历史特别是几大家族发展的变化历程。

空间不只是一种自然的地理形式、人们建构环境的基本要素，它也是人们在此基础上不断建构的结果，它的存在有其社会经济条件，也是历史发展的结果。关于空间研究，列斐伏尔开创性地提出

---

① 黑格尔：《自然哲学》，梁志学、薛华等译，商务印书馆，1999，第 58 页。
② 埃文思－普里查德：《努尔人：对尼罗河畔一个人群的生活方式和政治制度的描述》，褚建芳、阎书昌、赵旭东译，华夏出版社，2002，第 128 页。

了"社会空间"这一概念，[1] 列斐伏尔选择了空间去探讨现代社会的复杂关系，[2] 在他看来空间不仅是物质的存在，也是形式的存在，是社会关系的容器。将历史性、社会性和空间性联合论证，带来的不仅是对空间思考方式的深刻变化，也开始导向我们历史和社会研究的巨大修正，马克思历史唯物主义者一直用时间来消灭空间，淡化空间意识，把空间降格为历史的背景。列斐伏尔运用空间问题启发并丰富了历史性与社会性的想象，开拓了本书对社会空间无穷尽的思考维度。然而，西方学者的空间理论，大都站在一个如同全能上帝的俯瞰视角，如何站在他者视角去观看他们自身的空间，或许是探索空间研究的另一条路径。

在与人们富贵康泰相连的风水学说里，空间作为一种象征体现了宇宙观。空间也被视为文化习惯，包括分类观念与个人实践。由黄应贵先生主编的《空间、力与社会》[3] 一书，收集了主题涵盖区域地理、聚落、家屋风水、[4] 夜市以及空间仪式的各方面的论文，

---

[1] Henri Lefebvre, *The Production of Space*, Wiley-Blackwell, 1992, p. 4.

[2] 列斐伏尔关于社会空间生产的理论体系，提出了空间的实践（spatial practice）、空间的再现（representation of space）、再现的空间（representation space）三位一体的概念，并与觉察的空间、认知的空间、生活的空间一一对应，这种关联将空间的主观性和客观性连接起来。列斐伏尔所说的空间史与历史学家所界定的历史有着巨大差异，他认为空间史是一个相对的概念，空间史具有强烈的建构色彩，所谓空间的历史就是社会关系通过空间的实践镌刻在社会空间之上的过程，因此社会关系的变动，可能导致社会空间阶段性的变化。尽管列斐伏尔的讨论是建立在对西方资本主义批判基础上，但他将权力、社会关系、日常生活与空间联系起来的研究视角，对于本土化研究也有极大启发。

[3] 黄应贵主编《空间、力与社会》，中研院民族学研究所，1995。

[4] 黄应贵的《土地、家与聚落——东埔社布农人的空间现象》是从家屋建筑讲述家族与聚落内部社会关系，呈现了在不同政治经济背景下，布农社区空间的演变过程。中心与边陲，神圣与世俗诸如此类空间的二元对立划分，便是此书更为强调的由人的活动与物质性空间相互结合运作而产生的各种新的空间建构所具有的力。它在聚落内规范家族土地范围，调整家族成员、两性之间的关系，建构一种社会秩序。到了资本主义时代，空间被物化成为商品，当它成为利益争夺的对象，更凸显出空间的权力性质。参见黄应贵主编《空间、力与社会》，第73—132页。

尽管各自的理论倾向略有差异，但提供了从不同路径对"空间是什么"这一问题更为多样化的思考。物质性空间与人的活动互动的过程，既是一个实体空间的建造过程，也包括在此过程中人们产生的空间观念，以及在特殊历史环境下人的实践与物质性空间互动的运作方式。

不论是实质性的空间，还是抽象概念化的空间，这些研究讨论的焦点都落在人的活动与空间建构的互动上。这将空间研究放入一个特定的社会脉络中，人的主动性和空间的客体性结合的过程化讨论成为可能，在本书的研究中可以看到三门塘人在自然地理空间上建造出新空间时，在一定政治经济条件制约下，也产生了调节、限制人群关系的文化机制，不同物质空间的象征意义，以及失衡与和谐的空间观念等一系列现象。

福柯试图围绕空间、知识、权力的三元辩证而展开另一种历史的书写，他通过关注时间与空间的分布问题来进行纪律权力起源的各种讨论；① 另外，布迪厄在有关惯习②（habitus）、吉登斯在区域化③（regionalization）的讨论中，在对物质空间环境与社会生活有一

---

① 福柯：《规训与惩罚》，刘北成、杨远缨译，生活·读书·新知三联书店，2007，第143—144 页。人们只能通过对时间与空间的操纵来推行纪律，他认为权力 - 知识的关系根植于空间里，不管在哪种形式的权力运作中，空间就是最根本性的东西。"纪律创造出复杂的空间，这些空间既是建筑的，也是功能性的和等级制的。正是这些空间创造了各种固定的位置，并使流通成为可能；这些空间划分出人的各个部分，并且确立了它们之间的操作性联系；这些空间也标示出了地点及价值；他们不仅确保了个人的服从，也建立了一个对时间和姿态进行更优安排的体系。"

② 布迪厄超越主观主义与客观主义的对立，提出一个可以同时弥补主观主义与客观主义不足的重要概念——惯习，布迪厄认为，"惯习"是主体实践性地认识社会的一种认知结构，而实践（社会行动或称惯习行动）则由结构和惯习这两大部分组成。布迪厄的场域理论认为，场域是由一系列客观关系构筑的社会空间，在这一空间中，不同位置上的各种力量为争夺制度高位或权力资本，不断地展开彼此的博弈和争夺。

③ 吉登斯在《社会的构成》中阐发的"结构化"理论认为：时间和空间的"区域化"，是在人与人的共同在场要求中获得力量的，它使得人的社会活动场景被"固定化"，区域化包含了在时间跨度或空间范围上千差万别的分区。

个较为整体的把握和深刻视野下，都谈到了空间产生的权力，及其导致的社会不平衡，以及人的实践活动如何影响空间分类与结构。

本书试图厘清三门塘村落空间的建构过程，这是一个物质性空间与人的活动相互运作的过程，对其中人们有关空间的观念做一区辨，通过对社会关系与空间权力的影响，看到在受空间以外的要素影响下，空间产生象征意义的过程，对村落具体情境下的空间认识，以期对空间本身能有新的了解，也为中国传统经验中的空间研究做一补充。在呈现村落文化的同时，了解自然物质空间与人们因实际需要在特定社会历史环境之下建构出的空间观念的文化基础何在。在传统史学中，方志、民间文书是现象叙事历史的文本基础，但受到后现代思潮的冲击，历史的建构与再现形式都变得多样，本研究试图将空间作为文化文本进行解读与阐释，突破空间的共时性，而将空间做一历时性的动态解读，从而传达"空间界定历史"的学术意图。

空间是在历史中形成的，人群作为生活在村落内的主体，传承与延续着历史记忆。在本书的讨论中，将引入记忆与空间一同来探讨人们是如何借助空间来记忆的，如何以空间来表达记忆的，最终这种表达如何集聚在某些重要的文化符号上（桥、井、碑、祠堂）。随着旅游开发的不断推进，三门塘的村落历史成为人们在其中活动的重要组成部分，人们援引不同的历史故事传说来叠加自身所拥有的文化资源的历史感与文物感。历史成为一种价值，被赋予添加在可见的空间事物上。随着上游三板溪水电站的建成，三门塘传统的村落格局也发生了巨大变化，本研究所留下的记录也将成为他们对于村落空间历史记忆的一部分。村落当下的这种发展状况，也可以较为清晰地展现这种有着长时段历史沉淀的村落在遭遇现代化时的生存状态。

有关集体记忆的研究首先源自法国社会学家涂尔干，他认为共同回忆创造了一种凝聚感，形成"集体意识"并能为共同体找到一种方式描述他们自己的事实。莫里斯·哈布瓦赫在此基础上，完善了有关集体记忆的理论，^① 并提出了集体记忆（collective memory）的概念，将其定义为"一个特定社会群体之成员共享往事的过程和结果，保证集体记忆传承的条件是社会交往及群体意识需要提取该记忆的延续性"。

从20世纪80年代开始，理论界开始对集体记忆或社会记忆予以关注，^② 不同学者分别在历史学、社会学、人类学等学科中运用社会记忆理论研究和解释发生在过往时空或当下情境中的事件。早期研究者可能更多地关注于集体记忆的社会功能和作用，随着研究的深入，越来越多的学者开始关注"集体记忆是如何被建构的"这一问题。不论是何种记忆，都逃脱不了客观给定的社会历史框架，台湾学者王明珂结合华夏民族发展史，对社会记忆、集体记忆和历史记忆进行了深入探讨。^③ 景军从他所提出的"社会记忆的理论角度"记述大川的近期历史并展现了人们如何运用记忆重构社会关系。^④ 陈春声通过对东凤村宗族整合的历史过程以及庙宇活动方式的考察，讨论了在乡村社会史研究中，口述传说和民间故事的若干方法论问题。对乡村故事，访谈对象的口述资料的解析，有助于我们更深刻地理解乡村历史的"事实"和内在脉络。^⑤

社会记忆的结构具有模糊和难以把握的特点，因此对它的研究也缺乏固定模式，这也是多学科交汇的一个领域，它是个人和群体对过去的感知和诠释，也是自我认同和群体认同的出发点。空间作

---

① 莫里斯·哈布瓦赫：《论集体记忆》，毕然、郭金华译，上海人民出版社，2002。
② 保罗·康纳顿：《社会如何记忆》，纳日碧力戈译，上海人民出版社，2000。
③ 王明珂：《华夏边缘：历史记忆与族群认同》，社会科学文献出版社，2006。
④ Jun Jing, *The Temple of Memories：History, Power, and Morality in a Chinese Village*, Stanford University Press, 1996.
⑤ 陈春声：《乡村故事与社区历史的建构——以东凤村陈氏为例兼论传统乡村社会的"历史记忆"》，《历史研究》2003年第5期。

为承载过去的媒介，[①] 它和记忆本身有着密不可分的联系，空间本身未必有意识地传承历史，但它却具备这一强大功能。村落是一个可以引起个人记忆、家族记忆、村落记忆的场所。本研究对三门塘村落空间的历时性和人们在其间的活动的考察，希望能为社会记忆研究提供一个反思性的微观视角。空间与记忆作为认识村落历史的两个变量，都回归到当地人的历史观念中，回归到一段村落历史，或者说对"历史"或是文化的一种反思上来。作为对空间和记忆的一种定位，权力将空间与记忆引领回在特定政治经济历史情境下人的文化实践上来。

二 田野点介绍

三门塘位于贵州省天柱县的坌处镇，是镇内最大的行政村，距天柱县城 40 公里，距锦屏县城 18 公里，距湖南省界 5 公里。村寨位于清水江的下游，清水江穿境而过，上溯锦屏、剑河、凯里，水路东注黔阳沅江，直达洞庭。在过去，村落的交通主要凭借清水江航运，与外界的交往依赖水系的自然铺设而展开。三门塘这一段的江面较为开阔，水流平缓，宜于摆渡，早在明清时期三门塘便成为这一带的重要渡口。木船为主要的水上交通工具，现在除了渡口摆渡外，水上运输已被陆路交通所取代。现有远中（远口至中寨）公路、天锦（天柱至锦屏）油路，东过会同，南通靖州，西通锦屏、黎平，北上天柱。三门塘与邻近村寨的交通以山路为主，清朝木材贸易繁盛时，这一带的人家道殷实，集资修建石板、鹅卵石铺砌的山路，道路坦荡，便于行走。村寨间人们的探亲访友、赶场易市往往都是步行来往。

---

① 哈拉尔德·韦尔策编《社会记忆：历史、回忆、传承》，季斌、王立君译，北京大学出版社，2007。书中将互动、文字记载、图片和空间视为社会记忆的四大媒介。

　　三门塘依山临水，村内溪多泉多，因此桥多井多。泉水甘美，村民大多直接饮用，用此酿造的米酒口味醇美。三门塘属亚热带温暖湿润气候，水热条件优越，空气相对湿度大，土层深厚，适宜各种林木生长。三门塘及其附近一带盛产杉木，此外，天然树种还有楠木、梓木、樟木、松木、银杏、皂角树、红豆杉等。虽经多年砍伐，但由于侗族人素有造林护林的传统，现今的森林覆盖率仍在75%以上，村头寨尾，名木古树皆是。

　　三门塘是湘黔边界天柱、锦屏、会同、靖州四县接壤地区的古老的"四十八寨"之一。"四十八寨"作为涵盖三门塘在内的重要的区域网络，下文将在木材贸易这一背景下加以讨论。如今的三门塘村，村民住居面积1550亩，耕地面积741.9亩，现有村级林场2个，面积1600余亩。三门塘行政村分别由三门塘、三门溪、乌岩溪、喇赖四个自然村寨组成。三门塘村全村共有362户1570人（其中男性820人，女性750人）；其中侗族占72%，苗族占26%，其他民族占2%，[①] 因非侗族人群均为入嫁的女性，因此当地人认为全村都属于侗族。

　　三门塘现有户主姓氏共18姓（参见附录一），其中以王、谢、刘、吴四姓居多（王姓有157户，谢姓有58户，刘姓有45户，吴姓有41户）。寨中谢姓族谱记载，谢氏祖先在明永乐二年（1404）由湖南黔阳迁入此地；刘姓族谱记载其祖先于明成化十五年（1479）迁居这里；王姓族谱记载其祖先于明弘治十六年（1503）迁徙至此；吴姓未有确切年代的入迁记载，但据族谱上的谱系推测，入迁年代稍晚于王姓。村中也有长者认为，村中大姓是土著居民，小姓才是后来迁居至此的，族谱中的记载只是应需之用而杜撰的。或许这是村中大姓强调自身的土著身份和最先入住权的一种说法，但是可以肯定的是如今三门塘众多姓氏聚居一村的情

---

　　① 数据由坌处镇三门塘村计划生育户口簿统计所得。

景，与那段和村落生活紧密相连的木材贸易引起的外族入迁历史有关。

这个清水江边的侗家村寨，既非军事重镇，又非地方行政中心，在历史上被写上重要一笔的是它的木材贸易。三门塘是清水江边"外三江"之一、盛极一时的贸易商埠，它是清水江流域木材经济兴衰的一个微观缩影。三门塘依山临水，崖高塘深，适于泊排湾船。明朝就有木材商前来采购，清朝以来大规模的木材商贸市场网络的形成，将三门塘纳入其中。清代清水江下游地区地方社会因资源分配而引发的"争江"，最终以锦屏、天柱间的洋渡溪为界，将清水江下游这几个村寨分为"内江""外江"。上游之茅坪、王寨、卦治为"内三江"，下游之㙟处、清浪、三门塘为"外三江"。外地木材商要采购内江木材，必须由外江村民代办。因此，三门塘成为内外江重要的木材集散地。三门塘人依靠他们独到的木材加工修补技术获利颇丰，木材买卖中的中介代理角色也使这个清贫的小村落富庶起来。

20世纪60年代以后，随着水运逐渐退出历史舞台，清水江边的这个小村落也被逐步边缘化。曾经辉煌的水运商贸时代倏然隐没在逝去的历史中。如果说过去清水江水系将这个村落带入了全国性的市场网络，而今陆路的开拓，却带来了相悖的效应。改革的现代化造成了当地与外界的巨大反差，变迁对村落关系结构、文化价值体系带来了种种冲击，城镇都市化的发展使得村落再一次成为一个边缘地带。近几年，随着村内旅游开发的进一步推进，村落经济也有所改观。

三门塘具有典型的"八山一水一分田"的林区农业特征，农业自然禀赋贫瘠。三门塘村现有耕地面积741.9亩，人均耕地面积约0.47亩，人均耕地面积不到半亩，是㙟处镇人多地少的缺粮村（见表0-1）。在20世纪60年代末期，当时村里的王S.Y.支书为了让村民早日用上电，带领大家集资投劳，筑坝建堤，在1970年建成了一个 26 千瓦的小型发电站，成了当时全县最早用上电灯的村寨。1997 年后蓄水的小水库由村民承包养鱼。

表 0 - 1　三门塘村各小组耕地情况

单位：人，亩

	人口	承包人口	耕地面积
三门塘一组	168	148	77
三门塘二组	109	73	41.4
三门塘三组	97	80	40
三门塘四(1)组	119	74	49
三门塘四(2)组	94	81	53
三门塘五(1)组	79	75	35
三门塘五(2)组	77	16	33
三门塘六(1)组	54	48	24.6
三门塘六(2)组	58	46	24
三门塘六(3)组	59	54	29
三门溪七(1)组	73	19	34.4
三门溪七(2)组	115	79	43.5
三门溪七(3)组	114	93	51
喇赖九(1)组	108	101	55
喇赖九(2)组	108	81	66
乌岩溪十组	136	125	86
合　计	1570	1293	741.9

资料来源：三门塘村委会提供。

三门塘有村级林场两个，地处三门塘凉头和三门溪盘盏冲头，村杉木林林场面积 800 亩。1972 年，村支书王 S. Y. 带领全村村民建造，荒山征收后，木材砍伐后按照八二分成，土地股占二成，劳方股占八成，分配方式由各小组按工分计算。1989 年之前，有专门的林场看守人员。1982—1984 年，全村林场面积共计 1600 余亩，农户各自造林，承包到户。1982 年，分山林到户，自行管理自己的山林。个别农户造经济林，大量种植柑橘、板栗、杨梅、桐树、茶油树、楠竹、药材等。1990 年，国家的"封山育林"政策实施后，集体、私人的山林都不允许砍伐。若建房需材，必须写申请到县林业局办"砍伐证"，并缴纳一定的林业税，收费标准为 32 元/立方米。村内养羊的有 2 户，种植柑橘的有 26 户，种植板栗的有 2 户，种植金秋梨的有 5 户，养鱼的有 1 户，培植药材的有 2 户，种兰花的有 1 户，60% 的村民种植茶油树，20% 的村民种植桐树。村民主要收入来源为：外出务工收入（平均每户年收入 5000 元/人）以及部分工资收入（有固定工作或离退休人员）。粮食生产基本解决本村的吃饭问题。种植、养殖，只能解决部分日常生活开支。①

20 世纪 80 年代以来，外出务工成了村庄经济发展的关键性因素。如今，村里的许多青壮年前往广东、浙江等东部沿海地区的城市打工，他们的经济收入成为村中家庭最重要的经济来源。近些年来，虽然农作物产量提高，经济作物改良，但是靠天种地，以人畜为基本动力的劳作方式，无法根本改变村庄的经济概况。随着外出打工对家庭经济的补充，村民的生活状态基本达到了温饱水平。由于地理和资源条件的限制，三门塘村曾经倚赖的经济支点——木材，一旦坍塌，要寻求重新撬起经济可持续增长的支点显得困难重重。

"99 金山笔会"以来，三门塘的社会知名度不断提高，先祖遗留的石碑古树、宗祠庵堂、古井回廊成为当今可供旅游开发的资源，2003 年村内建成了一个旅游接待站。虽然村民的旅游开发意识日涨，但是整体开发模式并没有系统性和规范性，旅游规划缺乏专业指导。随着近年来垄处的新集镇建设，也给三门塘带了新的发展。2014 年 9 月，国家民委将三门塘列入"中国少数民族特色村寨"之一。随着网络传媒的迅猛发展，三门塘的旅游资讯也为更

---

① 以上数据于 2003 年由村委会提供。

多人知悉，络绎不绝的游客造访这个侗族村寨，新的经济增长方式
又将使它成为清江明珠。

三　资料与方法

格尔兹在《文化的解释》中提到"人类学不仅是观察行为，
重要的在于阐释行为。人们关注一个民族志记述的理由，不在于遥
远的猎奇，而在于他能够在何种程度上澄清这些地方的情况是什
么"。① 我们所做的研究可以去澄清当地人为什么会这么想，这么
做，其中所产生的经验材料，或是与它们相关的理论解释，其中
或许可以揭示一些新颖的东西。本研究试图在结构功能整体全
面、精细入微的传统民族志基础上，从纷繁复杂的文化现象中去
发现当地文化的规则和逻辑。与西方学者早期对简单小型部落的
人类学研究相比，对中国本土文化的民族志思考，更该注意中国
社会历史发展的复杂性与多样性，进而将其提升为具有问题意识
的民族志写作。

20 世纪 80 年代，西方人类学对现代民族志提出了激烈批评，
提出用后现代文本模式来改造民族志，② 后现代思潮使人类学者更
深刻地认识到了文化表述的场景性和虚构性，这无疑把传统人类学
通过田野工作所建构的权威放在了被质疑的位置上，并引发了一系
列的问题，诸如人类学者应当描述什么、如何描述，以及为什么要
描述等。田野工作所得信息的不对称性，访谈对象对当地文化感受
的片面性，以及研究者自身撰写过程中的不完整性，都导致民族志

---

① Geertz，Clifford，*The Interpretation of Culture*，New York：Basic Books，1973。中
文译本有《文化的解释》，纳日碧力戈等译，上海人民出版社，1999。

② 乔治· E. 马尔库斯、米开尔·M. J. 费彻尔：《作为文化批评的人类学：一个
人文学科的实验时代》，王铭铭、蓝达居译，生活·读书·新知三联书店，
1998。乔治·E. 马尔库斯：《写文化：民族志的诗学和政治学》，高丙中等译，
商务印书馆，2006。

表述的不完整性。因此乔治·E. 马尔库斯在《写文化》中尝试着探讨了民族志的一些新的写作模式，主张摒弃人类学的整体论信念和对客观、科学的标榜，发展出某种新的表述方式。这种新的表述方式可以包容描述者、被描述者等的多重声音。

因此，本书尝试通过对不同类型空间的论述来呈现不同层面的历史镜像，其中包括了当地人的观念、笔者的分析，以及外来者如何看待三门塘，站在一个反思性视角，通过对村落空间、权力、记忆的探讨完成一个"历史中的村落"与"村落中的历史"的民族志写作。在写作中尽量避免用现在的概念去解释过去，使用当地人的话语、概念，但有关历史的写作难免像译本一般，存在变动与偏差，即使这样也要忠实反映文化的差异性。

田野调查所带来的地点感和历史现场感，可使我们在同一地点空间内去理解过去。三门塘诸多的历史遗留物（碑刻、宗祠、庙宇等），有助于笔者对该村落社会历时性过程的场景重建，以及对其村落历史脉络的深刻理解与感悟。了解当地人对碑文、族谱、地方传说等的种种解释和说明，通过对不同人群的访谈，对同一问题的解释进行比较、分析，从而获得对当地更为中立、"深描"式的理解。民族志的时空架构，不仅要有历史的深度，更要有超越村落的广度。所收集的材料不仅包括村落中过去的族谱、土地买卖租赁契约、碑铭、乡规民约等有文字存留的资料，也包括村民的口述资料、家族故事、神鬼传说、歌谣唱本等。人类学表述的创作可以被看作人类学者与报道人之间复杂关系过程的最终结果，本书的写作则体现出研究者参与其中的某些感悟。

人类学对当代史学的重要启发之一就是它的认知模式，史学从完全依赖文字史料走向探索物质甚至精神类的史料，从书斋走向历史发生的场地及实地考察。探索历史总是在特定区域内发生的，注重对历史资料的运用，并不是将村落的历史资料进行简单分类、归纳，不是剪贴史学的拼凑，而是偏向于对"地方性知识"的一种探讨，是一个对地方社会以"人"为核心的综合讨论。微观地域社会的内在脉络或许是对更大范围内宏观图景独具特色的一种表达，对于村落社会的深刻理解和正确认识需要这种人类学和历史学科际整合的方法论视角。

对于村落的历时性研究，存在资料缺乏的难处。所以运用人类学的田野调查方法，结合族谱、碑刻、口述等来最大限度地构建特定时段内的村落历史事实。有所鉴别地运用资料，比如族谱的编撰往往受门第、宗族竞争、祖先崇拜等观念的支配，因此对族谱中的内容应该加以甄别，并去解读这些文献编纂者的意识动机，以及其背后的社会文化规范。

参与观察，笔者同时具备以自身作为研究主体和研究媒介与被研究者建立关系的双重身份，通过参与社区活动而真正浸入当地的乡民社会中。通过深入访谈和细致观察对地方社会有一个全面总体的把握和细致入微的了解，从多个角度去记录和考察当地人的生活情境。过去，我们自负地立足于某一稳定的文化阶段上，然而多彩的文化之光在我们身边闪耀。某种文化模式或许更容易保存在偏远的地区，保存在人迹罕至的山林间，保存在比较传统的村落里，这样历史学和人类学的结合变得更为可行，历史的碎片才有可能在这些地方被最大限度地发掘追踪。

笔者于2004年2月初次进入田野点，对三门塘做了20天的田野调查，对该村有了初步的整体概念和总体的感性认识。熟悉了村寨的地理范围、家户概况、姓氏构成、生产生计等。对春节后的村落生活有了切身感受；对村中碑刻上的碑文进行了抄写、校对；收集到了村中几大家族（王、谢、刘）的族谱。最重要的是在初次的田野调查中，与村民建立了十分亲密友好的关系，为下一步的田野奠定了很好的人际基础。

2004年7—8月，再次进入田野点，居住40天，由初次浮光掠影式的田野转为深入渗透式的田野，厘清村中各大家族的主要情况。针对木材贸易这一话题，对主要报道人（包括村中、县城、邻近村寨的知情者）进行了深入访谈。走访了清水江沿岸的一些村寨（包括历史上的"内、外三江"六寨，三门塘下游的远口、鸬鹚，同属"四十八寨"的抱塘、中寨、偏坡、平茫），对这些村寨有了直观认识，对和研究相关的清水江水系网络有了更为深刻的理解，特别是三门溪一线，启发了笔者对于清水江木材采运系统运行的诸多思考。另外，通过参与村民赶集和三门塘的"七月七"歌会，透过乡镇集市和颇具民俗文化内涵的歌场，笔者看到一个更为多元的村际网络图景与三门塘的地方生活。

2006 年 7 月，笔者通过访谈得知一些分布在村落外围的碑刻，由村里人协同前往抄录，至此三门塘现存的村落碑刻资料收集完整。田野后，由于身体状况欠佳，村里人替笔者去问神，[①] 这样的一种经历让笔者对村落空间中的"邪气"产生了兴趣，也开始引发自己对习以为常的村落空间的思考。2008 年 7 月，找到了属于三门塘的乌岩溪、喇赖两个自然寨中的部分契约文书，这些资料有助于增进对当地不同人群之间的权力关系变化的理解。

2008 年 12 月，笔者应邀作为伴娘参加了住家女儿的婚礼，对当地的婚俗有了直观感受，并从女性视角对当地文化有了别样的体悟。2009 年 7 月，前往三门塘补充访谈材料。笔者不断深化对三门塘他者村落的理解，努力使本研究避免了村落生活中对个体重要性的忽视。虽然文中没有采用个人生活史的叙述方式来展示某段历史，但对于村落资料的客观正确理解均有赖于若干个人

---

① 2007 年冬天，住家的阿姨得知我身体不好之后，和我在当地认的干妈一起，去往三门塘上游一个亮江的寨子请当地灵验的一位童子婆帮我询问境况，我很感谢两位阿姨为我做的一切。通过我寄给他们贴身用过的一块围巾，童子婆告诉她们我是在三门塘村口复兴桥和渡口一带中了"邪气"，所以在那年春节前他们请村里的道士一起在那一带做了法事，并要求我在家也一同做了相应的仪式，并将具有法力的"符"寄给我，以庇佑我。

生活史的叙述。三门塘那段木材贸易的独特历史时期，在人们脑海中留有诸多记忆，通过从事过木行业务的人们的讲述，笔者对村落空间在特定的木材商贸活动背景下展开的状况有了进一步的认识和理解。

表 0 - 2　三门塘碑刻一览

单位：通

	万历	乾隆	嘉庆	道光	咸丰	同治	光绪	宣统	民国	合计
修桥	1	2	10	2						15
修路		2	1	1					1	5
修庵、庙、祠		3	4	1						8
修渡		2	1	1	2		2			8
修井		1						2		3
禁碑		4	1							5
其他		1					1		1	3
合计	1	15	17	5	2	0	3	2	2	47

如表 0 - 2 所示，三门塘留有的碑刻材料是本书研究三门塘明清时期村落历史的主要资料来源，本书采用历史文献的解读与田野调查实践有机结合的研究方法。以以地方志为主的官方历史文献（如《兵燹纪略》《保安团防志略》，咸同时期有关姜映芳起义的资料等），碑刻、族谱等民间文书，田野访谈所得资料作为文章的立论基础。以共时性与历时性的纵横维度，对一个村落社会空间进行研究，探讨历史本质的事实。采用人类学的整体观、结构性的方法来寻找变迁的深层动因。本书并不仅仅用留存的资料来复原三门塘的历史，而更注重他们自己如何看待他们的历史，从而发现他们对待"历史"的态度。希望这样的叙述不偏离当地人的观念，避免成为一种局外的建构，从而更接近他们、事件和文化意义本身。

四　思路与结构

为了理解历史，我们不得不一次次去拣选历史之河冲刷过后的残余。如同自己每每站在三门塘渡口，望着流淌不息的清水江，捡拾布满岁月痕迹的鹅卵石时，"何为历史""三门塘人如何看待他们的历史""历史如何得以传承""村落空间在何种程度上隐藏和表达了他们的历史"这些问题盘旋脑际。我们几乎无法摆脱长期知识累积建构出的观念世界，但笔者至少想回到原点，一步步地去阐明作为物质存在的村落空间和作为观念的村落空间是如何发展起来的。空间如何在历史中生成，即空间的历史化问题；三门塘人又如何利用空间去表达他们的历史记忆，而其中三门塘人特有的历史意识或许可以使其获得某种超越。

与现代都市整齐划一的空间布局相比，村落的建造有着自身的特色，它强调和尊重空间本身的独立性。在当今各大城市越来越丧失其原有风貌、趋于雷同时，一个小村落的个案或许可以呈现空间细腻多样而富于变化的一面。在田野调查中，人们对碑文的漠视，恰恰说明了人们对于文字表述历史的忽视，而直观的空间之物，更为直接地影响到人们的感知。当人们对历史产生质疑，无法回避的空间却带来了某种时间的重量——历史感。历史再现的方式不仅仅只限于传统史学的文字书写方式，它因文化而异，而与特定的地方性知识系统紧密相连，显现出其独特的历时性。

（一）文章思路

1. 小地方与大历史

以村落呈现历史，这个历史不仅仅是村落的，也是区域的，并与更大范围的王朝政治经济变动相联结。作为地方社会的三门塘，始于明朝的中央王朝对西南地区的开发，建制立县，编户齐民，包括三门塘一带的化外之地被纳入国家体系。至清代雍正、乾隆之后清水江一带木材贸易繁荣发展，其间发生的某些历史事件对三门塘这个小村落带来了种种冲击与影响。村落作为历史发生场的田野点，本书将对这一空间聚落的共时性把握和时间序列内的村落社会发展脉络做一梳理。

立足村落，又超越村落。三门塘在清水江下游的水系网络中扮演着当江歇客、代客买木的中介代理的角色，专门化的木材加工整修技术在某种程度上成为当地获得高额利润的垄断行业。从三门塘现存的碑刻资料中，我们可以看到在过去修路架桥、造船济渡、修庵建庙的村落活动中，邻边的许多村寨也参与到三门塘的村内事务中。木材贸易加深了区域经济协作网络的紧密度，同时传统文化网络中的地缘、亲缘、友缘关系被重新发掘和利用，这一区域性网络得到进一步的建构和强化。将三门塘置于一个基于共同经济活动之上的区域网络（三门溪一线）中，从木材贸易勾勒出的经济网络和传统的村际网络（地缘、亲缘、"四十八寨"的文化网络）这一角度，更深入地去探讨三门塘在其中的角色功能，以期对其村落的历史文化有一个深度立体的理解。在对村落小写历史的描述中，完成对大写历史的解构。

2. 空间与权力

村落空间在历史中形成，不同姓氏在村落社会中入迁定居、发展兴衰的变化在空间结构的历时性脉络中显现出来。三门塘作为清代中后期以来，清水江边一个木材集散地，村中谢、刘、王、吴几大家族通过对土地、山林的占有与控制，并以各自姓氏为名进行建祠、修路、架桥、凿井等活动，来表达各自的主体意识；在村落庙宇修建中，小范围姓氏结合而形成的"大小南岳庙"的对抗；在村落公共庙宇（兴隆庵）修建中，各姓氏的共同参与而完成村落作为独立整体意识的强化；在这些实体空间的营造过程中，各姓氏之间产生了依赖、控制与排他的力的制衡，并将聚落生活空间和谐风水的不懈追求视为这些行为背后的意识动因，对空间的占有、控制与使用便有了权力的意义在里面。

在人与物质性空间交互运作的过程中，产生了象征空间：邪气在村落空间中的分布，是不同姓氏之间不平等的阶序关系的一种投射；"船形"作为三门塘人建构出的新的空间意象，将聚居不同位置的姓氏人群间的不平等关系带入了这一空间隐喻中，并将家族兴衰历史卷带其中；分布于不同空间内的老人家则与邪气产生与之抗衡的力量，其中反映了不同人群之间合作与对抗的关系。这些空间观念的演变，又受到不同历史时期国家权力的形塑，另外，空间中表现出的不平等两性关系本书也有所关注。

3. 空间与记忆

在村落形成发展的百年历史里，人们对村寨的感知是以时间与空间的连续性为基础的，空间成为人们头脑中的一种图式，它不仅仅是一张村落地图，更是记载村落人群关系，历史记忆与超自然信仰的文化整合体。村落历史的延续，较之书写，依赖于标明情境的建筑物与仪式显得更为容易。人们对于不同空间的命名，有关空间功能性的故事被人们记住，而有关家族的故事则掌握在部分年长者手中。空间的风水传说故事，为村中几大家族的兴衰演变提供了合理化解释，也在当今的旅游开发中为人们提供了拥有和使用空间资源的依据，历史给空间添赋了经济价值，某些家族建筑也从而转变为村落景观物。

随着旅行者、研究者、地方官员涌入村寨，三门塘人对村落家族空间记忆的讲述变得多元，凭借空间里的文化元素，人们在建构他们的记忆。人们或许已经淡忘了过去发生的历史事实，而今旅游开发却强化着人们对过去的回忆。当地人借助空间内的实存物讲述、表达着在当下改变利用的记忆，某些地理景观通过当地社会的运作，具有了再现历史的象征作用，其中哪些主导观念决定了人们对社会记忆的选择也是本书探讨的内容。本书尝试通过空间研究，发展出一条社会记忆的研究路径，使对历史的本质问题回归到人的活动和文化创造上来。

（二）文章结构

除导言、结语外，本书章节安排如下。

第一章"村际网络图景"。通过对明清以来清水江下游的木材采运情况的梳理，提供一个村落故事发生的宏观历史背景：三门塘作为清水江下游的一个木材商埠，参与到了因丰厚利益而引发的清水江下游沿江六个村寨的"当江""争江"的历史事件中。其中涉及以全处、三门塘为中心的水系、经济、文化网络，以及三门溪一线的抱塘、中寨等村寨构成的微观木材采运系统，通过对基于天然水系木材贸易的市场网络，以及基于"四十八寨"的传统文化网络的考察，从中去深刻理解三门塘在那个历史时段中村落社会的发展形貌。

第二章"谱系建构与姓氏空间"。通过四大家族的族谱材料、碑文与访谈材料大致勾勒出谢、刘、王、吴四大家族的定居历史、人口繁衍、聚落发展的过程，以及谢、刘、王、吴四大姓氏入迁三门塘之后，展开的与日常生活密切相关的修路、架桥、修井等事宜，展现村落物质空间的营建过程。一方面，族谱为家族分立提供了血缘认同的历史证明与家族历史的书写时间；另一方面，留存于当下的建筑物，给了不同姓氏空间的确认凭据，各个家族的居住格局展现了入迁的时间序列。三门塘人带着是"移民"还是"土著"的疑惑，努力地追溯自己的血脉源流，也试图寻找到自己在村落形成历史中的坐标。

第三章"佛教与村落空间"。自明代以来，三门塘便受到了佛教观念的影响，在佛教积德行善文化价值的驱使下，三门塘人自清朝雍正年间至近代的修渡从未停歇。它既是三门塘木材买卖商贸的活动基础，也是代表了国家力量的官员、宗教势力的僧人、商号、外村人与当地人共同参与的结果。作为家族聚居的核心区域在村落空间上表现出相对的封闭性，寨头的渡口和寨尾的庵堂则显现出开放性。在佛教观念的影响下，渡口与庵堂的修建是在木材贸易这一经济活动支撑下进行的，从中也可看见由僧人寺庙力量主导地方事务到地方宗族势力主导的转变过程。

第四章"历史记忆与空间意象"。根据收集到的有关木行、祠堂、家族故事的材料大致勾勒出几大家族的历史概况，呈现三门塘人如何透过"船形"的空间意象来看待村落家族居住空间对其兴衰的影响。船形隐喻其实是人们根据较近的木行、宗祠历史给出的一种充满象征意涵的空间观念，它也成为人们对于村落各家族兴荣衰败历史记忆的一个叙述体系。

第五章"力量的空间"。透过对村落空间内邪气、安住在不同空间内的老人家的讨论，来展现村庄姓氏人群的权力结构与空间力量之关联。通过对不同时期邪气、庙宇的变化过程，看到国家意识形态、市场逻辑与地方家族势力影响下，三门塘人的活动与物质性空间的结合时展现的文化图景。

第六章"空间中的物——桥"。明代以来三门塘的各种桥，成为表达不同时期人们价值观的符号体系，村落文化通过这一符号意义历代相传，并成为村落内部与外部，民众、士绅、官员之间互相沟通的一套解释话语。人们通过桥缔结关系，形成人与自然、人与人、人与超自然之间的意义秩序。

第七章"血与土交融的空间"。通过三门塘地方性知识中的"团"，来讨论与其相关的村落组织、仪式及两性关系。随着村内姓氏人群结构的变化，地缘与血缘一起成为村落社会的构成原则，也成为不同空间内人群组织活动的基础。从家族仪式的七月半、招龙谢土，生命礼仪寄拜、打三朝到村落仪式"推寨"，人们在村落仪式中享有共同的象征，作为村落知识与历史记忆的操演与传承的一种方式，在各自的活动中表达不同的个体经验与意义。

第八章"是侗非侗"。在特定历史发生的村落空间内，当地人对自身的族群身份认同显现出多元化。他们通过对自己的节日、食物、歌谣、建筑等来讲述他们所指涉的"汉文化"与"北侗文化"。在当下的旅游开发情势下，三门塘人重新书写了村落景观，他们通过记忆来诠释他们的传统村落空间，并给出一个"是侗非侗"模糊的情感认同，却在现实利益情境下表现出强烈的本族文化的理性诉求。

第一章 村际网络图景

"一排排黄灿灿的木头，换回一船船白花花的银子"，村里的老人这么描述那段辉煌的木材商贸年代。随着清代木材贸易的大规模兴起，清水江逐渐成为连接长江水系以及更大范围市场的黄金水道。三门塘作为清水江下游的一个木材商埠，势必参与到因丰厚江利而引发的清水江下游沿江六个村寨的"当江""争江"的历史事件中。对三门塘村落空间进行的一系列讨论，都将在以三门塘为中心的水系、经济、文化网络中展开，其中以天然水系构成的木材贸易的市场网络，以及基于"四十八寨"的传统区域网络，以三门塘渡口为中心的三门溪一线的抱塘、中寨等村寨构成的微观木材采运系统，以期从中去深刻地理解三门塘在那个历史时段中村落社会的发展形貌。

第一节 清水江流域木材采运及商业化发展

"清清流去，清清的沙，青青翠竹，青青的杉；悠悠清江胜山过，百里侗乡是我屋。"这首在三门塘耳熟能详的侗歌，给我们呈现的是那片崇山峻岭之间，清水江从村寨前迤逦流淌而过，两岸林木丛生的美丽情景。在过去，我们所探究的村落历史故事也发生在这样一个场景之内。

清水江发源于都匀斗篷山北麓中寨，流经都匀、丹寨、麻江、凯里、台江、剑河、锦屏、天柱等十个县市，由锦屏洋渡溪（原属天柱县，1961 年划归锦屏县）进入天柱县内的宰贡，流经清浪、坌处、三门塘、远口等乡村，于翁洞流入湖南黔城汇入沅江。清水江中下游地区的气候，特别适于杉、松以及阔叶林的生长。清水江在明清时期政府对这一带的拓殖开发中，以及在后期的木材贸易过程中逐渐凸显它的重要性，成为这一地区同外界往来的主要航道。

明朝对西南地区的疆域拓展，初期更多的是出于其军事战略上的考虑，通过屯卫制度的建立加强了对贵州中部的控制，而对于清水江流域"生苗"盘踞的"苗疆"腹地仅仅只是触到了它的边缘。在那个年代，清水江上游地区深山中的人们生活在几乎与外界隔绝的相对封闭状态。相比之下，生活在清水江下游地区的三门塘村寨村民更早地成为中央王朝的"编户齐民"。在明万历二十五年（1597），天柱的"改所为县"[1] 在某种程度上也反映了明代后期清水江下游这一带的地方社会逐渐进入国家秩序之内的历史进程。

政府对清水江流域木材的开发，最初来自对一场起义的镇压。明洪武三十年（1397），锦屏设铜鼓卫，屯军占地而引发了农民起义，明军主力去往天柱、锦屏、黎平等地镇压"古州蛮"林宽时，明军由"沅州伐木开道二百里抵天柱"。[2] 这说明当时的锦屏、天柱一带，大片林地未被开发，境内一派茫茫林海。随着明清两代的京城宫殿兴建，所需木材大多向黔、川、湘等地征派。明正德九年（1514）至嘉靖、万历年间，朝廷为修建宫殿，曾屡次派官员向湖广（当时天柱属湖广）、川、贵三省采办皇木。明廷在贵州征派皇木，主要集中在嘉靖和万历年间。天柱县的木材外销早在明代万历二十五年就有了记载，当时首任知县朱梓，曾在翁洞设过新市镇，镇内建有"官店数十间，募土著，聚客商，往来鱼、盐、木货泊

---

① 康熙《天柱县志》上卷《沿革》，转引自天柱县志办公室编《天柱县旧志汇编》，1988，第7页。
② 光绪《黎平府志》卷5下《师旅》，光绪十七年刻本，第23页。

舟于此"。① 说明那时木材外销已经开始形成。新编地方志也追述，明万历四十四年，湖南木商沿清水江到达县境翁洞、白岩塘（今白市）、远口、三门塘、坌处等地采购"苗杉"（即杉木）。② 到了明末，朝廷采办皇木，信用木商，为以代办，木业贸易，日趋繁荣。从中可以看到在明代后期，木材交易已经存在官买和民买两种形式。

但这一地区在真正意义上被纳入中央王朝的直接控制，是到了雍正年间的开辟"新疆"。在雍正年间，政府通过对这一地区的大规模的军事征剿、设置"新疆六厅"、对清水江进行整治等一系列政策行为而完成对这一地区王朝秩序的建立过程。在清雍正七年（1729），贵州总督鄂尔泰、巡抚张广泗进行过一次整治，涉及从都均至黔阳约600公里范围。雍正八年，贵东道台方显继续招抚，对从清江厅（今剑河）至黔阳段航线的险滩、暗礁又进行了一次疏浚。随着新疆开辟和清水江航道的疏浚，来自下游地区的"盐布粮货"逆流而上，清水江流域的物产顺流而下，深入苗疆的这条河流成为一条重要的商贸通道。而在众多的地方物产中，以"杉木为最，产于清江南山者为最佳"。③ 乾隆十二年（1747）湖南巡抚上书京城的奏文中，也称："楠、楩二木，近地难觅，须下辰州府以上的沅州、靖州及黔省苗境内采取。"④ 木材采运在清水江流域的社会生活中特别是下游地区逐步上升到了举足轻重的地位，以木材商贸为中心的地方社会生活也发生了纷繁复杂的变化。

另一方面，东部沿海地区随着商品经济的发展和城镇兴起，对资源需求的不断扩张，其中对木材需求量的提高，势必带来清水江流域木业经济的兴起。木材采运、木材集散市场中心的形成、区域

① 光绪《天柱县志》卷2下《营建志》，第18页，"关梁"。
② 天柱县林业志编纂领导小组编《天柱县林业志》，1995，第9页。
③ 徐家干：《苗疆闻见录》，载《黔南丛书》第五集第二册，贵州人民出版社，1997，第22页。
④ 民间文书《皇木案稿》抄本，第4页。

商业网络的构建等一系列的社会经济现象无不说明这一化外的边缘地带在被卷入更为广阔的经济商贸网络中时，所经历的种种社会变迁。

杉木是天柱县内的速生树种。杉木具有用途广泛、材质坚韧、树木通直、耐腐朽、有弹性等特性，是建筑、造船、建屋的好材料。明代中期，林农开始在房前屋后、村寨四周栽杉种树，有的每年农历正月、二月，就上山种竹木，有着"正月栽竹，二月栽木"的传统。明末清初，已有部分林农从事采种育苗工作。乾隆年间，天柱清水江两岸，已有不少开拓者掌握了栽杉技术和林粮间作的经验。清代以后，商品经济有了一定的发展，清水江的木业交易日益繁荣，靠近溪河的自然林已被逐渐开发利用，林木经济价值受到人们的重视，人们开始人工林的营造。随着交易活动的频繁，山林的典当、买卖、租佃也相应增多，人们的地权观念萌生，作为林业商业化表现的契约文书仍有大量被保留至今。

尽管如此，越来越依赖于木业经济的当地人，也越来越加强对育林、护林的重视。因此直到清代晚期，天柱县内依然到处青山绿水。光绪《天柱县志》记载："自城西汉寨、皮厦以上，地接黎阳，遍地杉山，土产以木植为大宗。自北门邦洞、蓝田以下，虽均产杉木，而鳞塍绣错，以谷米为大宗。"① 在三门塘人的记忆中，他们的村寨过去是一个树木苍翠、林木深青的村寨，而他们认为绿树葱茏、繁花似锦的自然环境固守着寨子的好风水，直到今天还可以看见村头寨尾的一些参天古树，银杏、香樟随处可见。木材贸易的厚利引来商人的觊觎，溯江而上的商贾络绎而至，清水江下游地区，天柱一带的木材经济活动日益活跃。在清水江下游的三门塘等村寨，栽杉伐木、放排议价逐渐成为人们日常生活中的一部分，利益推动下的人们自然而然地成为木材贸易中需求和供给这一经济链

---

①　光绪《天柱县志》卷2《食货志》，第46页。

条两端的活动主体。

不过，我们不能将天柱的矿产排除在这一带商业化发展的历程之外，明清以来，天柱便有了金、铁、煤、硝、石灰等矿产的开采。晚清的咸丰、光绪年间及民国初年，溪河两岸的淘金者有近万人。[①] 清水江沿岸的侗家人历来都有经营油茶的习惯，俗话说"家有千株桐，一世不受穷"。两岸出产的油桐籽，榨出桐油后，运往洪江、常德、靖州出售，油桐也是山区人民的重要经济支柱。

下游的客商无论是出于对何种物产的向往而来到这片水域，归根结底都是源于其背后高额商业利润的驱使。而在这一时段，以木材贸易为主轴而展开的区域性经济生活画卷中，沿江的各个村寨及其中的人群是如何参与其中的，以及在其特定的村落文化背景之下是如何实现自身利益的最大化的，都将在下文的论述中进一步展开。

随着木材采运的不断深入，不同村寨不再仅仅因为自然纽带而联系在一起，木材引发的经济关系将人们置于一个更为复杂的网络关系中，由此引发的利益之争也逐渐增多。随着清代雍正年间王朝势力对清水江流域的逐渐渗入，一个以卦治、王寨、茅坪三个沿江村寨轮流值年的"当江"制度在官方力量的不断介入之下建立起来。

清水江流域的开发是一个溯江而上的过程，在明代中后期，与这三个寨子相比，处于下游的包括三门塘在内的一些村寨更早地参与到了贸易活动中。而最终为何政府赋予了这三寨开行易市的特权，势必有其必然因素，下面将对其解释一二。卦治、王寨、茅坪三寨所处的位置水道便利，有深入腹地的小江、亮江在此汇入。它

---

① 光绪《天柱县志》卷3《食货志》，第46页；贵州省天柱县志编纂委员会编《天柱县志》，贵州人民出版社，1993，第68页。

们地处"生苗"到"熟苗"的过渡地带,语言相通,从而担当起上河"生苗"与下河木商交易沟通的中介。另外,这一带是军事要区,是官军往来过境夫役的重要来源。或许"当江"制度的最终确立,是官府和地方社会互利协商的结果,一方面地方提供相应的夫役,另一方面政府则给予相应的制度安排,确保地方社会木材商贸权益的获得。

围绕木材采运而生发的利益角逐,位于清江水系的利益相关的村寨都会参与其中。在康熙后期,天柱县境内的沿江村寨串立十八关,阻木抽江。在《黎平府志》中有这样简单的记载:"康熙四十六年(1707),湖南天柱县属之坌处,有木客伍定祥控告坌处一带地方拦江抽税,经湖广抚臣禁革抽税名目。"① 民间流传的唱本《争江记》叙述了自康熙年间至嘉庆十一年(1806),卦治、茅坪、王寨与下游天柱县属的坌处等村寨之间"当江"易市权力争夺的故事。"三江水口系坌处,得见当江肚思量。坐地商量来生计,百里串立十八关。步步拦河来阻木,克扣排钱哨木商。头关坌处王国瑞,二关荣芝三门塘……"② 下游的阻木拦江,在一定程度上损害了上游村寨的既得利益,给清水江下游整个木材采运的商贸体系中的各方利益主体都带来了一定的负面影响,"当江"制度的确立是市场规范发展的内在需求。同时下河的木商为了自身利益而伺机寻求利益共同对象与另一方形成对抗,他们利用各种可控资源参与到对坌处等寨的诉控中。"争江"是清水江下游地区木业经济不断发展的必然结果,也是其市场制度不断健全的客观需要。

三寨开行,轮流值年,分享一江厚利,专利独归。"当江"制度的确立必然使得木材贸易的收益分配具有了对这三寨之外村寨的排他性,因此在轮流"当江"这一制度的实际运作过程中,包括

---

① 光绪《黎平府志》卷3《食货志》,第32页。
② 贵州省编辑组编《侗族社会历史调查》,贵州民族出版社,1988,第38—39页。

坌处、三门塘在内的下游村寨势必会殚精竭虑地利用各种机会为自身谋求"三江"的独享之利。在这一市场机制正常运行的背后，各方利益的争夺应该说从未真正停歇过。

历经多年时断时续的利益角逐，尤其是嘉庆九年至十一年连续的"争江"，最终都是以坌处的失败和官府对三江"当江"制度的重申和调整而告终。直到咸丰同治年间的社会动荡给这一带带来了新的冲击。随着太平军金田起义及其对长江中下游地区的控制，清水江流域也出现了张秀眉、姜映芳的叛乱。在"争江"过程中已经得到高度整合的"四十八寨"成为"坌处保安团"组建的基础，陷入兵燹的清水江下游各寨此时在共同防卫的情境之下采取合作立场，使得坌处与上游王寨等寨的地方社会关系得到了重新调整。而当时对下游一带的抽厘济练也成为光绪年间坌处等寨请帖开行的主要借口之一。

光绪十五年（1889），坌处地方势力乘官府倡办团练之机，由举人吴鹤书出面，要求在坌处等地开设木行，收费养练，天柱知县余骏年转报省获准，经镇远、黎平两府亲临查勘合议，认为坌处开行于三江无害，对木商有益，更能增加木税，乃批准坌处、清浪、三门塘亦设店开行，定名"外三江"，称茅坪、王寨、卦治为"内三江"。① 并对内外三江的经营作了若干规定：三帮五勷原在"内三江"有泊排、扎排码头，仍沿袭旧章，进"内三江"通过值年行户向山客购木；三帮五勷以外的客商则不得进入内江，而由外江主家为之代购。至此虽然有了内、外江之分，但这种划分无疑增加了交换的中间环节，而使得交易终端双方增加了成本。因此内、外三江之间或是它们内部的村寨之间的争端从未平息过。

直至民国5年（1916），天柱、锦屏两县为永杜纷争达成协议，于同年九月勒石立碑。如今，这块有关内、外三江木材商场运

---

① 贵州省编辑组编《侗族社会历史调查》，第53页。

作条规的石碑仍立在垒处镇中学内。碑文主要讲述了木材商场条规，并附录锦屏、天柱两县商会会长和知名绅士全体议定的十三条规定，同时记载了内外三江客商和木材主人在清水江进行木材交易的有关事宜。[①] 内外三江并存，遵章营业，漫长的"争江"始告结束。[②]

"争江"落下帷幕，使得区域内的社会结构得到了调整。各种经济利益主体和地方权势在此过程中此消彼长，呈现了一个夹杂着冲突与合作的多元地方社会力量的长期互动历程。在"争江"这场历史活剧中，三门塘作为参与其中的一员，它也同样经历着这片地域内发生的一切。虽然我们无法获得翔实材料对三门塘如何投身于这些活动中加以叙述，但不难想象的是在内外三江制度最终确立之时，三门塘获得"外三江"的身份，在这背后必有其特定的促成因素。下文将在以垒处为中心的"外三江"与"四十八寨"的区域网络图景中，观照地方历史的若干侧面。

第二节　"外三江"与"四十八寨"

一　"外三江"之垒处、清浪

如今的垒处镇位于天柱县城东南面，镇人民政府驻垒处街，距县城 40 公里。镇境东连竹林乡，南接湖南省靖州县大堡子镇，西邻高酿镇和锦屏县茅坪镇，北抵远口镇、社学乡。全镇辖 20 个村委会、1 个居委会、151 个村民小组、47 个自然寨，有 3715 户 17113 人，人口居住较为分散，以苗族、侗族为主，占全镇总

---

① 碑文详细内容参见本书附录二。
② 有关"当江"与"争江"的详细论述，可参见张应强《木材之流动：清代清水江下游地区的市场、权力与社会》第二章。

人口的 99.63%。村民以务农营林为主，城镇居民则以经商、从事运输和其他工副业为主。东部为低山丘陵、峡谷、盆地，较大山脉有石榴界、龙塘坡、洞州坡、四方坡和中央坡，盛产杉、松、楠竹、油茶、油桐、油桃等。主产水稻，次产小麦、玉米、薯类、豆类和各种蔬菜。特产有：松茯苓、香菇、黑木耳、冻菌、冬笋、柑橘等。年销售木材 4500 立方米以上，过去林业收入是经济来源的主要渠道，全镇森林面积为 13894 亩，覆盖率为38.8%。木材总蓄积量为 305272 立方米，为全县重点林区乡镇之一。清水江穿境而过，横贯境内 17 公里，三门溪、圭大溪等10 多条支流由南北两岸注入。在过去水运畅通的年代，垒处上通锦屏、剑河，下达湖南黔城、洞庭湖直至长江下游的武汉、南京、上海等地。

　　垒处自古便是湘黔边界"四十八寨"的要津，周边森林茂盛。清康熙乾隆时期，商业发达，木材买卖兴旺，清代属归化乡由义里，曾设垒处讯。1914 年后划为第五区，1932 年置保安镇，1940 年设垒处联保，1942 年为南安乡，1944 年为垒处乡。1950 年成立人民政府，为第四区垒处乡，1953 年将垒处乡划成清浪、中和、菜溪、大冲和垒处 5 个小乡，1955 年乡人民政府改称乡人民委员会，1957 年为垒处片，1958 年改为垒处人民公社垒处管理区，1961 年改管理区为公社管理委员会，"文化大革命"期间为垒处人民公社革命委员会，1969 年并大冲为垒处人民公社，1980 年改为垒处人民公社管理委员会，1984 年改为垒处镇设镇人民政府，1992 年"建镇、并乡、撤区"并中寨乡为垒处镇。[①]

　　垒处，明初无正名，后因开发清水江流域，四面八方买"苗木"的商人云集于此。清道光年间，当地人推荐一名秀才出来取

---

① 据 2004 年 2 月垒处镇政府提供的材料。

名，他根据村民来自各地这一特点，便取名此地为"垒处"。"垒"由分、土两字构成，即大家都是离开故土来此谋生立业，应和睦相处之意。清代即设场口，农历每月二、七为场期。如今三门塘人每逢农历初二、初七仍去垒处赶场，因为坐车要去江对岸，村里人大多选择步行。村中的大娘们背着竹篓，走在翠绿稻田中蜿蜒的土路上，穿行其中，葱绿的稻子盖过了下半身，远远望去像是木偶戏台。徒步行走四十分钟左右便可来到垒处镇上，不宽的马路被两边的小摊贩挤得更加狭窄，人们比肩继踵地走在当中，遇见熟悉的乡民，走上几步便寒暄聊起家常来。这运行了几百年的商贸集市，在当今的人们日常生活中仍扮演着重要角色。在过去，垒处就是清水江沿岸地区集市逐步形成与发展历程中的一例。

在对垒处镇人大主席的访谈[①]中，他提供了更为详细的材料。由于他参加过地方志的编修工作，在访谈时，他从家中的抽屉里找出一个小本子，细细地和笔者讲起垒处的历史，给出了其中事件发生的确切时间。现将访谈笔录摘引如下：

> 明永乐万历年间，剑河地区的苗族人到洪江，在垒处休息停船，原来垒处人不是在沿河居住，在稍往后的坡上住着，由于这种物品交换，到河边更为便利，后来大家就往河边走，垒处就在河边发展起来了。垒处原来的家族姓"滚"，后来曹家来了比滚家要兴旺，他们有坟山。王姓是从锦屏的彦洞搬到垒处的，后来王姓势力越来越大，曹家败了，滚家去了磨溪（天柱），曹家去了宰贡，现在还有一个地方叫作曹家坪的。江边的贸易越来越火，大家后来也都到江边赶集，那个时候很繁荣啊！
>
> 大约在雍正年间，湖南木商到垒处三门塘采购木材，后来

---

① 2004 年 8 月，垒处，访谈王 J. R. 所得。

　　就有很多姓氏迁到垒处了，垒处也是多姓聚居。"垒"有聚集的意思，"垒处"也就是人财聚集之所。各地的人，各地的特产，四面八方而来，油茶桐油拿到江边去交易。1942年到1943年，那时候的乡长王正熊，为了避免遭洪水，才把集镇搬到岸上来的。

　　过去锦屏放木下来，都要收费的，垒处瓮洞都设了关卡收费。光绪十五年（1889），垒处落客，清浪、三门塘开木行，和王寨发生了纠纷，那点利益你争我夺的，无法解决，后来到了民国5年（1916），省政府、镇远府调解纠纷，划分了内外三江。垒处开木行，解放前有彭家三户，喻家四户，清浪、垒处、三门塘三门溪水坞全长有14华里，当中三门溪停排最多。木材买卖是看货议价，市价就是买卖双方商议的价格。现在的镇政府办公楼，是以前清朝时候的江西会馆，后来成了湘赣小学，（小学）后来搬去了青木官，国民党时期改为乡镇府，那个碉堡还有遗址在呢。

　　嘉庆十一年（1806），王朝福、刘秀刚、刘林山——后面两个人是三门塘的，三个人在垒处开行。开行是要经过政府批准的，他们却自己去开去了，所以王寨的人不肯了，就告状去了，政府就派人来捉拿，有被杀了的，有发配黑龙江充军的。开行是要拿那个斧印去官府呈报的，官方许可了，才具有合法性。一个木行拥有的斧印越多，就说明它的生意做得越好，木行也会越做越大。

　　以上的访谈资料中，给出了有关前文提到的"争江"事件中，更为地方化的具体情形，三门塘也参与了其中。有关近代垒处一带的林业经济发展情况，整理如下：

　　　民国时期锦屏有一个木业公司，官方与民间竞争，但无论如何，林农还是可以从中获利的，也慢慢富了起来。木材的养护有一套约定俗成的说法：三十年的木材才可以砍。山林的种植出现了租佃方式，林主与林农七三分，或者六四分成。幼林可以买卖，所谓"借土养木"，这样可以把眼前的利益和长远的利益联系起来，树林成片，到处都郁郁葱葱。

解放后，垄处镇的砍伐量是一万立方米，天柱县平均四万立方米，但在20世纪80年代以后，林业部门只砍不栽，砍伐量大于造林量，林木变少。实行"天然保护林"政策之后，1立方米卖30元、100元，最多时200元，林农的收益不多，甚至亏损。现在林农的积极性受挫，造林的成活率也很低。清水江江面上木排的消失也就意味着这里的贫困了，土改的时候，根据户数比例来看，三门溪和三门塘的地主大过垄处，全镇的花街①有四十来条，有368华里，可以想象我们当地有多富了！

垄处的王氏宗祠建于光绪二年（1876），光绪四年竣工，五年修谱，民国5年（1916）修了里面的大殿。垄处的杨公庙②建于乾隆二十九年（1764），乾隆五十年化缘又修了戏台，1942年拆毁，杨公庙里面有霄楼，青木宫。那个时候一直从托口到卦治沿河一带化缘，这一带上也正好是杨公庙的分布路线。杨公是明朝时候的托口人，姓杨的扒排的，当时陬溪（市）帮欺负贵州帮，杨公就一马当先，维护地域权威，所以受人尊奉，后来就修了杨公庙来纪念他。民国时期，青木宫成了管理木材采运的公所、扒排工会，解放后改成了粮仓，1996—1997年的时候破了、烂了就拆掉了。

---

① 当地人将鹅卵石铺砌的道路称为花街。
② 详细内容可参见本书第五章第二节"三　杨公庙"。在乾隆二十九年立的《重修碑记》中讲道，"庙始建于康熙二十五年"，访谈中人们却把重修杨公庙的时间认为是它初建的年代，可见发生的历史事实和人们的记忆之间是存在偏差的。

以上这些作为垒处在过去区域开发及商业化发展中的具体情形，作为当今人们历史记忆中的一部分留存下来，那个曾经木商云集、作为"外三江"之一的重要坞子，排筏布满江面的情景人们依稀记得。木材采运带来了区域性的人口流动，下游地区的居民溯江而上，以下的两则碑文提供了清代外省商人深入垒处一带，购买阴地的故事，现将道光二十八年（1848）的《湖广公山碑》①摘引如下：

> 盖闻上古之世，亲死委壑，哀痛迫切之诚安在，天生一本之理无存乎？不葬其亲、不殡其友，则孝子仁人之谓何？然亲葬必得其所，必有其依归，自古皆然，今人何独不然？我湘南一郡之人，贸易在外，人势愈多，生齿愈盛，阳居者散于四境，隐葬者聚于一前人买设众地，立为官山，然已葬满，后来葬于何所？是以我郡杨再朝，约法三章，齐合府之人勇力，乐捐不拘多少，仍买老山地一块增补隐穴，庶几生死俱有赖焉。是为序。生员唐文蓍并书。
>
> 辰府彭代文、周世纲，宝府杨再朝、刘乾照、孙雨兴、张佐周、杨武云，靖府陈文友、陈政清、曹光纶，衡府侯忠祥，沈府杨友荣、谭远寿、杨汉祥、钟必化。
>
> 大清道光二十八年冬月吉日众等首士同立

由此看来，木材买卖不仅需要一个较长的循环周期，丰厚的商业利益也诱发了湖南商人在垒处长久居住的意愿，坟山土地的购置，也说明下游地区人群在垒处一带势力的扩展。

同治十年（1871），江西的万、喻、黄、彭、徐五姓则在湖广山边也买了一团地作为坟山阴地，在1999年由这五姓后人建立的

---

① 今立于垒处至三门塘路边。

五姓亭（见图1-1）中所立的《流芳百世》碑文中写道：

> 五姓亭者，因五姓地而取名焉。清同治十年前有我万、喻、黄、彭、徐五姓之先祖，同系江西祖籍，供奉许仙真君，因谋生计商贾至垒处落籍，繁衍子孙，立足黔地。我五姓之先祖：万仪奉、喻光远、黄邦祥、彭焕茂、徐顺贵五人，于清同治十年即公元一八七一年四月，集资承买王姓土名湖广山上边番地一团，上址岭、下址埂、左址湖广山、右址买主并和尚地，买价一千文整，作为我五姓世代老人寿终之墓葬，至今已历一百二十七年矣。墓地已葬有万、喻、黄、彭、徐历代先祖之坟茔，年年祭扫，代代传宗。现我五姓已有后裔四百余众，并有军工商干旅居外地者数十人，若无先人远顾之忧，何来裔孙享用之乐耶！为纪念先祖创业之功，后代承业有据，遂于公元一九九八年十二月，有我五姓之后裔喻崇禄、彭贞云、黄望福、万发明等倡首，并承旅台彭贞清先生之巨额赞助，动工修建此五姓亭，立于辖地之内，坟茔之侧，气势雄伟，设计雅丽，实有天朗气清，惠风和畅之乐。临江夕照，更有落霞伴鹜，秋水其长之景。不但为我五姓宗业增辉，更为垒处镇郊添一胜景也。惜创业者已英灵作古，我辈建亭者已老之将至，铭碑数言以为序焉。

从碑文中，我们可以看到在清代后期，外来人群已在当地的村落社会中扮演了重要角色，清水江水系的开发不仅夹杂着不同地域人群的互动，也是一个随着木材商贸市场网络的形成，王朝力量不断沿江推进的过程。对三门塘、垒处一带的访谈中，人们都提到早在明朝嘉靖、万历年间，中央王朝便有到三门塘、垒处征派皇木，但是到了康熙二十四年之后，"内三江"的木材资源优势已胜于"外三江"一带，因此外省客商直接与"内三江"的行户交易，垒

图 1-1　坌处五姓亭

处失去江坞的优势，经济来源受阻。笔者前往作为"外三江"之一的清浪①时，发现了一块道光八年的石碑，碑文内容围绕沿江村寨因争夺木材经营权利冲突而展开。现引碑文如下：

> 尝思普天之下，莫非王土。其于山川水土，各有界至之攸。是以我等地方自开辟清水江以来，蒙前各大宪设立坌处为采办皇木之所。至康熙二十四年，客苗乱行，被黎平府属之毛坪、黄寨、挂治三处乘机霸市，擅设三关。上下经控抚蕃，臬道多载，因豪恶龙永义等财多讼能，故失江坞，于我柱属王朝富、伍仕仁、刘秀刚等充发口外，苦不堪言。至乾隆年间，洪

---

① 清浪大多为侗族，也有嫁人的苗族，和坌处的王氏统同一族系，当时建坌处的祠堂时，清浪的富裕人家也出资不少，"文革"时窨子屋被毁，现存的也是断壁残垣，人去楼空。另外两块光绪和乾隆年间的石碑已经做了铺路石，具体内容无法辨认，与三门塘相比，清浪的历史留痕轻微许多。

水泛涨，沿河流水捞获甚多，上下争控县主马案下，蒙恩公断，流出阳豆角石槽以下、笋洞以上柱属地方，捞获者，尺长文银三分赎退。商等因赎价过昂，不愿赎退，情愿照市价买。迨至道光年间，洪水泛涨，各苗之木被水冲下，沿河捞获甚多。因豪恶龙承标等复控仁天县主李案下，蒙恩给断，以照旧章，久后不得争讼，亦不得仍蹈前辙。方才勒碑以附久操，永垂不朽云。

从碑文中可以看到，在内外三江制度未确立之前，沿江的上下游村寨出现了为利益分配和市场控制权而展开的激烈纷争，这也是一个由清浪、垒处等下游村寨的市场权利向上游的茅坪、王寨、卦治转移的过程，这块石碑上的信息提供了垒处、清浪等下游村寨与上游茅坪、王寨、卦治之间利益纷争的一个侧面。

以垒处、清浪为代表的下游村寨在《永定章程碑》[1]、《内外三江木材商场条规碑》[2]、清浪的《赎木江规》中都表达了自身的主体意识，这些碑文中的规章条例也成为当时区域商业化发展过程中制度建立的一个重要方面。在现有文献中，清浪与三门塘并没有被太多提及，它们之所以成为"外三江"，地理位置固然重要，但是与它们在"争江"过程中的地位与作用不无关系。因此将以垒处为核心的"外三江"，放入"四十八寨"这一地域性的社会网络中来重新审视，可以看见不同历史时期不同社会文化演变的情形。

二 "四十八寨"

"四十八寨"是个古老的称呼，对于"四十八寨"的具体寨名与由来人们众说纷纭，莫衷一是。比较受大众认可的是指今贵州省

---

① 参见附录三。
② 参见附录二。

天柱县竹林乡、坌处镇，锦屏县三江镇、茅坪镇，湖南省大堡子镇、三秋镇的大部分或全部地区，共四十八个寨子。它是以地域为纽带的"合款"组织，起着调节内部矛盾、规范人们道德行为的作用。居住在这一片山水相连区域内的苗侗人民，经过长期交往，以及清朝以来木植经济的开发，联系不断加强，大部分村寨的居民都会苗语、侗话及酸汤话，语言互通、相互通婚，有着类似的民风民俗。"四十八寨"这个古老的组织在清水江下游的开发和商业化过程中，在不同的历史时段发生着相应的变化。

当地有"'四十八寨'古碑记，古碑安在罗家坪；议款议事平茫地，留到如今四百年"的说法。咸同年间的张秀眉、姜映芳起义使得清水江下游一带进入了二十年的兵燹时期，此时"四十八寨"的武装防御功能被重新提上日程。

田野访谈中，坌处与平茫的老先生[1]说，道光六年，匪患进入"四十八寨"境内，"乡井自是不安枕席矣，长官漠视斯民，善良畏贼如虎。而肖小之辈转得啸聚群党，乘机窃发"，咸丰初年当地天灾，人民饥寒交迫，民不聊生，仁里（高酿一带）土匪猖獗，官府莫可奈何，匪劫麻盐塘、银洞、锦屏、宰贡、坌处，土匪进坌处，"挨户搜掳，全市骚然，汛官莫若何，里人惶恐"，团防应势而生。

当时社会混乱，群众自发组织起来，巡逻放哨、保卫村寨。道光三十年，广西陈亚贵、洪秀全揭竿起义，坌处地方奉县命在双坳关（两头坳）、长嵊嘴"筑墙建关，募军守之，是为防军之治"，此时的防卫还不属于"四十八寨"。咸丰年间，匪屡犯境，来势凶猛，约集"四十八寨"讨论，县主徐达邦公函指令，由义里保安团防局正式成立，设在坌处的青木宫。临时调动地方壮丁，"紧守关隘，屏蔽湘西"。咸丰九年（1859），团防整顿防务，练勇所需

---

① 2006年8月，坌处、平茫，访谈王 J. R.、潘 C. Y. 所得。

经费，由地方百姓出资，"上户派钱二百串，中户五百，下户八十，花户照粮一斗三升，统名军需"。从咸丰八年到同治三年，"奋兴于危急存亡之际，支持于四面匪风之时"，团防局使得"四十八寨"的许多村寨免遭烧杀。

坌处在"四十八寨"的团练组织中扮演了十分重要的角色，咸丰六年，"坌处汛吴运选、里绅王先和集'四十八寨'会议，贫者出力，富者出资，大寨置抬枪三门，小寨一门，匪来一致抵御，违者议罚"。[1] 坌处、三门塘等寨，以"四十八寨"为基础建立的保安团成为天柱县最大的团练组织。在对同治四年"苗毁坌处"的描述中写道"贼踵至三门塘"，"惟三门塘王永裕老父昌仁，年八十，居恩培家，并妻媳孙三人，同时殉难。旬日间，烧地坌、菜溪……"。[2]

今天的三门塘人又是如何看待这一次历史事件的呢？村中有位看过《保安团防志略》的先生对这段历史这样评价[3]："平时我们认为农民起义好像都是正面的，但是在《保安团防志略》里却有'劫掠烧杀'的字眼，说是杀富济贫，但是沿路劫掠烧杀，掠夺妇女，给地方带来祸害。说'四十八寨'是地主武装，由有钱的地主出资，政府支持，但是它保卫了乡里，让地方安宁，所以不管怎样都是有群众基础的。"从三门塘人的本位视角来看，当时的团练是政府力量与地方势力联合保卫地方秩序的一个重要组织。

由"四十八寨"联合组成的联款组织，有约定俗成的组织纪律和利益协议，作为地方自卫武装联防组织，联款款首由各寨寨老

---

① （民国）黄峭山樵《保安团防志略》，转引自竺柏松编《姜映芳起义史料汇编》（《民族研究参考资料》第十六集），1982，第79—80页。

② 光绪《天柱县志》附《兵燹记略》，转引自天柱县志办公室编《天柱县旧志汇编》，第341页。

③ 2008年7月，三门塘，访谈王Y.Q.所得。

推举选出，大款首负责军事指挥，各寨款首负责带领本寨款众听从调遣，一寨有警，各寨立即奔赴支援。根据当地人的记忆，民国年间湘黔边境的剿匪行动中，由联款的上千款众把匪盗围剿。因此以"四十八寨"为基础的地方团练组织，在不同的历史时期对地方社会的稳定起到了十分重要的作用。

有关"四十八寨"，当地人还有"上下二十四寨"的划分之说。雍正时期，靖州、锦屏、天柱三县交界之地有"四十八寨"，为苗侗族聚居与杂居之地，其中靖州的二十四寨，又分为上锹九寨、中锹九寨、下锹六寨。上锹九寨是楠木山、唐龙、高营、高坡、烂泥冲（现名新街）、三江溪、银万溪、塘保寨、大溪寨；中锹九寨为地笋、地背、弄冲（现名凤冲）、地庙、水冲、菜地、黄柏、万才、岩嘴头；下锹六寨是柯寨（现名小河）、皂隶、孔洞、官田、排寨（现名排洞）、铜锣。贵州锦屏、天柱的二十四寨，其中锦屏六寨是豪寨（现名亮江）、云洞、茅坪、乌坡、合冲、令冲；天柱县十八寨是凸洞、地柳、地冲、雅地、鲍塘、中寨、偏坡（这七寨属坌处镇内），凯寨、新寨、楠头、棉花坪、杨梅寨、刘家寨、高坡寨、秀田、竹林、地坌寨、杨家寨（这十一个属于竹林乡内），随历史推进，现在的村寨数量远远超过了原有的"四十八寨"。

聚居在此的苗侗居民，长期生活在这片山水相连的地域内，大部分村寨的人们都能讲苗话、侗话、酸汤话，互通语言，互通婚姻，有类似的民族风俗和生活习惯。"四十八寨"的"款"①组织，历经沧桑依旧存在，如今"四十八寨"的久远文化更以民俗的形式保留和展现出来。人们更多地把"四十八寨"和歌场集会相联系，把这"四十八寨"的古老传说故事编成了歌曲传唱至今。

---

① 款：土司之间的议事条规，有专门的款场、地方来议事，也有武力解决的情况。中央权力只到县一级，下面的就是山老、宗法制，款场是一个公共场地，不属于任何村寨，是一个中立场所，今天的地界都和其有关。2006年8月，三门塘，访谈王 C. Y. 所得。

上二十四寨：垒处新坡三门塘，偏坡中寨出抱塘，
　　　　　　　平茫乌游九湖塘，鸭地地冲过岑广，
　　　　　　　和冲令冲去亮江，平丁银洞是宝地，
　　　　　　　王寨下来烂龙滩，茅坪清浪圭雄溪，
　　　　　　　宰贡翻坡进马鞍。
下二十四寨：喇赖菜溪大冲寨，孔埠地柳向公塘，
　　　　　　　干溪冲出铜锣段，干（鸡）田过河进麻阳，
　　　　　　　地垒翁冲杨家寨，秀田高坡竹林乡，
　　　　　　　大木新冲（新田）牛田口，新寨湳头过王滩，
　　　　　　　龙家冲去两头坳。①

　　在人们口传的"四十八寨"中包括了垒处、清浪、三门塘"外三江"村寨，以及下文将要提到的三门溪一线的中寨、抱塘等村寨。在咸同兵燹期间，处于事件中心的垒处留下的相关资料则显现出地方对国家认同及正统性建立的需要。当时的保安团防军营驻扎在垒处对岸的"营盘坡"上，该坡前有黄哨山，上扼江关，下锁河谷，后有天华山，利于屯军。民国时期的地方文人龙昭灵有诗云："古戍清江上，荒山落日中。营犹淡细柳，树只剩枯枫。塞草连天白，霜林浸晚红。东陵瓜正熟，那复记千戎。"为了纪念在御匪中牺牲的六百十一人，垒处修建了忠义祠，缅怀先烈。光绪三十年，由曾伯隅②撰文的《忠义祠记》中写道：

　　君子之于天下，甚惜乎其名也。何则？天下惟名之所系，足以鼓不死之人心，而成习俗。是故善为政者，治之以名而已

---

① "四十八寨"寨名说法不一，此为三门塘的大众说法。由于侗语、汉语发音差异，文字表达上也有所不同。
② 曾伯隅，本名曾廉，湖南邵阳人，清代教育名儒，遭诬蔑免官黜黔，于光绪十八年，住黄哨山开办"白云书院"，开课授教。出自天柱文史《龙飞凤翔》。

矣！余以去年馆于天柱垒处潮源庵，见其隅有室，甚褊陋，前碍墙，不能咫尺，亦芜秽，不可以入。而观其题额曰："嗟乎！是乃昭忠祠乎？"盖同治时有苗之乱天柱，由义里诸士君子，训练其里之人而御之于大风，战守历五载，兼援牛场，及于茅坪，蹀血以死，凡数百人。而总练事王司马恩培者，合门潜焉，死尤烈。方伯兆公，为请于楚抚，奏于朝，许其祠记者也。余独异当时之当祠也，何其恭而草略至此。岂时方出水灾，乡方饥困而力不足以宏盛典欤？抑朱子所谓世所崇饰而神事之者，非老子释氏之官，则妖妄淫昏之鬼而已。然设不乏余烈，今祠乃尔猥狭，是使人过而蔑之，将以为忠义之贱于释老妖妄淫昏也，是有不如无也。何也？君子之所以竞争之者，是以人心所同然，特无以动之耳。故曰君子之德风，风者非它，以名动之也。今既曰昭忠祠矣，而复亵之，是上无以康死者，而下不足劝将来也。是祠之制，与其名悖而反失。

朝廷所以激励天下之用也。君子欲动天下，其何以动之，其将舍名而以利乎？利不可厌也，于是天下之祸烈矣。此君子所以潜焉出涕，而为当世惜也。维时，里人士曰：王明经文德、王重九会钰等，知其然也。乃相地鸠工，迁祠于沅水之上。凡年余，而是右为将事憩息之楼，左为神厨、笾豆、尊爵，诸皆大备。祀之辰，天翳忽阳，细口熏蒿，衣裳冠式临，不言而肃，庶几神具载享。而世之人，皆因以知忠义之重，益亲敬其君父也。则观于乡而知王道之易易矣。喜其迁而之乎善也，乃思为之传焉。

光绪三十年秋八月丁朔澄滨野人记

到了光绪后期，垒处一带的区域社会趋于安定，官府得到了地方团练的协助，因而使得以垒处为首的天柱一带村寨获得了"当江"权利，进而最终形成了"内外三江"的"当江"制度，有关制度如何运作，民国 5 年的《内外三江木材条规碑》① 中做了详细说明。民国 4 年，天柱中学成立，"抽税办学"被列入了江规，办学经费部分由垒处木坞木行抽税。

三门塘作为垒处下游沿江村寨，在"当江""争江"事件中，最终获得了"外三江"的木行经营权，在获得官方制度认可的情况下，三门塘被置于一个基于木材经济而形成的区域网络中，具体情形又如何。从三门塘现存的碑刻资料中，我们可以看到在过去修路架桥、造船济渡、修庵建庙的村落活动中，邻边的许多村寨已参与到三门塘的村内事务中。木材贸易加深了区域经济协作网络的紧密度，而同时传统"四十八寨"的村际网络的文化意义被重新发掘和利用，这张区域性网络得到进一步的建构和强化。离开清水江这一主干道，对以三门塘为中心的一个小范围内的支系网络的论述，或许可以得到更多的启示。

第三节 一溪五寨共采木

三门溪发源于湖南靖州县排侗九脉，向北由排侗、铜锣团进入天柱县境内，经大山、偏坡、中寨、抱塘至垒处镇的三门溪注入清水江。三门溪较大的两条支流，其中一条发源于中寨的唐家坳。主干溪全长 21 公里，流域均为主要的林区。作为小溪小河，三门溪水小弯急，待春夏溪流水涨，木材才能撬成小挂子或是"赶羊"流送。它是偏坡、中寨、抱塘等村寨放运木材出清水江的重要孔道。② 人们后来沿溪筑坝 4 座，采取一座一座蓄水放木的方法，提高了放运效率。三门溪寨（见图 1－2）与三门塘隔江相望，以三门塘渡口为中心的这些邻近村寨同属于古老的"四十八寨"。

---

① 详见附录二。
② 天柱县林业志编纂领导小组编《天柱县林业志》，第 38 页。

图 1 - 2 三门溪入清水江孔道

从早期的串立"十八关"拦木抽税，到后来的愈演愈烈的"争江"，越来越多的村寨被卷入这场政治经济利益的争夺，此时经济利益更多地成为传统"四十八寨"的内聚向心力，"争江"牵扯到的或许是一个范围更为广大的村落联盟。由天然水系三门溪连结的偏坡、中寨、抱塘、三门溪几个村寨则成为一个小型的木材采运系统。作为通往清水江唯一孔道的三门塘渡口（三门溪寨），[①]必然从中起着关键性的作用。

在三门塘寨头的碑林中，竖立着的十来块石碑记述了从清代乾隆年间直到光绪年间，三门塘渡口修渡的事，在本书第三章中将做详细讨论。修渡已成为两岸各寨的交通往来之必需，当时以三门塘为中心的各村寨之间往来频繁。这些济渡、养渡活动，不仅关乎三门塘一村之利，渡船交通客观上也为邻近各村提供了便捷，在某种意

---

① 《禁条碑记》今立于三门溪渡口，碑中明确写道"三门塘渡口"乾隆五十年立。

义上附近的村寨已经镶嵌在了以三门塘渡口为中心的社区网络之内。

在三门溪一线上的抱塘、中寨、偏坡等村寨已经参与其中，这种或出于传统文化网络之联结，或出于实际需要，产生了以"四十八寨"宏观背景之下的小范围内的村落聚合。自清朝乾隆年间至咸丰年间未曾间断过的摆渡，其背后有着木业经济兴起和贸易兴盛的支撑，这不仅加速了村寨之间的互动，市场力的深层动因也带来了另一种意义上的村落整合。

当地人有句俗语："抱塘出谷子，三门溪出窨子，三门塘出银子"；又或说"抱塘出窨子，中寨出谷子，三门溪出银子"，[1] 这些无不说明繁盛的木材经济，给这一带的村落带来的普遍富庶。抱塘又称"鲍塘"，距离三门塘四公里，从三门溪步行去抱塘，一路青山绵延，山溪潺潺。明清时期这里是湘黔边界往来的要路，商贾络绎不绝，"有很多湖南来的客人到这里歇，我们这里吴姓最多，听说是从湖南靖州搬过来的，还有粟姓说是和会同的粟裕同宗，从那里来的"。[2]

村寨的入住形成和三门塘喇赖有着类似的传说。抱塘人说先祖放牛，牛钻进翠竹林中，地理先生看后，觉得风水极好，因此就搬到了该处居住，和谐的地理风水使得村寨从未有过祝融之患。寨中有吴氏宗祠、粟氏宗祠，粟家祠堂建于乾隆十八年，村里曾经有14幢窨子屋，有一家窨子屋建于咸丰十一年，那里住过六代人，嘉靖年间就迁入了，从事木材采运，有"顺昌祥"斧记。吴家有两房，住户是元朝时迁入的。清末以来，木材采运系统的逐步建立，使抱塘到三门塘务工的人也日渐增多，笔者的访谈对象粟 D. H. 在民国时期便在三门塘给当时开木行的刘增繁家做过木材

---

[1] 另有说法：垒处的棍子，三门塘的空子（老实、顺从），抱塘的窨子，中寨的谷子，鸭地的顶子（秀才），菜溪的痞子。

[2] 2004 年 8 月，抱塘，访谈粟 D. H. 所得。

易市的围量手。抱塘和三门塘一样留有大量的石碑，大多都是有关林木禁伐、禁偷等内容。① 寨中有一块有关"凤鸣馆"的石碑，该碑立于清乾隆二十一年，据碑文可知于乾隆丙辰岁（1736），凤鸣馆建成，碑中记载：

> 昔维圣贤垂训，殿迪为先，朝廷设科建学为首是哉。三代以来，复曰校设，曰序周，曰痒，造士之端其日久矣。况今圣王治世，崇尚儒林，国有学，党有庠，家有塾，此固道一而风同者也。我团原有旧馆，世讲学其中，奈基非久藏，数徒靡屋，竟末有名焉。至乾隆丙辰，于村左巽地，卜其山水明秀，峰峦排列，复迁于斯。前人因其地属高岗，咸思羽仪王国，遂顾曰"凤鸣馆"。既定以后，地灵人杰，庚午、乙亥叠采泮芹，旬是文运日新，其进难量矣。及二十一年丙子春，父兄视其旧馆窄狭，鼎新重建。而其启迪后人之意，虽不仅为取第占鳌之计，然苟于中而造就有成，将异日者或腾蛟起凤，或附凤攀龙，何莫非凤鸣之应，父兄之愿兴，夫朝廷作人之意同哉！是为序。
>
> 皇清乾隆二十一年岁次丙子仲冬月建　　黄钟朔日谷旦

随着这一带木植的开发，经济发展，科举文教普及，作为中央拓展开发的一部分，文化教育是其中重要的环节。此后，周边村寨的书生会集于此，抱塘人才辈出。"清末有一个秀才叫吴大纯的，村口的风雨桥对联就是他写的。诗人龙昭灵都来村子里找他，两位文人相会。现在金锁桥上的对联是一个叫王正栋的请教了龙昭灵之后一道完成的。"② "金锁桥在村口两百米处，过这座桥到七里冲，

---

① 2004 年 8 月，抱塘，访谈粟 D. H. 所得。
② 留有诗句："人皆抱恨是无金，金如多时亦恨抱；水到塘前休要锁，所得紧处不成塘。""水透三关塘合抱，桥横金锁路平分。"

就可以到垒处，以前垒处去湖南都走这里，都是用鹅卵石铺的古路，如今仍可见。因为有水口三关，以前村里都修了风雨桥，现在村里的这座，是 20 世纪 80 年代大家自发修复的。"①

中寨，东邻抱塘，南连大山，西南接偏坡、平茫，西靠雅地，北抵垒处。其地处适中，每逢农历初五、初十，周围村寨的人都会到此赶集。有关中寨的村名来历，当地人有这样的说法：雍正四年，中寨属靖州管辖，靖州官府把苗侗聚居的村寨划分为四十八寨，中寨地处适中，周围寨老乡士喜欢会集于此，议款议事，商讨团结抵御外敌等大事，便改称中寨。清代后，各姓氏陆续迁入中寨，变成了杂姓村寨。对村中一位刘姓长者的访谈中，大致可瞥见中寨的历史概况：

> 谱上说，这个地方一片荒芜，都是些竹林山地，是赵家坟山地，当时赵家住在枕长（苗话），中寨的开辟以我们刘氏为先，祖先在江西吉安府泰和是鹅巷大圳圳头居住，后来迁湖广辰州、靖州、会同，明正统七年（1442），祖清公之子志高孙良辅从会同迁到了贵州乌油，如今湖南靖州大堡子乡，后来到坪地寨，最后到了中寨定居。在坪地寨住的时候，祖先到大段开垦耕地，牛也一起放到工地上，下午赶牛回家，这牛经常找去赵家的坟山地，当时遍地都是金竹、苦竹，有时天黑了，来不及赶牛，牛就常常到那个地方睡觉。祖先想找一个定居的地方，经常到牛赖着不走的地方看看，站在牛睡觉的地方，向四周看去，风景很好，面山、后面来龙起伏，左右围山也不错，特别是东北角的哈口（塞口山）围得好。于是祖先决定开发，在这个竹林山地开辟住宅地时，在土中挖出一口钟，所以就把这个地方叫作钟寨。后来从坪地迁过来定居，人丁开始旺起来

---

① 2004 年 8 月，抱塘，访谈粟 D. H. 所得。

了。赵姓迁到别的地方去了。中寨刘姓居多，现有刘、潘、吴、唐、杨、胡等七个姓氏，共 185 户 850 余人。中寨自 20 世纪 50 年代有过 3 次火灾，因此现在的村落格局已经与最初的不同，分散为 9 个自然居住点。

中寨四周高中间低，若掌形，寨中间有一条长 400 米，宽 3 米，石板铺成的大街从寨脚到寨头，还有南北横贯的 300 米长的鹅卵石铺成的花街，两条街交叉之处称为十字街，寨里人三三两两聚集于此聊天说事。寨头和寨脚各建有刘氏宗祠，寨脚祠堂前建有一南岳庙，大门楹联为"威镇南天鉴阴阳善恶，权同赤帝考功达枢机"。当街一面楹联为"一湾流水绿，两举雾烟青"，村前有清澈溪水，经抱塘、三门溪注入清水江。村之东有拱秀亭，是通往抱塘、湖南靖州的古道。

村中的保泰桥，始建于嘉庆年间，以前拿了十八根杉木作桥身，上面铺厚杉木板，当作桥面，再建九间一层楼的房子架于上面，中有通道，两侧有长廊坐凳，全桥青瓦覆盖，过路行人可乘凉休憩。相隔百余年，桥身出现腐烂倾斜。族谱上记载，当时刘堂枝老人一户为重修大桥，捐大杉木两根、小杉条木三十根，捐搬各处条木工天十个，大米八十碗五十六斤。桥的建成全靠各家各户捐工献料，捐钱捐米。相隔二十一年后，桥被洪水冲走。1939 被大水冲走后，第二次重修在 1970 年，这次用的大杉木是"土改"时分山留下来的。1993 年第三次重修，村委会倡导，全村人投工投劳，改建成了石拱桥。桥上长诗云：

吾村之东惜字炉，一条虹影卧水浮。
嘉庆年间始修建，始建至今数百秋。
几经修复未永固，惟有今朝胜当初。
宝塔巍巍顶天宇，玉炉皑皑伴虹畴。

两岸翠屏山峦秀，绕村碧玉水清幽。

路过行人无计数，凌晨直到月当头。

上下影遥月波里，往来人渡半月舟。

山清水秀美如画，春花月夜画中游。

寨景山水无数处，此景亦算有名留。

全工告竣垂史册，一座古桥变通途。

子孙福利恩泽色，满碑芳名万古留。

中寨村民安百世，保泰石桥古千秋。

"中寨的文风很好，是这一带有名的文化村，尊师重教到现在都是这样，天柱的王大赢、王天培的父亲和中寨的刘上宾有莫逆之交，所以王天培小时候都在这里上过私塾。寨脚有溪流涓涓流过，宛如玉带环绕村寨，人们把上面架的桥称为玉带桥。"[①] 如诗中所描绘，中寨还有一个村落景观为惜字炉（见图1-3），又名惜字塔，是昔日文人墨客烧毁文字纸张的地方。史料记载，惜字风俗早在宋元之际已逐渐流行，那时的人们对文字及写字的纸张十分爱惜，不能随便丢弃，必须送到惜字炉焚化，此风俗绵延到明清时达到极致。

惜字炉位于寨之东北，建于嘉庆年间，老人写的字不乱扔，放入塔里面烧掉，又称"化字炉"，炉身三层，塔为砖石结构，六边锥形，高10米，直径2米，

图1-3 中寨惜字炉

---

① 2004年8月，中寨，访谈刘 S. H. 所得。

形如宝塔，六檐滴水，白墙花边，翼角翘首，凌空耸立，古朴典雅，专用于焚烧废字。两侧楹联为"水之就下也，文不在此乎？"横批"仰之弥高"。中层有李白的诗"三更灯火五更鸡，正是男儿读书时；黑发不知勤学早，白发方知读书迟。"还有《论语》三则："温故而知新，可以为师也。""学而不思则罔，思而不学则殆。""默而识之学而不厌，诲人不倦，何有于我哉！"惜字炉上所写诗句均是教育后代要勤学立志，中寨被周围的村寨称为文化村，是翰墨之寨，世代书香之地。

村里人杰地灵，清代出过举人一名即刘上标，恩贡两人，庠生二人，贡生一人，生员四人，村内还有六块秀才碑。刘应科，拔贡，升任保定府祈州鹿县知县；刘俊楠，贡生；刘朝焕，咸丰二年恩贡；刘登云，恩贡；刘上标，举人，光绪十四年武举；刘远雄，生员；刘远玉、刘昌富、刘昌义，生员；刘朝时，嘉庆庠生；刘翰笙，道光庠生。如同抱塘的凤鸣馆，中寨的惜字炉也是对国家科举的一种回应，以及文字崇拜和对功名的一种强烈诉求。

中寨适于栽木植杉，杉木砍下来之后，十来根扎成挂子，去树皮。当地人说"苗木"先烂表皮，里面不烂，传说是苗家姑娘变成了树，心不变。[①]中寨有过几次火灾，族谱、契约被毁。在木材采运的初期，中寨砍伐下来的木材，扎成挂子放排到三门溪或是三门塘，经过一系列的加工整修放运到下河。三门塘从中收取劳务费用。

到了后来，中寨人越来越熟悉木材商贸的各项环节，积累了一定的资本便开始自行销售。中寨人直接放排到下游的洪江、陬市等地，赚了钱回来都是坐船、坐轿的。三门塘最后一家木行的繁盛，也是中寨人刘忠祥（又名刘绳斌）经营着，"土改"之后他在三门塘的山林也划归了中寨。民国初年，中寨刘绳辉的父亲刘上锦在洪江开木行，行号"信康"。刘上锦曾经是给三门塘的刘忠祥开的木

---

① 2006年8月，中寨，访谈刘 S. H. 所得。十八杉的故事，参见附录七。

行里帮工，随后刘上锦借资去了洪江发展。[1] 到了木材贸易的发展后期，木材买卖的方式和范围更为宽松和自由。

一路直上到偏坡，"迴龙又迴一溪四桥居首冠，偏坡不偏三门九福位之中"。[2] 村寨内现还留有清朝时期的贡生碑，田野中见到三块，但这些石碑都已被用作寨内石阶的铺路石，碑上的字迹已模糊不清。至今还让偏坡的村民津津乐道的是清朝年间村里还出过状元。

偏坡往里便到了平茫，这个村寨曾经是"四十八寨"议款议事的中心地，现在看去却有些萧索。曾经的木业经济并没有给它带来如同对抱塘、中寨那样的冲击，木楼小窗里探出的谨慎目光，似乎还带着居于山中对外界的戒备。那条一线牵连的溪水到了此地便戛然而止，木植采运所带来的种种变迁似乎到此也便停止了。平茫寨并没有像抱塘、中寨那样经受外力作用，而在自行的自然逻辑中生息着。

一条溪水将这几个村寨紧紧相连，在木材商贸开发的年代，它更成为一条将几个村落人们日常生活卷带其中的经济锁链。人们在流经偏坡、中寨、抱塘的溪上，分别设置了木阀，关闸蓄水以便放排下山。对流经自己村寨的那一段溪流，每个村寨都以寨名命名之，如此表征意义的行为强化着自身对溪流的占有和使用。

三门塘作为"外三江"最为下游的一寨，和内外三江的运作机制相比，在此河域范围内的木材采运并没有十分严格的制度安排，这一范围内的村寨和下河木商有着更为自由的商贸空间。由于地理生态环境的差异而产生了各村寨不同的分工：三门溪沿溪一带的山里村寨砍伐木材，放运下初加工的木材，待到三门溪或三门塘做进一步的加工整修。下河木商也因为茂林深菁的艰险望而却步，

---

[1]　2004 年 8 月，中寨，访谈刘 S. H. 所得。

[2]　偏坡回龙桥楹联。

往往委托三门溪或是三门塘村民入山代购。这一买卖形式省却了内外三江中，外江村寨委托内江村寨待客采购的环节，因此在水客和山客之间只存在一层中介关系。这种中介所需交易成本的降低，也是三门塘、三门溪一带木材兴盛的一个重要原因。后来大规模木材采运在"内三江"的发生，则是由于"内三江"下游河段木材供给已无法满足木商的需求，而不断溯江而上开发的过程。"内三江"一带更为广袤的植被生长和优良材质，吸引着越来越多的商客前往牟利。以上三门溪一线村寨的木材经营概况，展现了一个小型木材采运的运作过程，便于我们知微见著地理解。

小　结

本章第一部分是对清水江流域木材采运的概况描述；第二部分则对以坌处为中心的"外三江"与"四十八寨"的关联做一讨论；第三部分围绕三门溪一线的村寨，落实到更为具体的村落关系与人群姓氏关系中，通过对更小空间范围内，与三门塘相关的木材商贸活动，来呈现村际整合过程。

"争江"事件落下帷幕，使得区域内的社会结构得到了调整。在各种经济利益主体和地方权势的互动过程中，呈现了一个夹杂着矛盾和妥协、冲突与合作多元力量的互动图景。内外三江这一市场机制的生成与它的最终确立，确保了三门塘所处的清水江下游一带木材商贸的顺利往来。在这出漫长的"争江"历史活剧中，三门塘作为参与其中的一员，也同样经受着这一地域社会内重大历史事件的冲击与影响。三门塘人在木材商业活动中累积起来的经济实力，也为在咸同年间兵燹中的抽厘济练提供了可能，因此三门塘获得"外三江"之一的身份，便有了其背后特定的促成因素。

三门塘、抱塘、中寨均建有宗祠，留有碑刻，如今看来这几个深山中的苗族村寨有着和沿河三门塘侗族类似的风俗习惯，当相同的文化符号出现在不同村寨时，木材贸易带来的经济动力势不可当地打破了茂林深菁的崎岖闭塞，而带来了区域整合的文化意涵。三门塘作为区域市场网络和传统文化网络的重叠交合之点，遵循着自身经济、文化的地方性发展路径而在历史中步步前行。学馆、惜字炉在村寨中的出现，也是中央在地方上推行教化，建立起正统性的国家秩序的结果，希望通过本章的叙述，给下文三门塘不同历史镜像的叙述带来特定时空的区域性维度。在对村落内部空间进行细致把握的同时，先对村落所处的地域性的经济文化网络进行考察。虽然是一个宏观的历史图景的铺呈，但是在村落中听人们说起的过往中，他们借用事件、故事，提示了历史的在场，而使它不再仅仅是一个背景。

第二章 谱系建构与姓氏空间

　　人们对于自己的村落如何产生、自己的先祖是何时来到这里的，有着不同的故事来给出自己的历史。不同姓氏族谱的修撰，为家族在地方社会中地位的确定与姓氏的血缘认同提供了历史依据。不同地名反映了不同家族开基、落户、发展的历史过程，其中有分化与聚合的形态。各姓氏通过修路、凿井等一系列与日常生活密切相关的活动来完成对村落物质空间的营造，村落格局雏形初步显现。清代乾隆嘉庆年间，村落经济的繁盛带来了人口增长，而使得部分家族成员外迁，带来社区空间的拓展。根据族谱记载和访谈资料，谢姓是最早入迁三门塘的姓氏，在村落空间上也显现出以谢家为中心向四周层级扩散的趋势。人们最初对于土地的确认借用故事来达到将其合理化的目的，而到了清代，人们已在契约中详细列出地名、区分地块、土地划分，几大姓氏家族的居住界线已越来越明晰，聚落空间有了中心与边缘的分别，也产生了家户与土地之间不平等的阶序关系。

第一节 族谱中的祖先

　　在三门塘上游的垄处附近有一个叫杨渡溪的地方，前几年那一带开砖瓦厂，刨开菜地取泥时，发现很多石器工具，似为原始人类生活留下的遗址，听说还有某位考古专家去实地考察，断定是新石器时代的人类遗址。大家说等以后电站造好了，那些地方都要被淹没，什么遗迹就都没了。可以证明他们这一带有人类活动的历史证据将要不复存在，他们也将无从知晓"我们从哪里来"，对他们来说这或许是世世代代在此生存、繁衍生命的土地，这些遗迹在某种程度上满足了他们对这片土地的血缘构想。在田野访谈中，三门塘人对于他们的族源归属表现出两种不同的态度：一说他们是当地原住民，直到中央王朝开化这片蛮夷偏远之地，因要入籍纳粮、参加科举，才开始编撰谱系来源，寻求汉族正统；一说正如族谱中记载的那样，三门塘居住的几大姓氏都因各种缘由从外迁居此地，怀抱一种移民身份在此安家落户。

当笔者第一次去三门塘进行调查时，村中一位参加过家族修谱事宜的老先生和笔者说了这样的话：

> 谱系这个东西是有了门第观念，才显得很重要。三门塘的家谱是清朝中晚期后才有的，最早应该是嘉庆年间，从历史上看，这里都是少数民族，没有文字记载，汉文只是在"改土归流"之后，这里的人才识得汉文，社会又发展比较晚，"改土归流"之后，这里的土著变成了封建王朝的子民，才纳入了国家范畴。当时的科举、官制对少数民族都是压制、歧视的，那个时候天柱属镇远府，秀才才三十个名额，会同只是一个小县就有六十多个名额，这个数字就超过了贵州整个地区的人数，所以我们这一带的人，就开始修家谱，来说明自己不是少数民族。贵州这边开发比较晚，雍正四年才开始开发，黔东南北侗地区接受汉文化早于南侗地区。乾隆之后，贵州经济开始比较明显地发展起来，所以族谱开始兴盛起来，宗祠也开始兴建，天柱白市这一带到处都有祠堂，三门塘也有祠堂。①

老先生是当地一位退休教师，可以明显看到其表述中相关知识

---

① 2004 年 2 月，三门塘，访谈王 C. Y. 所得。

及措词的正统性来源。在他看来，三门塘人修谱是为了在科举考试中获得合法身份，这固然是将复杂的历史过程及因果关系简单化了。就地方志及其他文献的相关记载来看，天柱改所为县在明朝万历二十五年，当时已有湖南木商到三门塘一带采购"苗木"；至清雍正年间开辟新疆，特别是随着清水江的疏浚，深入苗疆的这条河流逐渐成为一条重要的商贸通道，而大规模的木材贸易始于清乾隆嘉庆年间。笔者在三门塘收集的碑刻中，大多集中在乾隆、嘉庆年间，这在某种程度上也是这一时期地方经济繁荣的侧面反映，老先生认为修谱建祠也和这一带的经济发展相关。

田野访谈中，某些三门塘人认为族谱具有很大的编纂性，对于家族渊源的可靠性也有待商榷，在他们看来族谱都是"儿子去编父亲、祖父的名字，康熙大辞典一翻，同一个偏旁就给别人按上名字了"。在清代，族谱成为当地人主动寻求进入国家王朝体系的一种工具。如果说，在过去族谱成为人们成为王朝子民的依据，那么如今三门塘各家族谱记载的家族历史成为他们在村落中安居乐业的凭证。族谱或许只是血缘家族共同体想象的凭据，它成为地方社会向国家谋取政治、经济、文化资源的象征资本，也是家族力量在地方社会的一种展示。

一 开基始祖的谢家

如谢姓的六修（合）族谱就是在 1991 年完成的。当地人说从 20 世纪 80 年代初开始，国家的经济发展很快，改革开放，繁荣昌盛，俗话说"盛世修谱"，所以他们也不例外，要赶上民间修谱的热潮。1991 年的谱序①中留下了人们的这一普遍认识：

　　　　天下事合久必分，分久必合，时代在前进，事物在发展，

---

① 《谢氏族谱　祥卿　郁七　郁九公家乘陈留》，第 4 页。

只着眼于一家一户利益的人已不适应当今社会的需要，自给自足的小农经济一去不复返了，闭关自守已成过去，改革开放，蔚然成风，在今后的社会中国与国、人与人之间的合作更为广泛，我们处于这个时代决不能落后于形势，可以说这次合修家谱正是合乎潮流。

《谢氏族谱》1991 年的谱序[①]中写道：

  修家乘谱牒，由来已久，我祖祥卿公由原籍河南开封，籍黔城以来迄今六百余年，历经续修五次，前辈本着追本溯源，承先启后，发扬祖德，激励后世的宗旨，精心修撰，虔诚珍藏，使家谱成为治家传世之宝，我族子孙，备受族训，耳濡目染，为人楷模者大有人在，栋梁之才层出不穷，前辈英杰的丰功伟绩，载入家史，激励后人，为国争光，为人民立功，为谢氏族人树立榜样，如此世代流传，每届续修，人物传记，都有新的篇章。

  国史不能将芸芸众生载入其中，但是他们作为推动历史车轮前进的动力，就不能在历史的宏卷上刻上自己的名字吗，如其家谱就有弥补国史此中的不足。

  从民国甲子岁第五次续修至今，又有六十余年了，其间，经过抗日战争、解放战争，谱牒横遭兵火之灾。解放后，人们对修家谱的热情一落千丈，特别是"文革"期间，家乘同祖国的古籍文献瑰宝一样遭到了灭顶之灾，毁焚殆尽。现代社会，人口繁衍日盛，分居迁徙日频，有五分之四的人未入谱册，如不再着手续修，既有使家乘这颗明珠濒于绝迹之险，又有负列祖列宗千百年的苦心，更愧于后世子孙之望……

---

① 《谢氏族谱　祥卿　郁七　郁九公家乘陈留》，第 4 页。

族人的睦族收宗之举，早于光绪二十四年，芳公祠尧臣公、茂公祠玉书公与辰郡同宗龙池先生，沅陵少山先生合议，鉴于族姓繁多，不能合族，仅能合源流，遂集成五言三韵三十字，自二十一世启用。

第六届续（合）谱办纂编组共撰　　辛未元宵

谢氏先祖祥卿公由河南开封到湖南黔城已有600余年的历史，而如今已经"共联十余所祠，属地两省数县，拥有人口十余万人"，由于人口众多，遂1990后出生的都启用新班次，"老班次天柱祠：祥郁万以，政昌廷俊，秀再通光，昌廷俊秀，治国君恩，远家修祖，德长贤才，文必显仕，官永达邦，敦厚名辅，佐天作世，代良继述从中。本届启用新班文，不许修改，免致紊乱，从而日后异地相逢，从姓名知其祖孙、叔侄"。① 对于只能合源不能合流的谢姓，黔城与天柱一带的谢家于1991年进行了一次梳理，对于他们而言，族谱不仅仅只是追宗认祖的谱系，也是他们记载族人事迹的历史文本。

新修《谢氏族谱》中抄录了数份旧谱谱序，其中康熙五十年的谱序②中，"十二世孙主修庠生安"对湘黔交界一带谢氏的来源有较为详细的叙述：

国必有史，家必有谱，其义一也。孔子曰"予殷人也"。宋不足徵，心焉伤之？屈子曰"帝为阳裔"。我皇考伯，庸古之圣贤，不忘所出，盖如比其慎重也。降尔士庶之家，读书习礼，诩称望族，后世子孙茫然不识其祖，可哉？吾族始居河南，溯其源开封府陈留郡东门街竹搭桥。于宋季时始祖祥卿公

---

① 《谢氏族谱　祥卿　郁七　郁九公家乘陈留》，第69页。
② 《谢氏族谱　祥卿　郁七　郁九公家乘陈留》，第19页。

出任黔东，任镇远太守，生子三：郁七、郁八、郁九，后致仕归，道经黔邑，见山水秀明，风俗淳美，遂家于龙标城西，七、八二公子孙，一入天柱蔡溪立籍，一移住罗翁，二世祖郁九公立基在城坊，创置田产，好善不倦，中年乏嗣，因将土名磨头、竹滩等处田地，计粮七担三斗有零，于皇庆癸丑岁上元日，施入玄灵观，随舍家丁田尧义，事奉香火，获育一男，因命名"玄"。

玄公生子三：以芳、以茂、以兴，由是九公龛像永昭观内，子子孙孙绵绵累叶矣。迄五世祖政弼、政奇两公备述世系，书立家传，使世世子孙得有所考。迨至明末，邑遭流寇，被兵火，户口播迁。谱牒由是散失。余每念及此，泯灭是惧。值邑侯刘公莅任，公正廉明，品学兼优，请序。概然允若，溯我姓之封土，晋宋之明贤，就其才德之隆，功勋之显著，举而赞之。列序前徽，以光我族谱，不诚休哉。用集成帖，以贻后人，使世系之绵延，支脉之亲疏，历代之讳氏，生卒之年月，安昔之丘龙，累世可考而俾。后嗣子孙见兹谱牒，父训其子，兄谕其弟，代纪一代敦人伦崇孝弟睦宗族，恤孤寡重廉耻，尚勤俭，分内外。谨闺门延师教子第于是乎悉备至。若冠婚丧祭，仍人生之大事，尤不可不慎也。勿丧心性，勿入匪类，勿堕先人，嘉言懿行。则孝子慈孙相继于永世矣。于是谨序。

康熙五十年岁次辛卯仲秋月望五之吉时

十二世孙主修庠生安谨撰

文中提到明朝时谱牒散失，请了一位品学兼优的"刘公"替自己撰序，在这里还未提及三门塘，只提到郁七公入天柱蔡溪立籍，即今属天柱县竹林乡的菜溪村，地处湘黔交界之地，该地为三门塘下游村寨，如今在谢姓聚居的喇赖村寨内大多为菜溪嫁入的女子。在族谱中另一则由谢姓二十世孙恩德撰写的《天柱祠序》中提供了有关郁七公后裔万甫公入迁三门塘的故事，"我祖郁七公后裔万甫公，自明永乐二年（1404）由黔阳来贵州天柱三门塘居住开发偏僻的侗乡疆土，繁衍颇盛。清同治年间，因遭苗乱，人迹远避他乡，吾先人将谱契藏于山林，被雨淋漓，此时也难甲孝意，后于光绪十一年，幸有我全科公之玄孙俊大、俊标同其侄秀荣、秀伦大申孝意，集金重修。珍藏至今百余年，为此次续修之依据也"。① 由于咸同年间的兵燹，族谱也被焚烧殆尽，天灾人祸都会带来族谱的流失，谱系文本的断裂给他们带来追本溯源的模糊感，但无论如何，人们依旧爬梳离他们越来越近的历史。

在1991年的重修序文中更加明确了谢姓自菜溪移居三门塘后各支的分布情况，"郁七公徙居贵州天柱县经菜溪移居三门塘，生子万甫，万甫生子以华，华生子政选，选生子三，全修、全科、全明，科二公后裔世居三门塘、喇赖，部分居黎平县的平底，靖州的苗冲等地"。② 在族谱中《三门塘喇赖侗寨》一文中提到在"天柱远口镇沿清水江上游十八华里，三门塘为我郁七公之子万甫公于永乐二年，由黔城徙迁三门塘传二世至政选公生三子：全修、全明、全科。明公分居高酿，修公居三门塘，科公于万历年间建宅于喇赖，距三门塘只有一里之遥"。③

在《谢氏族谱》乾隆九年的谱序中这样写道：

予自幼读书，不唯外事莫理，即内家之事，亦诸父兄是问，所谓一事不知，愚者之耻。吾辈后生，不知吾祖所自来乎？□谱不修，……对之先人有愧垂之后世多惭。读圣贤书，于此无光。始祖宏勋公生子舜寿、舜禄，禄公生子祥卿，卿公

---

① 《谢氏族谱　祥卿　郁七　郁九公家乘陈留》，第7页。
② 《谢氏族谱　祥卿　郁七　郁九公家乘陈留》，第24页。
③ 《谢氏族谱　祥卿　郁七　郁九公家乘陈留》，第58页。

生子郁七、郁九、郁八，七公生子万甫，永乐二年上三门塘，
为吾族之鼻祖。

　　乾隆九年甲子春三月立

　　根据族谱中所载，郁七公生万甫，万甫公于明朝永乐二年入住
三门塘，成为三门塘有据可考的开基始祖。田野访谈中，谢家人只
知道从湖南迁入的事实，并不知道河南的渊源。在村中谢家团的建
筑布局里的某处暗含着对黔城的怀旧情愫，"门前三磴阶"是他们
纪念故土的一个门庭记号。

　　在族谱中有关墓地的分布也可看到谢家作为最早入住三门塘的
姓氏，所占有的坟山分布也十分广泛。万甫公葬于三门溪人寨坡墓
基，"天华山发脉数里到三门溪公路左坎上油山头，称人寨坡，观
音形，葬有吾祖万甫公及妻刘氏，银富，海字之妻彭氏，再文及妻
刘氏，禄明及妻袁银凤，光本、光珍等公婆之坟"。其子以华葬于
三门塘网形"由侗珠坡发脉至三门塘对门称网形，葬有以华、妻
曹氏，廷臣、妻彭氏，俊银、妻吴氏，俊金、妻刘氏，秀生、妻刘
氏，再凤、妻吴氏，再春、妻刘氏，再贵之妻吴氏，通富等公婆之
墓"。以华生子政选则葬于三门塘大草坪墓"由侗珠坡发脉至杉木
冲转地兰岑屋背过盘数里到三门塘大草坪，结成蛇形，葬我政选，
妻唐氏、彭氏，全科、妻彭氏，俊四、妻李氏，海字等公婆之
墓"。[1] 谢家墓地的分布格局，差不多囊括了如今三门塘村落的大
致范围。

　　梳理一下谢家的谱系建构：先祖来自河南，经湖南黔城，
入天柱菜溪，最后入迁三门塘，分居喇赖。田野中，笔者在乌
岩溪收集到的一些契约文书，上面却有谢家在乌岩溪居住停留
的痕迹，但在族谱中和对谢家人的访谈中，他们似乎都遗忘了这

---

① 《谢氏族谱　祥卿　郁七　郁九公家乘陈留》，第61页。

段历史。对如今三门塘的谢姓而言，他们的记忆只截取了从黔城到三门塘的片段，三门塘与喇赖谢姓有着对同一先祖的认同。族谱中对于谢家入迁三门塘时间的确认，使得谢家拥有了四大姓氏中开基始祖的身份，族谱也为家族分立提供了血缘认同的历史证明。

二 将军后裔的刘家

"我们刘家是从铜鼓卫就是今天的锦屏迁到三门塘的。"刘氏先人于明成化十五年（1479）迁入三门塘，1988年的《铜鼓三门塘家谱联修序》中写道：

> 自我高祖旺公受明洪武高帝恩封昭勇将军之职，二世祖源蒙钦调铜鼓坐镇以来，虽守异乡与苗地之众亲如一家，安稳如故，此祖宗之德也。今我三门塘人口上千，乃节公伏保之后也。是节公乃旺公之五世孙，系铜鼓迁居三门塘，历经已三百余年之久。于光绪三十年同修之谱本（三门塘谱本），乃由伟公一代以下则惟记三门塘伏保公之后而已……于一九八八年岁次戊辰十月初用双方旧谱通同一体合二为一，以作子孙万载之根据。

序中对于刘氏先祖"昭勇将军"的强调，和宗祠门牌上的这四个赫然大字，寄托着刘姓族人对于先祖的缅怀思念之情，同时这也是对国家正统的诉求，以及将军后人自我身份的一种标榜。"二世祖源蒙钦调铜鼓坐镇以来，虽守异乡与苗地之众亲如一家，安稳如故"，一方面强调着自身的汉民后胄身份，另一方面说明外来身份与当地族际关系的和睦以及互动的融洽，但已将自己的汉族身份与当地苗众做出了区隔。

1988年刘氏重修族谱的依据是光绪三十年的版本，现将该序言摘抄如下：

　　世之论氏族者，动曰根培枝茂源远流长，吾谓此语亦不易得之也，必其祖宗有栉风沐雨之勚，积德累仁之效而后为之子孙者，歌麟趾咏螽斯继承传之勿替，将自一世以降至于十百千万世焉。不然世家巨室，当其气焰方张，如火烈烈，不转瞬而斯灭殆尽者有之矣。是故有德则易以兴，无德则易以亡，容有毫厘之或爽哉。三门塘刘氏始祖相传为锦屏指挥刘旺公五世孙名伏保者也，按锦屏刘氏旧谱旺公五世孙十有四人，伏保其一也，观其名讳之旁载有一说出外未回、一说迁居三门塘，未知孰是，存疑云云。迨查三门塘旧谱系乾隆三十余年，经熟仁公亲笔填写，留为后人把据，始信上下之同源矣。今三门塘人烟数百刘姓居其半，且又多为外帮木客主家精筹算者，渐臻殷实。今年以来木业而获厚利者颇不乏人，亦克光前烈者也，虽然此特伏保公一人之后耳，其绵绵瓜瓞固已如是。何莫非我旺公之德泽所积而流者也。去岁吾锦屏族人有重修谱牒之举，并达知三门塘族内，意在合修家乘，联成一气。无如三门塘族人素未讲究及此，自伏保公落弹之后，迄今二百余年尚未刊刻，虽有熟仁公抄谱数本，其中字派有不合之处，碍难交互。遂今三门塘族人另理头绪，照各房编修底稿，而各房字派参差错出不归画一，若欲代为更正，又奈先人已往名讳不能随意涂抹，愚再四思维，惟有先人名讳，姑仍其旧，只求世代不至紊乱而已，但愿继起者鉴于前车，一误切勿再误，将来字派务以五行相生取之可也，惟冀后之子孙，自今日而各有所本，要知继志述事之责无可辞，接踵而续修之，是则愚之厚望也夫。①

---

① 《刘氏族谱》，第54页。

刘姓族人开办木行，从中获利，从族谱中可以看到当时的刘姓在三门塘已人数过半，奠定了其在村落中的地位。在今天的村落姓氏结构中，王姓占据了主体，此消彼长的家族兴衰变化的也是村落生活的历史常态。如今刘家人取名依旧遵照"五行相生"的原则，取字辈"增、钟、治、材、熙"，分别为土、金、水、木、火循环往复。族谱不仅订立家族条规，在制度上约束家族成员的行为道德，创立世系字派也成为血脉传承的合理依照。昭勇将军成为刘姓族人世系延续和合理存在的关键所在，当地刘氏族长给笔者提供了一个昭勇将军的故事版本。

昭勇将军刘旺，出生于山东省东昌府临清县枣林村。他是一位久经沙场、出生入死、百战百胜的英雄。

洪武十七年从军，八月将旺解补燕山左卫中所从军。建文元年（1399）七月，因奸臣齐泰等变乱，祖宗成洪调兵杀害亲王。随驾天征讨伐遵化、苏州，八月克雄县、漠州，攻围真定，九月破刘家口，十月克大宁，十一月郑村大战全胜，十二月取广昌，捷报频传，乘胜前进。

建文二年，正月取蔚州，攻围大同，四月白清河大战全胜，五月攻围济南，十月攻克沧州，十二月东昌大战。建文三年三月挟河大战全胜，闰三月豪城大战全胜，七月平村战胜，八月接应永平。

建文四年三月漉河战胜，四月大店交战，小河、汴河大战全胜，攻破营寨，六月渡江，十三日平定京师。真谓天下无敌，势如破竹，百战百胜，累建战功。十二月十一日钦升求清左卫指挥。

永乐三年三月二日，钦与流官职事。永乐八年二月内北进，六月初九静房镇杀败胡寇阿鲁台有功回还，八月初一日升昭勇将军本卫指挥使。

永乐九年八月十三日，授予七百六十九号诰命一道。

永乐十五年五月到京终老。

永乐二十年正月二十三日钦准其长男刘源替授指挥使。永乐二十一年至宣德二年（1427）北征，宣德八年钦调黔铜鼓卫指挥使，宣德九年六月十五日到任。正统七年十一月在任病故。

第三世孙刘伟于弘治二年（1489），迁居三门塘，后人丁颇盛，子孙为了纪念功勋卓越的他，于乾隆五十三年，在三门塘建造了刘氏宗祠——昭勇将军纪念堂，就是今天建筑奇特、工艺精湛、中西结合的哥特式建筑刘氏宗祠。两百年来曾遭火焚，风雨摧残，人为的破坏，经多次修复，面貌全非，原来的雕像，战地故事图画都不能再现。

这些迁徙征战、子孙繁衍、祖先故事的叙事内容，传达了来自汉族正统的血脉渊源，刘家是来自王朝征讨蛮夷，来到西南安抚少数民族的将军后裔。文中提到刘姓于乾隆五十三年修建了刘氏宗祠，1988 年的《维修三门塘宗祠记》中，讲述了重修该祠堂一事。

饮水思源念我刘氏祖辈艰苦创业之难，后辈子孙当继其志守其业，更甚于先人之始方不负先人之望也。今我三门塘刘氏族众，乃系旺公四世孙伟祖之子刘节，节公字伏保生有二子，长曰正乾，次曰拔乾。今我三门塘宋富金银贵五台公乃正乾之后是也。该宗祠内厅始建于同治年间，具体年月无以可考。外厅建于公元一九三三年，距今已五十余载。念先人之辛勤，我辈安敢忘乎奈年深月久，风雪之摧，于今殿脚倒塌积雨日祠内成塘，目睹狼藉，墙壁歪斜，大有摇摇欲坠之势，合族老少视而忧心忡忡，奈我族于今又无公款之蓄，殷实者甚少，欲行维修实无良策。后经合族共议，惟有捐资方可促成，于是议定每户提交现金五元或木材一根，劳动两天，于本年五月兴工将祠内残缺修好，地面用水泥铺平，门联重新复书，祠内添加砖灶五眼，窝碗菜刀等伙食用具，以备集会之便。①

与光绪三十年描述的刘姓相比，今三门塘刘姓殷实者甚少，下文将提到的搬往长田的刘姓在 2005 年和三门塘刘姓在刘氏宗祠中立碑，把"昭勇将军"刘旺的世袭用碑立在了家祠内，标榜彰显。十位世袭名单分别为：一世刘源，二世刘真、刘正，三世刘侃，四世刘勋，五世刘恩，六世刘旗，七世刘崇文，八世刘承爵，九世刘廷弼。

这是同一姓氏不同房族力量分化的一次直接展示，2005 年清明，由两支房族集资立了这十块碑。长田刘姓认为三门塘旅游开发了，三门塘刘家从中得利，他们入了股却未得任何好处，心中十分不满，因此拿走了钥匙，并在大门上贴了"内有危房"的封条，不让人入内。"这样大家都进不去，谁的损失都大！"三门塘刘姓先人拥有的文本知识和历史想象力使他们攀附到一个显赫的祖先，但在现实生活中却因各自的经济利益而显现争端。

编修族谱，是地方社会寻求正统化身份认同的重要手段，族谱不仅仅是一种家族定居发展的历史文本，也是明清时期三门塘人表达对中央王朝认同的开始，他们不仅仅修撰族谱，更建造具有同一血缘姓氏符号集团的景观物——祠堂。在与外地前来清水江一带经营买卖的木商交往的过程中，也增加了对汉族正统文化的倾向性，修谱建祠成为改变自身身份的方法和手段。

---

① 《刘氏族谱》，第 93 页。

三 驾舟而来的王家

前文中所述，谢家先祖任镇远太守，刘家为昭勇将军后裔，相比之下，王氏先祖在三门塘的到来显得有些落魄，对王家一位老先生的访谈中，他谈道：

> 王氏是逃难才到这里来的，元末的时候陈友谅起义，洞庭湖一带兵荒马乱的，被朱元璋打败，实行屯田制，所以就派到这里，久而久之就生根于此了，这里的人便成了军籍，但是这不是科举之内的。王姓是属于中原的汉姓，我们就用了这个写起来很简单的字。在姓名当中，第一个是姓，第二个是表示派系的，只有最后一个字是可以自己安排的，清朝中后期大家要编家谱，要有三代册，所以最简单的就是把康熙词典一翻，全都用这个偏旁的字排列下去，但一辈人有可能相差很多岁，但取名都是相差无几的，很有可能是人为后来补上去的，另一种可能就是即兴起名的。

在这一段话语中，老先生肯定了王氏因为躲避战乱而迁徙到三门塘一带定居的历史事实，对于自己的姓氏与族谱中的谱系编撰更觉得是一种获取正统身份和维护正当权益的假借手段。但是在另一段谈话中，他又将自己祖先的迁徙故事放置在了一个与己无关的脉络中，作为拥有三门塘土著身份的他，讲述那些耳熟能详的祖先故事仅仅是一种对过去遥远的怀想。他说：

> 三门塘人大多数都是本地土著居民，清水江流域，会同、靖州、黔阳、锦屏、黎平、天柱的王姓，我们大家都是一个体系，主要都说是从江西迁过来的，我觉得也有可能是屯军的原因，明朝清朝科举制度中，军籍、工、商都不可参加考试，所

以只能入农籍，当官的搬迁经不起考验，当官的都是衣锦还乡，怎么还会到这蛮夷之地！所以我觉得，我们还是早早在三门塘定居的人，应该是土生土长的侗族。

他不仅质疑自身的家族迁徙历史，同时认为谢家、刘家先祖显赫的家族故事也经不起推敲。横亘在他们面前的那段漫长历史，像是一道栅栏，将他们的想象阻隔。在此，对土著身份的强调，其实是对当下侗族族群身份的强调，少数民族的身份会在现代化进程中给他们带来更多的好处。

像这位访谈对象一样，三门塘人一方面依据族谱来建构出自身入住地方的村落历史；另一方面，也在怀疑族谱中记载的真实性，以下这段《正本清源》① 同样表达出这两种不同的倾向。

我族谱牒，创于道光七年一八二七年，已属谱学风行于中国将近两千多年之末流，但是开化较晚之五溪蛮夷故地，即今湘黔接壤地区，修纂族谱之盛旺时期。前此一何无谱？或曰鼎革流离，或曰刀兵水火，种种变故，未克建谱。或毁失净尽，或仅余残篇。千百年来，岂无乐业安居以创谱之时欤？众多黎庶，岂无趋吉避凶以保存家谱之人欤？吾尝观他姓族谱，亦尝议及此端，皆如上述。皆来自惊喜，未闻原生本地之族。何相似之乃尔？同地域、同境遇之故也。

东汉马援，官封伏波将军，乃屠我五溪蛮而树功者也。五溪，即雄溪、满溪、酉溪、沅溪、辰溪，即今之湘黔川鄂交界地区也，斯地黎民，汉称蛮，魏晋称僚，唐宋称僚浒、乌浒或葛僚、仡僚者，是皆未化之民也。黔阳古称潭城，唐置龙标尉，乃武陵郡分兵屯驻，以镇化外顽民之所也。

---

① 《王氏族谱》第九号第一册，第29—30页。

天柱所（属靖州营）则于嘉靖三十年即一五五一年，一说万历二十五年一五九七年方设县治。设县治，即改土司官为流官之始也。先祖之境况如何？可想而知。盖我族长期处于政治、经济、文化低下之地位，早期难纂谱牒，待至清末，方臻于必需而创制耳。

今次重修，对此颇感为难。欲刊之，既违创谱合谱诸公之本意，又违辩证唯物观念之逻辑。欲删之，既恐崇尚世风、门楣者之责难，又恐热衷考古探究者之遗憾；尤恐不辨真伪、敝履自珍者之腹诛。

一九八八年戊辰清明后五日　二十世裔孙　承炎　蔚然氏谨撰

王氏族谱可找到的最早版本是道光七年，编者对于在此之前谱牒的缺失也表现出疑惑，或许是身处化外之地，五溪蛮夷之境，因此接受汉文化较晚；又或由于战乱，颠沛流离而谱牒散失。若是作为当地土著，在过去"长期处于政治、经济、文化低下之地位"，如是修撰族谱是一个与政治经济权力关联在一起的行为，无论是在过去还是现在，这样的写作都具有了意义。

在另一则于1988年由彦荣后裔孙承炎蔚然氏撰写的《祥发龙标位　瑞钟三门塘》一文中，有关迁居三门塘的王氏祖先有了更为详尽的描述，引文如下：

元明鼎革之季，宗一公自吉安祖笈发展转流徙，于洪武十四年（一三八一）寿及五旬，始寄寓龙标卫之西关，旋后定居竹瓦溪。迫至永乐四年（一四〇六）编定户口时，我宗一公已是七十五岁高龄，再携子孙徙居卫城南门外之河街。嗣后子孙蕃衍，分居于对河之枫木坪及下游之山门潭。据道光长坡谱记载，以及父老言传，洪公徙居山门塘。长子永魁世守家业，子孙散播于长坡、大田、天鹅夺、菖蒲溪、鱼藏溪等地。次子永祥参戎，自云南解甲归来，卜居黔阳上游二十里之红莲坪、子孙世居红莲坪、夹颈等地。季子永让，原配瞿氏殁后，携幼子政，自山门塘至原神场入赘向家。政公稍长，即操舟捕鱼于清水江上，年渐长，技渐精，情渐疏，行渐远，隧尔远离原神场，谋食黔境。时日既久，人熟地便亲，于当地娶妇成家。见此地方，土胰气正，岸高塘深。利耕利渔，堪可长住久安，秀水佳山，定能子孙昌盛。登岸筑室，拓荒立业，将构屋之处，称为大兴街，以期子孙繁荣也，将此地方称为三门塘，以志勿忘黔阳老根古也。后世子孙，应知地名之由来，一为湖南之三门塘，一为贵州之三门塘，同名不同地，勿相混也。

贵州之三门塘，南临清水江（古称苗河），岩岸高耸，斧削天工。北倚逶迤群山，靠山有三股泉水，先后向西汇合流入河道，另一溪涧则向东流入河道，是以四周环水，恰似水上之舟，俗呼船形。大兴街位于船之中段货舱上，同期到此开拓之尹、谢两家亦住此段。后期到来之刘姓则住船头竹子山乘上，吴姓住船尾坪上，俗呼大坪。

我政公卜居三门塘，未知始于何年。谱载弘治十六年（一五〇三）九月初四日定居三门塘者，余揣度，当是正式办照入笈之日期也。稽考此时，三门塘隶属湖广道靖州营镇远巡检司（设治所于远口，非后世之镇远府也），仍属荆楚治地，改土归流时，列入归化二图，方隶属于天柱县也。

政公生三子：彦荣、彦华、彦富，各各子孙繁衍，丁口增多，大兴街不堪居处，彦荣后裔于万历二年（一五七四），将谢姓网形坟山脚下水田换得本支王坛坟山东边全部水田，营建房屋，称为大兴团。彦华后裔则将王坛坟山西面当年三股析产所得之东半侧播地营建房屋称为小寨。彦富后裔则将对河溪口南岸上源属彦荣之茶叶山菅建房屋，称为三门溪。故后世称大兴街为发祥地，大兴团为长房，小寨为二房，三门溪为三房。三房鼎立，房房发达；三枝分蘖，枝枝茂盛。子孙散播旧路、台拱、谷陇、偶洞等地。

吾不敏，综合谱载与言传，谨叙先祖播迁之梗概如斯。[①]

在行文的叙述中，王家族人流露出对先祖筚路蓝缕的赞美，另外表达出在那个遥远的年代，他们在三门塘是开拓者的意味。"见此地方，土腴气正，岸高塘深。利耕利渔，堪可长住久安，秀水佳山，定能子孙昌盛。登岸筑室，拓荒立业，将构屋之处，称为大兴街，以期子孙繁荣也，将此地方称为三门塘，以志勿忘黔阳老根古也。"这句话给人的印象是政公来到三门塘，是开拓者，并无他人。在后文中提及三门塘其他姓氏，先后时间也含糊其辞，但"同期"二字，既有指涉"开拓之尹、谢两家"的意味，似亦暗含在大兴街"拓荒立业"的王姓即使不是最早来到三门塘，至少也与尹、谢"同期"到来。

在对几大姓氏族人的访谈中，大家都对彼此的先来后到有一个较为一致的说法：谢家最先，然后刘家，之后到王家与吴家。根据各自姓氏的族谱记载，谢家永乐二年，刘家成化十五年，对王姓政公卜居三门塘弘治十六年的记载，也很明显的可以区辨出一个时间顺序，但是编者在这里又特别说明这个时间可能是"正式办照入籍"的时间，也就是说王姓在三门塘的迁入定居的时间要早于这个时间，也意味着王家或许早于刘家在三门塘定居。刘家与王家作为三门塘最有势力的两大家族，在这里王氏族人对自己入住三门塘时间的强调，或许是对自身身份在地方社会获得优越感及权力诉求的满足。

四 族谱不在三门塘的吴家

在对前面几个姓氏族人的访谈中，老先生都会将族谱拿出来翻

---

① 《王氏族谱》第九号第一册，第35页后4、后5页。

阅，但是吴家人说他们的族谱在远口。三门塘吴姓属远口吴氏宗族一支，2000 年修纂的《吴氏总谱》第四卷《远口吴氏族谱》中记载，世玉系的"应宁徙三门塘大坪开基，后裔徙地兰岑等处，世德后裔尚聪集镗徙三门塘。世玉，应宁公之子，由湖南广坪徙居垈处，再由垈处迁三门塘寨头，大坪开基"。这段文字的叙述较为混乱，文中提到应宁来三门塘大坪开基，又说或许是其子辈世德的后裔徙居三门塘，而后又提到应宁之子世玉再来寨头大坪开基。由这位吴姓访谈对象从族谱中抄录的片段来看，吴家迁到三门塘的居住位置是在"寨头"，但在当下人们则把吴家聚居的"大坪"视为"寨尾"。因此，有关村落空间上下、头尾的分别，在不同的历史时段，人们根据自身诉求而给出了不同的方位定义。

对吴家一位长者的访谈中，他澄清了一下徙居的过程："宋朝末年，吴家祖先就有到远口的，到了应宁公，从湖南广坪搬迁到了垈处，后来住在了三门塘刘家一带，最后才到现在住的大坪。盛祖十代，应该是明朝的时候就来了，刚来的时候务农，户数很少，所以也不可能像王家那样造祠堂，我们也种茶油树，但是后来被苗子烧了，而小寨（王家）的山林多啊，即使烧了，他们也可以重新发家。"他告诉笔者，现存兴修吴家街的那块石碑上"吴君举""吴君才（亲才）"是他们盛祖四十代和三十九代，根据这样的谱系推测，修建吴家街的时间在乾隆二十七年，那么吴家到三门塘定居的年代，的确略晚于王家入迁的明代后期。与另外三个姓氏相比，吴家作为最后入迁三门塘的姓氏，其家族实力也处平庸的境地，似乎缺少了一些世代久远令人称颂的祖先故事。

从以上的论述中我们可以看到，三门塘四大家族家谱的书写，其中的祖先故事与家谱体例都与汉文化的意识形态相关，不同历史时期三门塘的族谱修撰，其实是一个中国西南族群与国家正统文化接触的过程。族谱文字的书写，其实是一种政治经济体系下，不同地域、不同人群间不均衡的权力关系的表达。在不同姓氏的祖先故事里，装载了人们对于他乡地域、遥远迁徙的想象，这样的想象模糊了人们对当下族群身份认同的界限。他们都认为自己是土生土长的原住民，那么这些族谱建构出的时间序列仅仅是标识出他们在特定的社会环境下做出的对家族历史书写的时间，而不是他们真正在村落内徙居入住的时间，无论如何，人们努力地追溯自己的血脉源流，也试图寻找到自己在村落形成历史中的坐标。

第二节　聚落空间的扩展

一　"上山"——山林空间的开拓

家族的生存与发展，不能离开家族所处的历史背景，清代乾隆嘉庆年间，清水江一带木材商贸繁盛，三门塘作为清水江边的一个沿江村寨，村落富庶，提供了人口繁衍的契机。几大姓氏人口数量增长，家族的膨胀直接导致了人口的外迁，村落内部则更加巩固了以家族聚居为单位的聚落格局，居住空间的拥挤使得部分人群迁出三门塘，这也带来了不同家族之间的土地买卖。

前文已经提到族谱中记载，四大姓氏的入迁时间均在明代，但在坟冢之中并没有墓碑可寻，当地人告诉笔者："明朝怎么会有墓碑，那个时候我们这地方根本不懂汉字。不过倒是有坟山的禁碑，封禁之后，就不敢进葬，否则要断子绝孙的。"通过在田野中收集到的几块坟山禁碑（见图2-1），可窥知一二。

谢氏通族禁碑[1]

万古永远全禁

---

[1] 今立于三门塘谢姓网形地内，整块碑已完全埋在了泥土里，村民帮忙挖出才得以抄录。

龟形　网形二处

不许晒禾堆粪动土烧灰祭鬼等件

乾隆五十三年清明立

刘姓坟山禁碑[①]

碑一面：乾隆乙卯年

碑另一面：光绪三十四年　禁

刘姓虎形坟山禁碑[②]

乾隆乙卯年立

图 2－1　谢氏通族禁碑

在这些坟山禁碑中，并没有太多的文字说明，一个"禁"字也是对有限土地的一种规范，也从一个侧面反映在乾隆年间，谢家、刘家人口数量的增多。前文已经提到谢家在万历年间便搬去了喇赖，在对村民的访谈中，谢家并没有开办木行的家族历史，喇赖村民在木材经济中，从事砍伐、种稻等生产的初级环节。谢家从三门塘的搬出，在喇赖开辟新地，或许也是寻求东山再起的可能。

喇赖现在留有的碑刻大多是嘉庆年间，为修路架桥，公德流芳

---

① 今立于三门塘林下兰牛棚旁。

② 今立于三门塘刘姓虎形地内。

而刊刻的碑铭。喇赖也建有一南岳庙，喇赖谢姓的修路架桥、南岳庙的修建，在某种程度上说明了在木材贸易兴盛时期，随着村落商业化发展的渐入佳境，喇赖谢姓也同样的从中获益，而有足够的经济实力去进行修路建庙等公益事务。谢姓的家族势力虽然从三门塘隐退，但在喇赖寨中，却占有主导地位。

谢家族谱中讲道，谢姓自万历年间迁往三门塘下游的寨子喇赖安居。无论是在族谱，还是在初期的访谈中，均未透露谢家在另一个寨子"乌岩溪"① 的相关信息。当地人认为，谢家作为最早入住的家族，最初的到来，让他们拥有了大量的山土资源，他们的土地山场分布也十分广泛。在乌岩溪田野中，当地人告诉笔者有一块破损在地有关修庙的石碑。在大家拼凑起来之前，没有一个人认为这是修建"杨公庙"的石碑，在他们看来杨公庙都是沿江而建的，在这山深林密之处修建杨公庙实属意料之外。现引碑文如下：

永远碑记②

乡之□□以奉神也，神有恤灾救厄之能，斯世世而享□□□□□杨公乃托人也，任唐为将。□□而神，生有忠君爱国……人捍患之壬数百年来，不拘大都僻壤，沐德者咸春秋□敬奉之……孔岭诸父老等，既蒙其泽，敢忘厥恩，曾于乾隆三十一年内，各凑资财，建立其祠，复塑其像，使后进谒者陈牲有地，赌金容而生畏敬也哉！余欣乐此举，因为文以序云。

信士　王国玉　二钱七分
信士　谢相元　二钱

---

① 如今乌岩溪已成为三门塘行政村中的一个自然寨，对它的姓氏统计显示，现在寨中基本为王姓，已无谢姓。
② 今碑已破损，位于乌岩溪杨公庙旁。田野中，四位村民帮笔者拼凑出散落在地的块块残碑才得以抄录。

　　　信士 谢子文　友乡　子辉　王国治　王子华　刘天德
龙子贵

　　　谢子登　子元　子才　友富　刘天华　谢俊德　朝德
惟玉

　　　刘泰敬书　石匠罗仪发

　　　嘉庆二年岁次丁巳仲秋吉日　　立

　　从捐款名单中，可以看到谢家与王家修建杨公庙的合作中，谢家还是起了主导作用。这次以谢家为主体的乌岩溪杨公庙修建活动，在过去是与木材采运密切相关的事，从地理位置上看，该杨公庙边有溪水流过，旁有谢家宅基地，当地人说乌岩溪的这条水顺山势直接汇入清水江，可直接放排下山。汇入清水江的乌岩溪口（对岸为菜溪）为大冲与三门塘的分界处，大冲到喇赖的小径均为石板铺砌，在过去，这里曾是一个从山中放运木排入江的重要孔道。

　　"乌岩溪原来都是谢家的，后来小寨的王家来了，慢慢的地都卖给王家了。喇赖和乌岩溪都没有地主，我们过来其实都是为王家打工的。"[1] 据王家人说小寨王家大概在康熙年间搬去了乌岩溪，"人多了，住不下，到山上讨活路去了。"刊立于嘉庆二十二年的小寨凤形坟山禁碑[2]中可以看到，王姓二房的小寨一支人口繁衍已无处可葬。今引碑文如下：

小寨王姓坟山禁碑

　　环三门皆山也，其西北诸峰林壑优美，望之蔚然而深秀者，凤形也。坟茔垒垒巍然封崇四尺者，凤形之扦也。始扦者

---

① 2006 年 7 月，乌岩溪，访谈李 X. C. 所得。

② 今立于三门塘地名雄马。

谁？高祖玉卿、玉文也。自卜吉以来，傍祖茔而葬者，不下数十，几无余地。今合二公后裔人等议定，自今以后不许进葬，凡我二公后裔人等，共遵毋违此禁。时

嘉庆丁丑年六月吉日　合立

在前文乌岩溪修建杨公庙的碑文中可以看到，乾隆三十一年时，在那里便已经有了修建杨公庙的活动，小寨王姓在乌岩溪的发展也是一个逐步扩展的过程。在乌岩溪收集到的契约展现了一个谢家将山林地基出卖给小寨王家的事实。在乌岩溪王 Y.M. 家中看到的一则契约中，出现了参与杨公庙修建的同一人，《永远碑记》中的谢子登出卖山林土地的契约（见图 2-2）。契约内容如下：

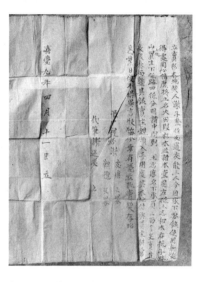

图 2-2　嘉庆十一年山林买卖契约

立卖杉木地契人谢子登，侄友道、友能三人，今因家下要银使用，无从得处，同心情愿将到土名大田段杉木并杂木一团，左抵王志和木，右抵子登山，上抵买主，下抵路，四抵分明，请中问到王志唐名下承买，当日三面言定卖价纹银三两整，其银卖主亲领入手用度，其木地付与买主耕管为业，日后不得异言收悔，今幸有凭，立此卖契存照。

　　凭中亲房　谢友唐　银四分

　　　　　　朝德　银四分

代笔　谢廷英

嘉庆九年四月十一日立

在三门塘，人们大都依据地形地貌给某一地块命名，木材采运的背后，对木植所有权的界定问题也应运而生。契约文书的出现，势必与王朝力量在这一带推行土地制度有关。在契约中我们可以看到，人们对栽种杉木和建造房屋的土地，均已产生了相应的地权观念。在收集到的契约中，嘉庆年间的契约大多是出卖杉木林场油山，到了道光、光绪年间，有了出卖祖屋宅基地的契约，地权观念在当地人心目中的确认，它的转让与买卖才得以可能。以下这则契约是道光年间，谢家出让某一宅基地给小寨王姓的实例。

立卖地基油树契人谢友朋父子，今因家下要银用度，无从得处，父子商议自愿将到龙孔岭乌岩溪屋基二间又将细坳小油树一团，上抵谢庚午墦，下抵冲，左抵绍宗油树，右抵友唐□□油树，四至分明，欲出卖，请中上门问到王志唐名下承买，当日凭中议定价银一两七钱整，其银卖主领足，其屋基油树卖与买主子孙为业，其有来理不明，卖主理落，不干买主相干。今幸有凭，立此卖契父子永远存照。

凭亲屋　侄　岩林　一钱
　　　步　谢友唐
代笔　谢绍和　五分
　　　谢绍榜　六分
道光二年十一月十七日　立卖

从上面这则契约中我们可以看到，通过契约建立起的买卖关系，或是个人，或是房族亲戚，一般在开头采用当时在清水江一带普遍盛行的"家下要银用度无从得处"的缘由，在那个年代契约的产生与普及，是与王朝力量在这一带边疆地区的积极开拓，与汉文化在此地的传播扩展有关。谢家在乌岩溪拥有的山林和屋场宅基地逐渐被后来兴起的王家小寨一支收购，在木材贸易中，家族采办木材承担着一定的风险，这些契约文书提供了一个家族变化发展的依据。

二　"过河"——江边空间的开拓

王氏宗族人口的大量繁衍，三大房支有限的生存空间促使人口向外迁徙，[1] 搬出的居住地点距离三门塘都不遥远。王姓的第三房与三门塘隔岸而居，在族谱中有这样一段描述：

> 我世始祖彦富公随兄奔波离湘赴黔，柱邑清水江三门塘，定居王家街头王家巷内，居基前抵刘家村基址，后挨谢吴二姓，宇居巷内居地夹处其中，自祖人居此二百余年。宗族衍盛，户口繁兴，地隘人多，弗能住处。公故汲汲焉，惶惶焉，相其龙卜其基，始于大清康熙年间复徙对河卜宅于三门溪而家居焉足。[2]

和乌岩溪一样，三门溪如今也是三门塘行政村的一个自然寨，它因为寨子旁流经的那条溪流而得名。这条溪水具有优于乌岩溪的放排优势，从山中的抱塘、中寨一带放运木材十分便捷，因此在后来的家族发展中，三门溪王姓家族势力最为强大。前文已经提到，王姓的大房和二房都分别从谢家获得土地，营建了大兴团与小寨的聚居区域，而作为最小房的彦富公后裔在"前抵刘家村基址，后挨谢吴二姓"居住，在人多地隘的情况之下，迁出了三门塘，到了清水江对岸寻求发展。三门溪拥有汇入清水江的孔道，这样的地

---

① 可参见三门塘姓氏、船形、邪气示意中的迁徙路线。
② 小寨《王氏族谱》，第3页。

理优势让三门溪王姓在木材贸易中受益颇多。在今立于三门塘小寨的《永远界碑》中，可以看见三门溪在三门塘拥有坟山土地，其中三门溪的王承厚与三门塘小寨的王如楠之间的地界纠纷，提交地方政府，最后给与判决调解的故事。现引碑文如下：

县正堂方堂判

讯得王如楠、王起文菜园边排插界桩，界内大树四尺有余，均属多年。王承厚等于清明突将大树砍去，以兴讼。查两造均无契约，界□□历有年所。如果有侵占平坟等事，承厚等仅隔一水，顷刻即至，岂有容忍之理？不先禀官，擅将界内大树砍去各数株，殊属不合，且质之团证并书役，勘验图说，堂逐层驳诘场无异辞，理应惩□，以为强横者戒。惟念系属同姓，不忍伤其和气。劝王如楠等所排界□内让退一尺，由界直下，两造各立石碑一座。以后承厚等不得藉端进葬，如楠等不得再行种菜。于让出一尺之中，横尾处亦让退一尺，连坑逼近老坟，填平另挖。凭团甲书役刻日立碑，以后不得再行滋事。此判。

　　凭书役　杨继堂　杨贵
　　凭团甲　杨后有　林昌桂　杨昌烈
　　　　　　王名济　王名仁　刘堂相
　　开　　地保　吴隆恩
　　光绪三十二年月日　立

王如楠、王起文为小寨人，王承厚为三门溪人，其中充当调解的王名济、王名仁为大兴团人。同一姓氏房族的纠纷，实际是土地权利的界定和分配问题，或许这是人群之间矛盾的延续与恶化的结果，但是地方政府的介入，说明当时官府对当地统治与村落社会中土地权属的界分已经有了很好的配合。

随着三门塘人口增多，王家二房迁往乌岩溪，王家三房迁往三门溪，三门塘的刘姓人告诉笔者："刘家迁到长田，大概在十五六代，三百年前左右了吧。"这个时间大概是在清朝的乾隆年间。在田野中，金泰桥的石碑已经没有太多人记得，笔者前往抄录此碑时，去往那里的石板路已被茂密的草木掩埋，近十来年无人行走的石板路，在过去是从三门溪前往山中的抱塘、中寨那一带村寨的必经之路。在没有找到石碑之前，大家都认为这是三门溪王家所修的桥，立碑铭刻的应当是王家。当经过一番清洗，这块布满青苔的石碑告诉大家的故事却令人诧异，石碑上呈现的全是刘姓族人的名字。后来当地人讨论断言说金泰桥碑文中的刘姓，为长田的刘家，民国时期，三门溪的巨富王枝葵在此桥基础上修建了风雨桥，当时长田刘姓也有参与。现将这块刊于乾隆三十二年的碑文摘引如下：

修桥碑记①

闻之扛梁既成于此，而得其幸矣。兹者，三门半溪左滂山脚，乃往来近道，出入要途。祖刘文宇公，爱溪、贵溪、荣溪，窃见此境山岩陡险，阻碍行人，苦乏已乐施登彼岸。从前捐修，中砌一墩，架座木桥于斯，屡杉更换，不能垂久。是以裔念先人造作之于前，今善继之于后，各积余金发心重修，仍依古制，请石匠觅于黎属，地名藕洞塘，获此青石三块，雇舟装运于溪口，亲族帮搕于斯。架始于甲申（乾隆二十九年）之夏，成乙酉之冬工竣。勒石刻，碑志刊，捐修姓名于其上，后人睹此而念曰：工成虽微，亦费拾余金矣。请予为序，曰：往来得行者青龙背，施主享无量福田是焉。是为序。

---

① 此碑今立于金泰桥旁，距三门塘 2 公里。

凤 汉 富 贵 正
　　　林

　　　美
华 贵 文 才 凤 盛

　　　美
□ 乾 正 章 隆
　　　承
儒生 谢龙（采）保
石匠 黄美祥
乾隆三十二年仲秋月吉旦立

长田这个寨子在三门塘上游对河约一公里处，现属于坌处镇的长滩村，清代坌处的名儒曾伯隅有诗云："隔江望长田，沙岸古屋挂。若非滩水响，疑是王维画。"刘姓人依山筑寨，迁往对岸也是寻求更多的发展机会。在清代乾隆嘉庆年间，三门塘的人口激增是个事实，促成人口的向外迁徙，带来山林与对岸社区空间的扩展，包括三门塘在内的清水江一带，商业化发展给不同人群也带来了不同的发展契机。

第三节　物质空间的营造

不论族谱中记载的故事是否真实，对于村民而言，村落物理空间的划分，一方面依据自然地理形成，另一方面它也与本村的历史文化相关。而后者往往是一个在人们心目中基本恒定不变的标准，从中反映了家族、村庄的历史。许多自然区域的得名本身就与家族历史的衍化密切相连，如村头的"刘家"，因刘姓族人居住于此而得名，"谢家"亦是如此。

对于三门塘最早的落户姓氏，村民有着这样的故事："三门塘最早来的是尹家，因为和垒处有了什么矛盾，招了排挤，就搬到别处去了。后来就住在了垒处到天柱县城的必经之路上，只要有垒处人过那里，尹家人就会在那个隘口报仇。尹家在离寨门口不远的地方，有他们的老墓。"当问及他们现在的去处，一位王姓村民答道："听说他们后人还有，在现在天柱的一个叫社学乡的地方。"那些在荒山蔓草中遗留的古墓石碑，是唯一可以证明他们曾经在三门塘落户的证据，对于村中如今不在场的先行者，有关他们口头相传的故事大多数人也是不知晓的，村里人是拿每家居住的实际范围来界定家族历史的，恩怨往事的家族记忆在村落空间的定位上显得有些无能为力。

构成三门塘主体的四大姓氏，在历史发展的过程中，通过对村寨内部公共事务的参与来确认和表达自我意识。如今依旧存留在村落中的街道、桥梁、水井都是由聚族而居的家族去完成的，他们通过这些活动构建出空间的界限，也表达着在空间上保持相对独立的意图。

一 谢家的桥与"谢岩匠"

正如族谱所记载的时间，村民对谢家开基始祖的身份毋庸置疑，从整个村庄的空间布局来看，叫作"谢家"的那一块地界如今是村中的中心地段，即大晒坝①（村民又称其为灯光球场），是村内重要活动的场所。除了可以供村民晒谷、打篮球，开会、赶歌场也都会利用这块中心区域。根据族谱中几大姓氏的入住时间，在明代三门塘的村落格局已经初步形成。谢家族人大约在明永乐年间，入迁之后的五六十年后便搬去了喇赖，属于谢家的那一块地域

_____

① 可参见三门塘村落景观。

现在只剩了两户谢姓，谢家把大晒坝旁的窨子屋卖给了刘家。

> 我们谢家是最早进入三门塘的，那个时候这里全是竹林，后来刘家来了，谢家就分了田产给刘家，把女儿嫁给了刘家，两家就共同发展了。后来王家、吴家也来和谢家结成了兄弟，互相不通婚，现在刘家这一范围里的房子以前都是谢家的，做木材生意发家，但是我的一个公好赌，把房产田地都输了，搬出了这里，到小学西北面①住去了。现在有五十来户人家。②

搬去喇赖的谢姓为了行走之便，开通了三门塘村界沿江一面的交通，从喇赖到三门塘村内直到寨头，疏通了喇赖桥（月亮桥）—仙人桥—归凉溪桥一线（可参见三门塘村落景观）。"清道光六年（1826），全处三门塘修建'喇赖石拱桥'"，③仙人桥边有一土地庙，庙中有碑，其上所刻名字均为谢氏成员，分别为"谢秉和，邦泰，秉刚，秉怀，秉正，秉凤，廷栋，邦和，廷远，廷选"，上面并没有刊刻年代，当地人告诉笔者此桥为喇赖的谢家所造。仙人桥以两三米长的巨型长方体石块条铺架而成，至少可以说明谢家在搬往喇赖早期，家道并未十分败落。

村里人告诉笔者："村里最早的一块碑，说的就是谢家在寨门口归凉溪上架桥的事。"现存放在南岳庙内的这块石碑，是三门塘迄今发现的年代最早的一块石碑，记载的是谢家兴修龙桥一事。此碑立于明万历三十九年，石碑现已残缺不全，但从可见的碑文上我们还可以揣度一二。"今据大明国湖广道靖州天柱归化二图清水江三门塘，梁溪口石桥乙座，万世功阴。""桥主谢万银施银一两

---

① 小学的西北面指的便是喇赖寨。
② 2004年7月，访谈谢J. W.、谢M. F.所得。
③ 天柱县林业志编纂领导小组《天柱县林业志》，第221页。

乙钱，谢万保施银二钱"，这样的表述在某种程度上是谢氏主体意识的一种表达，碑文中并未出现后来在三门塘占了重要地位的王氏人群。在三门塘早期的历史中谢姓在村寨中占了重要的一席之地，而在谢姓入住几十年之后迁入寨中的刘氏、王氏群体，他们的兴荣繁盛或许在那时还没有起步。

有关谢家迁往喇赖的故事，谢家人有自己的版本：喇赖实为侗语，意为"好睡""睡得好"，而在许多人的解释中，会把喇赖解释成"牛喜欢睡觉的地方"。他们说，以前谢家人放牛，牛就赖在一个地方不肯走，经地理先生一看，此处风水颇好，因此谢家就此迁居喇赖了。谢家从三门塘迁出的原因或许比这种"风水"解释更为复杂，这些传说故事给自身的家族变动提供了合理性解释，在下文和吴家有关的故事中，我们将看到另一个版本。

如今的喇赖谢姓和三门塘的谢姓有着共同的谢岩匠①传说。相传，谢岩匠从靖州骑马到喇赖，马到了月亮桥就驻足不前，化成了一滩岩石。喇赖的谢岩匠，他挑、扛石头不费吹灰之力，扛石头用伞柄一扛就走，他可以化石为牛、羊，在其他人看来谢岩匠是赶着牛羊走路，其实是他引着一堆石头在赶路。一天夜里，他把"石头"赶到了河边，想在河上架一座桥。就在这时，有人出来识破了那些牛羊是石头所变，瞬间所有牛羊都化为石头，原地不动了。② 今天在村口仍可以看见几块巨大的岩石屹立江边。从收集到的三门塘碑刻中石匠署名看，当时石匠大都来自湖南靖州等地，大多为"罗""黄"等姓，往往都不属谢姓。这则传说中，说到了喇赖月亮桥和村头江边的岩石，村头和寨尾，也符合了谢家人从三门塘寨中搬去喇赖的路径过程；而提到的从靖州直上喇赖或许也是对

---

① 当地人把"石匠"称为"岩匠"。
② 谢岩匠的这个传说类似于黄大仙"叱石成羊"的典故，在贵州从江贯洞一带也有类似的传说。

于先祖从湖南一带迁居而来的另一种表述。当笔者问及他们的谢家族谱里是否记载这个人，他们都说没有，说侗族有侗话，没有文字，所以这些故事都是代代口耳相传的。

另外一则有关谢岩匠的传说是有关他斗法的。相传有一天，有一挂排放到江中，忽然不动了。众人以为是被江中暗礁所阻，谢岩匠就潜水下去看，他点火下水，用他的法力，入水火也不灭。到了水下，发现无一物，当即发现是放排的排头工做法，排头工见谢岩匠下水火不灭，便知谢岩匠也有法力，因此就想和他较量一番，谢岩匠自知不是排头工的对手，当即跑到了喇赖庵堂的大钟里躲着了，这样回龙庵的大钟救了谢岩匠一命，谢岩匠死里逃生。[①] 还有一则传说，说谢岩匠在喇赖变了一条大蟒蛇，在江中拦截放排工，后被扒排师傅击退，逃入庵堂大钟而死。

在这则传说中，都说到了放排，以及谢岩匠和排头工斗法。故事内容都已和木材贸易发生了关联，阻截放排或许和清水江上设立十八关设卡收费有关。在王氏族谱中有一段文字提到"弘治年间因谢姓与垒处纷争，金兰义重，为谢家与之争且械斗，虽获胜，但重伤致死，谢乃赠予寨边龟形坟山安葬"。[②]，谢姓不知为何利益与垒处发生械斗，或许谢家在这次械斗中的损失，不仅仅是一块赔给王家的坟地。谢家在争斗中消耗了实力，故而逐步被边缘化，从三门塘的搬出，在喇赖开辟新地，或许也是寻求东山再起的可能。

在三门塘的早期历史中，谢姓在村寨中占了重要的一席之地，拥有最长历史的家族却在人们的记忆中留下衰败的印象，如同这块寨中迄今发现最早的碑铭一样。在村中留存的所有碑刻中，谢家的这块"兴龙桥碑"所用的石材、所刻文字的书法、行文风格，和

---

① 2004 年 8，三门塘谢 G. L.、谢 J. C. 等人提供。

② 《王氏族谱》第九一号第一册，1988，彦荣后裔承炎。

后期刘、王、吴姓修路建桥所留碑刻相比，均略逊一筹。在后来不同时期的修路、架桥、刻碑等所需的石材大都从距三门塘五六十里上游的打岩塘运载过来，不能不说在后期的木材贸易兴起之后，全村的经济实力以及各个家族的经济能力都有很大提高。

家族的没落，在本族的后人看来不免伤感，他们会给自己的先人找出一些合适的理由来解释这种衰败。有的人说家族衰败源于风水的破败，一个外寨的地理先生给他们的祖坟看风水，看了之后说要迁徙到它处才好，因此族人听信此言，把祖坟搬迁了。谢姓家族在明朝时期的兴盛便被一个外寨的地理先生破坏了，祖坟风水的失衡，致使家道一路下滑。而在今日谢家族人述说中的这个地理先生，和他们无仇无怨，为何如此作为实在是令人费解。另外一则风水的故事说的是，在前文提到过的网形地中，人们刨坑时挖出了两条生命力极强的红鲤鱼，后来被人捞上来煮来吃了，所以谢家就一直没落。

三门塘至今留存的五座古码头，分别为谢家码头（喇赖码头）、吴家码头（大坪码头）、王家码头、刘家码头、三门溪码头（对门码头）。"三门塘的码头最初是在谢家，后来到吴家、刘家、王家，以前可以放木排的时候，闹热得很呢！"如今这些码头的功能只是供村民浣洗日常之用，这些码头均以平整的石板垒砌，百余级石阶通入寨内，村民把从码头通往寨内的石阶路，分别以各自姓氏命名，这些街路成了村落空间划分的界限，也成为不同姓氏聚居的标识。谢家码头是所有码头中最早修建的，如今谢家街已经零乱破败，加之无人行走，日复一日，谢家街已是荒草蔓蔓，一副衰颓之象。

前文提到的谢岩匠神话故事，如今成为整个村落的传说。神话中的元素，也和村落中具有代表性的实物，以及某些历史时段的历史事件相关。谢家修建的归凉溪桥、喇赖石桥这些留存于村落空间中的物，无不昭示着谢姓的始祖身份。

二　刘家修建村之水口

作为谢家之后入住三门塘的刘家，谢家人说他们把自家的姑娘嫁给了刘家，同时给予了刘家大片土地，那一片地处于寨头的竹子山上，刘家因此发家致富。刘氏家族早在万历年间，便修桥通路，这座桥正是村内通往江边码头的关键所在。

道光三年刊立的刘家人重修复兴桥碑中讲道：

> 斯桥，水至右旋，抱树而下。而世业风水之术者，佥以桥足固一村水口，且外森立二石，名曰傍浦岩，又有古树左右映带，每谓坚如铁券、固若金汤，可卜。斯地之发祥焉，在万历四十一年，有刘公唐万、舡万，乃好善之人也，曾立石桥于斯，而村之财丁颇盛，此水口紧关之一验也。①

碑文分别记录了刘姓唐万公后裔 26 人和舡公 6 人的姓名及捐银数额。"在万历四十一年，有刘公唐万、舡万，乃好善之人也，曾立石桥于斯，而村之财丁颇盛"，刘姓先辈的德行善举滋培着村寨的和谐风水，在追求时间和空间的完美和谐中强化着自身在村中的主导意识。唐万公、舡公后裔对先祖善举的追忆，"复兴"石桥，是向他人昭示本族力量和团结的一次集体行为。石桥的最终落成也完成了"固风水""承遗志""通往来"一举三得的功效，"复兴"蕴含着"兴而又兴之"的家族共同祈愿。

"刘家这座桥一修，就很方便了，以前下到江边码头去做活路，很快。现在去垒处赶场也可以往这边走了。刘家街原来不是现在寨门口这一条，而是在太原祠前面的那条小路，以前去垒处就走

---

① 今立于三门塘寨口碑林。

那条路，现在赶场都往江边走了。"① 谈话中提到的那条小路，便是谢家人说刘家一夜之间铺了一条路，把他们的坟山地给占了。不论哪一条是刘家街，作为聚居在村口的刘姓家族，在与村落经济休戚相关的木材买卖中，凭借这一空间地理上的位置，在家族崛起与兴盛中占据了优势。

如今，在三门塘虽然各家各户都已安装了自然水，但是人们还是会去山边的一口井里汲取山泉作为自家的饮用水。在过去，各家族拥有一定财力之后，便在自身所居区域内建造、修葺一些与日常生活密切相关的设施，下面一块碑讲的便是嘉庆二年王家与刘家兴修一条到这口井边的小路。

修路碑记②

　　刘姓　王姓

　　嘉庆二年岁次丁己季春月吉日立

　　为首人　王志魁　刘选文

　　石匠　仪发

尽管各个姓氏家族依据自身的居住空间，来进行修井、修路、修桥等一系列建造活动，但从上面的事例中也可以看到，比邻居住的房族也有因共同的需要进行合作的一面。

三　王家码头和古楼

与其他家族一样，王姓族人也兴修从码头通到寨内的道路，"嘉庆二十四年，族中一百三十七户捐资，重修王家街，从水边

---

① 2006 年 7 月，三门塘，访谈刘 Z. C. 所得。

② 今立于孟高雄路边，该碑无序文，仅有捐资人姓名及捐资数额，均为王姓、刘姓。

至码头大门，砌成加宽石板大阶三十八级。门内侧横宽六尺石板阶一百二十一级，上达南岳庙路口，再六级进平铺街道约三丈，又六级而向右转入大兴街。阶之西侧，砌有水沟，排除沿路污水"，① 并在道光三年合族同立了《视履考详碑》②，碑文如下：

> 嘉庆己卯，族中人始动重修街道之举。或曰：茅茨不剪，土阶三尺，尧帝有然，今当仍旧，无庸修。或又曰：兹处僻壤，非孔道通衢、车马辐辏，不必修。余思二说皆非。夫街也者，携也，杂也，谓四出之所往来，携杂而别也。斯地四姓聚处，各立有街，若刘则有西街，吴有东街，而王姓居中。在于前人，街已开辟，奈历年久远，崩缺颇多，难以便行。今值时和年丰，而族子侄等，募化本姓，捐赀重建，伐石塌平，继至今，事竟成功。往来共歌荡平矣。人日之暇，首人已序索余，因抒数语以记诸石焉。南岑王政三谨撰。

从这则碑文中，可以看到在王家街重修之前，村内已经有了其他几个大姓修建的街道，其中提到了刘家街和吴家街，唯独没有提到谢家街。但无论是从今日几条街道的形貌来看，还是"斯地四姓聚处，各立有街"的叙述，谢家和其他三个大姓一样，也修有街道。谢家在嘉庆年间已在喇赖、乌岩溪安居，谢家街在该碑文中被忽略，是他族对于谢家在三门塘村落事务中主导地位认同的降低，也说明了最先入住的谢姓家族在刘姓、王姓家族势力逐渐强大的同时，逐渐隐退，淡出了村落的核心区域。

---

① 《王氏族谱》第九—号第一册，1988，彦荣后裔承炎。
② 今立于三门塘王家街旁。

王家作为如今三门塘人口最多的姓氏，分为大兴团王姓、小寨王姓、三门溪王姓。谱中所云：

> 政公卜居三门塘，未知始于何年。谱载弘治十六年九月初四日定居。政公生三子：彦荣、彦华、彦富。各各子孙繁衍，丁口增多，大兴街不堪居处，彦荣后裔于万历二年，将谢姓网形坟山脚下水田换得本支王坛坟山东边全部水田，营造房屋，称为大兴团。彦华后裔则将王坛坟山西面当年三股析产所得之东半侧营造房屋，称为小寨。彦富后裔则将对河溪口南岸上源属彦荣之茶叶山营建房屋，称为三门溪。故后世称为大兴街为发祥地，大兴团为长房，小寨为二房，三门溪为三房。三房鼎立，房房发达，枝枝茂盛。

其中有关从谢家换得王坛坟山的故事在谱中另有详细记载：

> 彦荣之孙，讳有理，乳名坛保。孔武有力，约在成化、弘治年间因谢姓与垄处纷争，金兰义重，为谢家与之争且械斗，虽获胜，但重伤致死，谢乃赠予寨边龟形坟山安葬。虽死于非命，却葬得福地，其子孙之兴旺发达、繁荣昌盛，为同祖众兄弟所不及。岂非公之忠义格天所致哉！故后世迳呼其坟山为王坛保，再简称王坛。①

在文中已经提到了刘家因谢家分给林田而得以兴盛的村落故事，而在这一则有关王家兴起的口头传说中也有着类似的说法。对于早在明朝弘治年间的这一次垄处与三门塘械斗之事，事出何因，我们无从考证。但在王姓后人的述说中，他们所要强调的首先是

---

① 《王氏族谱》第九一号第一册，第29—30页。

谢、王两家的金兰重义；其次，王坛保虽不幸身亡，但其之"忠义"换来了"后人之兴旺发达"。在今天小寨边的一座坟山上（俗名凸黄潭），还可以看到一半属小寨，一半属大兴团，在最上端山顶的一些墓碑则属谢姓族人。

在王姓大房聚居的大兴团之后，有兴文阶，是登山劳作的要道。自古碎石铺砌，乾隆五十年，铺设石板阶二百五十七级。一侧开沟，另一侧有黄土路，低于中间石板阶，供山涧水流及牛羊行走，至今陟履康庄，当地人对先人为他们铺设道路带来的便捷十分感激："铺了石板就好走了，这些石阶你该数数有多少阶，这些青石板都很好，下雨天都好走山路，以前的老人家可真是做好事啊！"这块乾隆五十年的《修路碑记》①中写道：

> 且夫重关要砦（寨），时氓念路结崎岖人□乐培此地，维无偏径。而往来山峡是为要区，每阴雨步足无耽哉！心惊欲成便行之途，岂作袖手之局，中心一举，以坎而作石阶，云大功德以昭垂，亦可以志考，念于不替。是为记。
>
> 捐资为首　王朝楳　王汝宏　王乾魁
>
> 　　　　谢歧山　吴光廷
>
> 王朝楳　六钱　王佐唐　王达先　王乾高等共三十二位王姓
>
> 沐书　王世禄
>
> 石匠　蒋富珍　奇珍　兰珍　刊立
>
> 乾隆五十年乙巳岁林钟浣上　合立

从捐资化首名单中可以看到，修建兴文街基本由王家主持，谢家、吴家也参与了进来。乾隆时期这一带的木植采运渐入佳境，修

---

① 今立于大兴团到杉木冲进山山路旁，地名中分。

建这样一条通往杉木冲的山中径道，往往和已成规模的木业经济相关，各家族也具备了相应的财力进行道路的修护。

以上这些都可以对三门塘各姓居民经济力量的成长做一估测，从另一则有关乘凉楼的碑记中，也可以看到王姓族人变卖旧楼、生息运用的情况。

乘凉楼碑①

乾隆四十一年，卖旧亭之瓦楼并楼枕，得银八钱二分，至嘉庆元年，本利得银二十五两六钱，买地并合食化字选择去二两四钱，存二十八两七钱。开销于后：

砌坎三两二　卖木二十七两九钱　木匠二十一两五钱　买瓦六两五　刻碑三两

合食香纸利市一两零

王昌化 一两三钱 王志唐 王汝宏 王乾相 王邦选 王国登 王志学 王子贤 王佐儒 王廷秀 王乾高 王德高 王宏远 王世富 王忠显 王佐唐 王富林 王廷栋 王元吉（等共 125 名王姓）

嘉庆六年四月吉日立

王氏族谱上也有一段有关乘凉楼的记载："明季，王家码头建有古楼，年久失修，于乾隆四十一年即一七七六年，变卖楼檩瓦片，得银八两二钱以生放，迨至嘉庆三年即一七九八年，以其本利二十八两七钱并我王姓族人一百二十五户捐资，重建乘凉楼及码头大门。"今日此楼已经不在，唯有凭借这块竖立一旁的石碑可以想见当年的情景，三门塘人对过去的光辉历史有着丰富的想象力："楼在门右临江崖上，层瓦辉碧，典雅古朴，俯瞰商船出进，环顾

---

① 今立于三门塘王家街旁。

木排横江，风轻月朗，笑语飞歌，山川灵秀，独钟此楼。"[①] 当年繁华的商贸之景，呈现眼前。这是一次由王姓三房共同参与捐修的公共事务，它给予家族在村落中一次象征性展示的机会，这个矗立江边的家族建筑物，不仅仅是家族的空间象征物，也成为商船往来、客流穿梭的清水江畔一道引人注目的村落景观。

四　吴家的大坪井

如今，三门塘人述说四大姓氏的关系为：谢、王、吴三家为结拜兄弟，三姓之间互不通婚，但分别可与刘家通婚。村落内部几大姓氏之间建立起的婚配规则，或许是在某一历史时段为了保持村落内部不同家族之间的力量平衡而采取的一种策略。前文中提及刘家、王家分别从谢家分得了土地，在人们的述说中这些土地成了两家兴旺发展的根基所在。

前文中提供了一个谢家搬出三门塘迁往喇赖的故事版本，这里有一个和吴家展开的故事：

> 六月六"晒龙袍"，我们三门塘人在那一天会把家里最好的衣服拿出来晒，大坪井边的那个水塘里邪气重得很！都聚集在那里！好，那天那个邪气就化作两个很漂亮的姑娘，来把衣服偷走了。谢家人就以为是吴家人偷的，两家人就起了争执，吵不出个结果，最后大家只好请道士在南岳庙里，用那个公鸡来占卜，结果证明吴家人是清白的。

当地人说，神判是当寨中发生事端，无人证明，寨老无法判决时，采用的一种方式。双方各拿一只公鸡到庙里去请神明裁判，理亏的一方的公鸡在去的路上是不会叫的，而有理的一方则叫个不

---

① 《王氏族谱》第九号第一册，第32页。

停，双方到庙中杀鸡吃血，对天发誓，然后煮鸡肉吃，不放盐，吃这种鸡肉，可以使理亏的一方断子绝孙。

后来，谢家和吴家到庙里去发誓愿，踩糯米。天空中乌风暴雨的，一个响雷就把吴家的那口井（见图2-3）给打破了，顿时那些晒起的衣服就出来了。好，大家就知道是邪气搞的鬼了。谢家参与到这件事里的九户人家都相继死去，其中一家的母亲让两个儿子上山放牛，后来其中一个儿子搬去了喇赖。

还有一个说法是说谢家有个寡妇跑上了山，给谢家留了种，当时谢家一下子少了十八户。这里提供了一个谢家人从三门塘搬去喇赖不同于前文的一个故事版本。"晒龙袍"是只有有钱人家才可以做的，在失窃后谢家人怀疑是吴家人所为，从中可以判断谢家实力优于吴家，"邪气"从中作梗使得谢家一下子家道败落，其中的缘由我们不得而知。不过从村落空间上看来，吴家今天所在的"大坪"，是离"谢家团"最近的聚居区域。通过乾隆二十七年修建的通往江边码头的石板街道看来，吴家人在那个时候已经明确拥有了那块空间。今立于三门塘大坪吴家街旁的《修路碑记》中写道：

茅茨土阶，唐虞之风也。垩塘石级，三代之制也。修数百年崎岖之路，明帝之训也。兹三门塘大坪门首，伊先人曾鳞砌以登。以卷石历久而圮矣，兹不便，率由今吴君文等，体先人之志，作善继之谋，遂率团中随凑锱铢，命匠剖大石，以结坦道。乞予拣吉立，求志焉。予思团中一阶，虽非通衢之要有功德可纪，然吴君等有此举，或亦有修路之心，并可以引人修路之心，亦甚有惬予修路之心。因不禁不揣固陋，遂撅笔而书，以志美焉。

儒生　彭效朝撰　信童　李秀贤书

率首 吴君文 吴君赞 石匠 黄祥美

皇清乾隆二十七年岁次壬午孟夏月谷旦立

图 2 - 3　三门塘吴家大坪井

前文已经提到与木材买卖密切相关的江边码头，各家族都兴修了通往码头的街道，并以各自的姓氏命名之。在清朝乾隆年间，清水江一带的木业经济已经相当繁盛，作为四大姓氏最后定居于此的吴姓族人，将寨内通向江边的街道整修一新，实属贸易往来之必要也说明吴氏当时有了相应的财力。吴家人于乾隆五十六年修建的大坪井至今还在使用，修井碑文中吴家人对自己聚族居住的空间有了更为清晰的表述：

溥博渊泉①

盖闻山下出泉而知泉也者，生则在于地，修则由于人。我

①　今立于吴家街大坪井旁。

等三门塘大坪寨脚，有古井由来久矣。未经修整，两旁浊水未免相渗，非惟不便于人，亦且不便于神。是以有领袖吴君文、君爵、君俊、文锦、吴德隆、文昭、德厚等，倡率团众，随出锱铢，请匠修砌，不日功成。则泥涂殆尽，固见且清而且洁，石板昭然，亦知愈久愈坚。孟子云：源泉混混，不舍昼夜。其是之谓欤。

　　皇清乾隆五十又六年岁次辛亥大簇月谷旦　立

　　碑文中，明确提出了"三门塘大坪寨脚"，三门塘这个村名虽几度更名，但在村民心目中一贯比较认同的只有"三门塘"这个名字，从村中各大家族族谱中的记载来看，"三门塘"这个村名承载着这个古老村寨的悠久历史。村民说有了村便有了名，但对三门塘村名的由来大家说法不一。其一因地得名：寨内原有水塘多口，王家街下面有谢家塘，西门渡口也有塘，大兴团也有塘，有东、南、西三个寨门，分别为大兴团——东门，寨头复兴桥——西门，王家街南岳庙——南门，另外在小寨和刘家街都设有自己的私门，北面是进山耕猎之处无需建门，故取名为"三门塘"；其二因姓得名：根据入迁最早的三大姓氏（谢、刘、王）而得名；其三因音得名：人数最多的王氏先人祖籍湖南黔阳三门潭，溯江打渔而上，定居于此，"潭""塘"音近，而后讹为"三门塘"。第一种说法和村落内的具体实物有关。第二种和第三种说法都与姓氏有关：第二种与村中最早入迁者及长期在村中居主导地位的姓氏有关；第三种说法则有较强的王姓主体意识倾向。

　　嘉庆十六年的《东门祠土地碑记》① 中，已明确提到了"西门立庙镇之，南门亦立庙镇之"，在那个时候，村落中西门一带已建

---

　　① 今立于三门塘大兴团，第五章第二节"一 土地祠"载有全文。

造了杨公庙，南门一带建有南岳庙，王家大兴团在东门建起了一个土地祠，这样符合了如今人们对村名的解释中有三个寨门的说法，在前文中提到的谢家修建归凉溪桥的碑记中，明朝万历年间便已经明确地提出了村名"三门塘"。不论出于何种缘由，村落的名字是人们赋予了这个空间聚落的象征符号，在漫长的历史过程中，村落是人群与土地、人群与人群，在长期多面的交互作用下，逐渐形成的一个地理区域，在其范围内的成员，分享着共同的历史经验与过程、合作与竞争的故事，或许这些就是生命意义之所在，是他们乡土情结之所依。

小　结

本章通过四大家族的族谱材料、碑文与访谈材料大致勾勒了谢、刘、王、吴四大家族的定居历史，以及三门塘村落的形成过程。三门塘村落中的地方宗族势力的成长，势必与明清时期清水江一带木材贸易的兴起与繁盛相关，谱系的建构对于家族财产的确认与继嗣变得至关重要，这不仅仅是一个适应经济生活的变通方法，是寻求国家正统话语的文化手段，也是科举士大夫文化在地方渗透调适的过程。族谱不仅仅是人们家族态度的心理结构，也是为了寻求社会政治经济利益做出的策略性选择，这是一种他们选择运用历史的方式，族谱满足了人们对于家族共同体的想象。

几大家族的入住历史，即使族谱上没有明确的记载，当地人也可以通过口述来建构，有关家族之间的故事更是有着贴近日常生活的情节。物质空间给出人们居住的稳定感，而族谱记载的遥远往事，引发人们质疑的态度，文字无法提供物质空间中可见的房屋、水井、街道、码头给出的实在感，但在人们的述说里，入住村落的先后时序与占有空间的合理性隐含在了生动的文字、口头故事中。空间维度上的记忆容易被人们识别，时间中的人物对人们来说则有些模糊了。

　　族谱中的祖先或许是一些遥不可及的象征符号，但是村落中实实在在留存于当下的建筑物，给予了不同姓氏空间确认的凭据。各个家族的居住格局与各自的入迁时间先后，以及家族的分区而立有着密切关联，随着人口繁衍，村落内居住的人群结构发生了变化，而后带来聚落空间的扩展。谢、刘、王、吴四大姓氏入迁三门塘之后，便展开了与日常生活密切关联的修路、架桥、修井等事宜，村落的物质空间逐步形成，这些物质空间的营造，不仅仅满足了日常生活之需，也是不同家族向外显示独立存在的空间象征。

　　由建筑物构成的聚落空间，与家族的历史、结构及当地人对空间的理解密切相关，这些物质性空间成为人们生老病死的栖身之所，以及家族故事、情感沉淀、历史怀想的发生地，村落历史的镜像在这些建筑物上投射下了某些痕迹。对于三门塘人而言，族谱给予了他们迁居而来的移民身份，而经历漫长岁月留存下来的物质空间，给予了他们深厚的乡土情结，"移民"或是"土著"对于安居在此的三门塘人并不是关键所在，当他们面对这块土地时，似乎已经映照出他们所怀想的历史。

第三章　佛教与村落空间

三门塘的先祖们刚刚到此定居时，房子只是挡风遮雨的处所，当村落变得开放，人员流动，人们被各种文化熏染，这样的物理意义很快被另一种愿望取代：人们要建造一个美丽和谐的生活环境。这道风景象征殷实的财富，也象征精神的和美与安宁，物质空间是人们意志的一种表达，可以从中感受一种从虚无到现实的愉悦。从村落空间的整体格局来看，家族聚居的村落核心区域表现出相对的封闭性，寨头的渡口和寨尾的庵堂则显现出开放性。在佛教观念的影响下，渡口与庵堂的修建是在木材贸易这一经济活动背景下，代表了国家力量的官员、宗教势力的僧人、商号、外村人与当地人共同参与的结果，其中也可以看到由僧人寺庙力量主导地方事务到地方宗族势力主导的转变过程。

第一节　佛教在清水江下游地区的传播

在明朝初期清水江一带便有了佛教的踪迹，在今天铜鼓乡城南的白云崖石刻，有一块"白云寺田土碑"，刻于明成化元年。铜鼓乡古时为铜鼓卫，洪武二十一年置铜鼓守御千户所于湖耳蛮夷长官司西南，属五开卫；洪武三十年升置铜鼓卫，建文元年废，永乐三年复置铜鼓卫。洪武三十年在锦屏设置铜鼓卫时，因屯军占地354顷，引起上婆洞林宽领导失地的侗族农民的起义，也才引来了明朝从此对这片区域不断的征派皇木。[①] 清乾隆《贵州通志》载：白云崖"岩石耸秀，有溪环抱，上有古刹，景物清幽，常有白云封护"，"明永乐八年建，嘉靖十四年苗毁，天启二年重建"。它是锦屏县内最早的寺庙之一，为锦屏、黎平、天柱、湖南靖县等地善男信女朝拜的圣地，有寺院田数百亩。石刻原文如下：

白云山寺常住田石碑

铜设卫□□□□圣寿除依家处□□□□载种树□□□□车厈水□□□□左六睹，共约□□□，南至卫所前□□□□，北至本寺。所种稻谷，收买□□，共应□□□□破天伏睹。永乐二年正月□□□敕谕内开：天下但有荒芜田地□□百亩，随力开种，官府不许比较。钦此。□□思得前捐田地，均系□贵常住殿基启同福□□□，用工挖掘开垦，并不是原先造报有额官田，若不预告给凭，恐后无知一概骗占，至期□□□告蒙拘田邻扬震、王纪等□□□□贴，仰住持僧俗即将所告田亩永远如法耕种，秋收稻谷□□合用供应常住，后人□□侵欺争占。□此今命工匠刻石，万世为照者。

成化元年岁在乙酉叁月初三日　奉三宝开荒种田老夫沈文启　彰恭贵礼

本山住持僧福兴　杨斌（后 66 人姓名略）

广福寺常住盟誓箴

所开福田，告官在先，给凭凿石，万古千年。立新誓语，远近通传，

以十传百，以百传千。官不得夺，吏不得迁，军不得占，民不得粘。

---

① 贵州省编辑组编《侗族社会历史调查》，第 7 页。

恐后愚徒，骗占牵连，举此不仁，神眼观瞻。阳报以祸，阴报以衍，

岳司减禄，神鬼争嫌。家颓产丧，男女痴颠，绝门绝户，绝人绝烟。

九玄七祖，永不生天，托化驼驴，羽毛之间。助赞善者，家道兴然，

□祈祸散，福寿增延。荣华日进，出贵出贤，田蚕倍利，非横无沾。

予书笔迹，日永日坚，当来观此，再述嘉言。

铜城玉峰道人题

信士朱敬　幻仙　王谦　王锡　舍人余朴　石匠常宜彭敬[1]

寺庙除建造房屋外，另外还需要耕种土地来维持稳定的日常开销。碑文中记述了大家捐修开垦荒地作为寺庙的福田，让僧人耕管，在此也获得了地方政府的允可。在《广福寺常住盟誓箴》中，则对这块土地的不可侵占做了强调。捐修土地一方面是积累功德的善举，另一面或许也是免除缴纳土地税收的方法；对于寺庙而言，有固定的生计来源，这给双方带来互惠双赢的效果。

与锦屏县交界，位于天柱县南面的黄哨山，山顶有一草坪建有一庙，萧条荒凉，破落不堪，庙里有十几尊神像，香火全无，冷冷清清。据当地老人们说，黄哨山过去是个佛教圣地，古代有许多和尚常年住在那里念经拜佛。相传山上的白云寺，原名天云寺，始创于元明时期，创始人是湖北来的高僧甄道乾。甄氏云游至此，乍见峰峦拥翠，仙雾缥缈，清江如练，环绕山麓，东奔洞庭，了然顿

---

[1] 贵州省锦屏县志编纂委员会编《锦屏县志》，贵州人民出版社，1995，第893—894页。笔者对个别字词标点做了校改。

悟，无心他往，遂化缘建寺，修建大雄宝殿，供释迦牟尼、四大天王、八大金刚、十八罗汉。山门居高临下，殿宇气势恢宏；古道蜿蜒通幽，苍松翠竹掩映。晨钟暮鼓，朝山拜佛，香火不断，热闹非凡。明代湖广晃州知府吴赓虞宦游至此，题联寓杯："曲径云封留客扫，禅门月静待僧敲"，横额"白云深处"，取意于唐诗"白云深处有人家"之句，天云寺亦因之改名"白云寺"。①

在前文提到，撰写《垒处忠义祠记》和《需楼记》的曾伯隅，在黄哨山上创建了天柱县教育史上最后一所儒学馆。清朝光绪年间，国子监教授曾廉即曾伯隅因上书言事忤逆当朝权贵，获罪黜黔，光绪二十八年游抵黄哨山，寄居白云寺，因见此处奇峰竞秀，环境清幽，决意定居下来，创建"白云书院"，授徒讲学。

除了山上的白云寺和白云书院使黄哨山声名远播，黄哨山也因险著称，《黎平府志》记载，凡由京城到黎平府上任的官员和商贩、脚夫、囚犯，均须"道出黄哨山"。民谣说："黄哨山，离天三尺三，人过要脱帽，马过要下鞍。"载入史册的清代"清江四案"中的夫役案亦与黄哨山有关，嘉庆初年，冯兆珣以刑部郎中来黎平任知府，在《冯兆珣捐修黄哨山碑记》②中写道：

> 嘉庆九年，余以刑部郎中出守黎平。次年三月，由镇远赴任，同僚惊相告曰："是将走黄哨山也。"余意贵州所在皆山，其最险而峻者，则有落鹰岩、拉帮坡，余昔亲历，想不过如诸山。等及过天柱，缘山阴而上，及于顶，倏有役夫数十人群相拥扶，且懔懔有惧色。俯而视之，江环如线，山伏如羊，路石如锯，其直而陡也，亦复如针之悬。手持足撑，精力俱疲。如

---

① 游浩波主编《物华天宝——天柱风物录》（内部资料），2001，第4页。
② 2008年7月，三门塘，王Y. Q. 提供。

斯险处，连络有三。比及茅坪安寝，魂梦犹惊，始知黄哨为黔山第一隘径也。

知府在亲历行走之艰难后，决意兴修此道，碑记中记载：

> 吾乃叹是非目睹，臆度皆虚，斯路之难，余犹如是，行旅何堪！于是有兴修之志。六月，府署学李教授来黎请假。询之，则曰坠跌黄哨山，腿折成废。余心恻然，而创修之意遂决。爰命家丁往度形势，狭者使宽，陡者使平，人力所不能辟者，则行道以避其险，即今所修之路也。捐费八百，命工庀材，始于丙寅春仲。越及七月，余因公至镇远，少憩于半山之茶棚，茅坪士庶持簿来请曰："前捐资告竭，非集脽无以成功。"问需若干，则仍以八百为请，余应之曰："募化完工，非数十年不可，且事求诸人，不可必得，徒扰间阎，虚靡岁月。"因复捐廉俸，以藏厥事。余九月犹在省，而来报者曰，黄哨完工已旬日矣。急询其故，始知工匠筑厂山半，掘土数寸，青石磷磷，前之搬于四十里外者，今则在跬步之间。两月工成，费仅三百。统计阅七月而告竣，行人方便，又过于落鹰诸山。自忆黎平出守，德政寥寥，而一念之功，神明赞其功，行人享其利。敢谨记始末，俾后之来守土者岁时加修，垂于勿替云。

这条镇远与黎平之间的古驿道，不仅是官员、商人的交通要道，也是香客、善男信女前来佛堂朝觐的道路。从以上材料的信息中可以看到，自明朝永乐时期，锦屏一带便已有佛教寺院的踪迹。黄哨山的寺庙建于元明时期，并无可考的文字资料，但到了清代黄哨山已成为黔南地区十分关键的要隘，白云寺也迎来了它的香火鼎盛时期。

明朝万历年间，天柱已举办过"万人缘"佛事活动，明清至民国时期，佛庵香火很盛，在较大的自然村寨都有一处或数处佛庵和神庙。清代天柱县内 338 个寨子，有 462 处庵庙，庵内供奉释迦牟尼、弥勒、观音、罗汉等。村寨中的庵堂由村寨各姓共修或者分别修建，占有一定的田土山林，金凤山、黄哨山等寺庙则拥有大量庵产。[①] 天柱县内的金凤山寺约建于宋末元初，兴于明季，鼎盛于清朝。[②] 明末崇祯十年（1673），知县石之鼎将县城从凤城迁到了龙塘，建有一名庵，为"田心庵"，至清代更名为"福亭庵"，[③]在三门塘下游不远的远口镇，有一个罗汉坡，原名金刚山，传说很久以前便有了寺庙，住了很多和尚。

将在第五章提到的修建坌处杨公庙碑文中道"立庙于梵宇之前"，这里所说的"梵宇"便是潮源庵，杨公庙始建于康熙二十五年，那么庵堂的修造年代比它还要早，庵堂与杨公庙紧紧相连，故有"庙之右与梵堂相通"。[④]潮源庵占地 2000 平方米，包括了现在坌处小学上下操场和粮站仓库，后被 1936 年的大火付之一炬。[⑤]以上这些三门塘周边村寨的有关佛教传播的材料，大致勾勒出明清以来佛教在天柱、锦屏的清水江下游一带的发展概况，佛教不仅仅作为民众的一种信仰形式，也成为官府、僧人、商人、地方乡绅互动的又一个平台。

第二节　寨尾庙

在三门塘这一村落空间内，各家修路架桥，营建各自姓氏聚居

---

① 贵州省天柱县志编纂委员会编《天柱县志》，第 122 页。
② 游浩波主编《物华天宝——天柱风物录》（内部资料），第 1 页。
③ 游浩波主编《物华天宝——天柱风物录》（内部资料），第 25 页。
④ 碑文全文可参见本书第五章第二节"三　杨公庙"。
⑤ 2006 年 8 月，坌处，访谈吴 H. Q. 所得。

的空间聚落，当血缘组织未能在村落事务中发挥主导作用时，因某种宗教力量而聚合的地域性组织，在其中便具有了重要意义，在三门塘早期的修庵、修渡事务中，邻近的周边村寨都参与了进来。在集全村之力修建兴隆庵一事中，则更多体现出村落全体团结的整合意义。三门塘的村之东有一块被人们誉为"碑王"的石碑，碑高4米，宽1.52米，厚0.08米，堪称"清江一绝"，石碑记叙的是全村兴建兴隆庵一事（见图3－1）。

图 3－1　修庵碑，石柱门联，兴隆庵旧址（现为小学教学楼）

该石碑是三门塘迄今留存的年代最早的一块碑，从谢家的归凉溪修桥碑记中可以看出，明朝万历年间三门塘已受佛教思想影响。明万历年间，村中也建有永福寺，在"后龙未续，缺陷颇多"的情形下，立庵尊佛，以续村之风水龙脉，从而"以补元气，以培风水"，于康熙十二年从亥把冲迁到了三门塘。到了正值木材贸易兴盛的嘉庆年间，全寨各姓捐资拓基，最终建成了"耸然起于石壁之上，诸峰来朝，势若星拱。清江环下，碧浪排空"的兴隆庵。

"为首信士王通一，生员刘占魁，信士刘渭、王邦先、吴必杰、刘修身、王通慧、王相朝、王通古、谢名佐"，此处的倡首名单中提到了"王、刘、吴、谢"四姓，但从其中的排列顺序和所占比例都可以看出王姓在其中的主导角色。庠生王政三所撰的《修庵碑记》① 云：

> 兴隆庵，古永福寺旧址也。明万历间，建于亥把冲口，梵宇森严。然立庵以尊佛，兼以之而陪风水焉。余村自钟灵山发脉，蜿蜒奔赴，凝结于东北、中者后龙未续，缺陷颇多，及我朝康熙十有二年，爰历坤舆卜，宅于斯而迁之，以补元气，以陪风水，遂更名为兴隆云。奈旧宇两造，毁坏难堪，湫隘纷沓，每击目而心伤之至。

> 乾隆辛亥岁，诸首人始从而重修焉。拓其基，高而峻；建其室，弘以深。后工竣，命为文以志之。余思：庵以奉佛，闻佛所居，有鹫岭、祇园，黄金布地，玛瑙作阶。斯即一楼秀丽，似难以栖佛者。但自汉以来，古今之作庵者多矣，若杭，天下一大都会也，灵隐栖霞诸寺，不过取其湖山环绕，左右映带，幽可娱佛圣之栖，明可供游人之览耳。

> 是庵，耸然起于石壁之上，诸峰来朝，势若星拱。清江环下，碧浪排空，昼则舟楫上下，夜则渔火辉煌。天地之灵秀，无处不钟矣。况梵宇重修，堂室宽敞，登览者谅亦欣羡曰：诸君此举，虽非比鹫岭祇园之盛睹，而适挹山川之胜。亦可作杭诸寺观也。以视向之毁坏湫隘者，不可间欤？故书以勒诸石焉。

> 嘉庆二年岁次丁巳孟冬月吉日立

---

① 今立于三门塘小学前。

今日石碑依然岿然挺立。在当时，人们立此巨碑，镌刻三百多名捐资者姓名，这无疑是一次村内整合和村落整体向外部彰显的极具象征意义的群体活动。"昼则舟楫上下，夜则渔火辉煌"，显示了三门塘在木材贸易之后繁华兴荣的村落景貌。"亦可作杭诸寺观也"，以本村之兴隆庵和"天下之大都会"杭州的灵隐寺相媲美，字里行间显示着雄厚财富基础之上的豪气，长江流域两端的一个小村落和大都市遥相呼应着，相同的是两端都上演着活跃缤纷的商业生活。

当商业经济意识开始在这个村落内散布开来的时候，人们日益增多的需求，心理的不稳定因素，使得他们越来越依赖于对不可控的超自然力的诉求和庇佑。人们积极投身于村落和谐风水的营造中去，寻求一种天时、地利、人和的完美。恬静秀美的庵堂风景也成为村中士众休憩、归隐的场所。

商业化背景下的村落经济，提供了三门塘人货币捐助寺庙建设的可能，捐资名单中，除了捐银之外，还有其他形式参加捐助，如："吴清富捐粱头油树一团"，在木材商品化之后，林木具有了很高的经济价值，也成为可由庵堂循环利用的资源。"土改前，据坌处乡三门塘村《各阶层占有土地山林登记清册》记载：王氏有宗祠林33亩，活木蓄积量约600立方米；吴氏有宗祠林3亩，蓄积量110立方米；刘氏有宗祠林132亩，蓄积量2712亩；庵堂、庙宇林有28亩，蓄积量730立方米。"[1] 宗祠林作为当地族产的一种形式，每逢晒谱聚会便会砍木出售，收入价款，作为族内费用开支。同样的，庙宇、庵堂林产也会用作庵堂修护、僧侣日常开销等，这种林产的专门化管理与使用往往比集众捐资更具持久的维持力。

庵堂作为村落甚至是地域性的信仰中心，不仅可以让地方精英追求佛教信仰，也提供了他们传播正统文化的场所。嘉庆二十四

---

[1] 天柱县林业志编纂领导小组编《天柱县林业志》，第88页。

116

年，三门塘人在兴隆庵旁修建了另一房舍来供奉奎星，在《人文蔚起》① 碑中有详细记载：

　　昔欧阳文忠司贡院，每阅卷时，有朱衣以点头，点头则文必入彀，夫朱衣者谁？谓奎星也。恭维奎星，曜合天上，瑞应人间，默操士类权衡，永作文章司命，自古维昭，于今不爽。无论在城在乡，莫不立像立祠以奉祭祀，宁吾村而独不然哉！村之东，有所谓兴隆庵，设自前明。我朝重修以来，凡神之有益于生民与有系于斯文者，无不馨香俎豆，其中若文昌若关圣，以及诸佛，前人皆塑神像。而于奎星，尚缺然焉！余心欲塑者久之，以力不支，未果。本年，祚生馆于斯庵，习举子业，主持僧适以修神像请。余曰：善。是有造于吾人，询为美事。于是，募之村中仁人志士者，暨有馆诸生，得资二十金有余，请工雕塑，卜吉升殿，文星有主。伫看甲第蝉联，帝座垂麻。允矣！才华鹊起矣！古语有云：不要文章高天下，唯愿朱衣暗点头，不可为诸君预卜哉！因抒数语，以寿诸石。

　　王政三谨撰

　　清嘉庆二十四年岁次己卯孟冬月谷旦立

　　"祚生馆于斯庵，习举子业，主持僧适以修神像请。"当地塑奎星、文昌、孔圣神像，后来遂改名"三圣宫"，也吸引了邻近村寨的士子前来求学。清朝旧版的《天柱县志》将三圣宫列入学馆之列。咸同年间，庵堂有毁，不再塑像，而仅立文昌、奎星、孔圣三块木牌供奉。② "三门塘义学，设在寨东的三圣宫内，明代曾兴

---

① 今立于三门塘小学前。
② 2004 年 2 月，三门塘，访谈王 C. Y. 所得。

117

建兴隆庵于此，清初设义学，置学田以供办学费用。"① 和义渡一样，学馆设义学田，累世捐修而积义学产业。

兴隆庵于道光七年遭遇了火灾，在《修庵碑记》这块石碑的背后刻有的《重修碑记》，记载的是道光二十年三门塘众人重修兴隆庵的事迹。碑文如下：

> 香岩精舍，多冈峦幽复之中，初地禅居，多造物流余之所。故兹公冲一带，向皆荒芜山蹊。迨自喇赖一移，始有兴隆庵宇。花落昙花一片，溪山向眉裹掀开；猿啼明月三更，钟磬在耳边唤醒。纵非绸楹绣瓦，极□□□□□，□亦抱水环山，为乡村之壮丽者也。乃道光七年，祝融播虐，燧帝施威，周围之僧舍皆焚，大众之佛身亦烬，荒烟蔓草，顿失昔之檐楹；冷露寒霜，空思前之殿宇。迩来，本村众首士虔心起造，立愿重兴，聚贝叶之施金，□□□山之表，起沿途之仆石，依然古道之旁。妥他飞锡法踪，革去艮坤之故；酌彼堪与公论，鼎取子午之新。虽量力经营，谨得万金一半；而鸠工告竣，须铭众姓之繁捐。羡昔日纠民，入执公功，几经赵司空下斧斤之令，于今□□序，辱承众请，同效唐司马勒金石之文。
>
> 涧西居士，王如松卧云敬撰
> 住持僧 桂椅 石匠 湖南宝庆府邵阳县罗淳贵刻
> 皇清道光二十年岁次庚子小阳月谷旦四姓九甲众等同立

在两次集众修庵所列的捐资名单中，均以王、刘、吴、谢四姓居多。其中本书着重讨论的王、刘、谢三家（以捐资人数多寡降序排列），这一顺序恰恰是四大姓氏迁入三门塘的相反顺序，似乎印证了村民公认的并已被他们面前的那段村落历史证明了的"后

---

① 贵州省天柱县志编纂委员会编《天柱县志》，第 702 页。

118

来居上"的家族兴衰演进规律。该碑的落款"四姓九甲众等同立",无不是四姓在村落公共事务中主导地位的一种确认,以及四姓与他姓在村内的一次重要互动。

在嘉庆二年《修庵碑记》的落款中,有"募化僧,本灵、徒以觉",在前文嘉庆二十四年的《人文蔚起》碑中,本灵成为兴隆庵的"住持僧"。在排列的捐资名单中,早期僧人的名字列于"为首信士"之后,"募化僧"的身份在整个修庙事务中居于重要的位置,到了后来的碑文名单中,均以住持僧的身份列于序文之后。地方家族势力的成长,其中的精英分子在村落的公共信仰空间内,寻求表达自我身份的机会。其中,"信士"的称谓,或许是对"士绅"身份的一种贴近,是对士大夫文化的一种诉求。

从上述的碑文资料中可见,明朝时佛教寺院在三门塘一带兴建,至清朝乾隆嘉庆年间,这一带也逐渐成为教化之地,儒学兴盛,原来的庙宇庵堂也逐渐成为教学授课的学馆。三门塘有一乡儒,大兴团人,名政三,字功九,别号南岑,是《修渡碑记》、《复兴桥》、王家街《视履考祥》、《人文蔚起》、《修庵碑记》的撰写者。墓在小寨和大兴团之间龟山首部,墓碑行述为其侄王永祚(廪生)所做,后边还有十九个学生的姓名。在族谱中未有此人的记载,从他的墓碑行述中大概推测,此人生于乾隆四十八年前后,卒于道光十五年,其间在三圣宫学馆教书育人。现将碑上《王政三行述》引下:

南岑先生讳政三者,祚之受经师也。为人正直守道,其先人再选,公学未成而逝,母刘氏,庠生刘秀标之姐;师母,庠生刘登东之妹。家门不幸,怙恃早失,难以自生,蒙舅抚养,与表兄刘登东先生从谢杏圃老夫子读书。十年,及庚戌、癸丑岁,先生与登东先后入学,人皆以为舅父好贤之报而先生发迹之奇也。尝闻先生幼时,袁雪圃先生赠以联云:天上碧桃花正发，人间丹桂叶必香。诚重之也。奈为家所累，赶科一次遂无上进之心。每年教读于村东之明德斋，从游者众，游泮者亦多，以先生之学之德如此，宜天之报先生者，厚其笃生贤嗣，以光大其绪，当不为过。及生世杞世兄，又以辛卯九月殒世。何报先生如是？其恝也！虽然以先生之学之德，有子固足以传之世世而无替，即无子，岂遂不足以传耶？古人云：太上立德，其次立功，又其次立言。三者皆足以不朽，则生等春风久坐，化雨频沾，三生之事不能酬其万一，而传述先生以垂来世者，则弟子事也。爰录行实，以当志铭。铭曰：

云山苍苍，江水泱泱。先生之风，山高水长！

作为家族中的读书人，乡绅已在村落生活中起到了十分重要的作用。寺是受到官方授权而立的公共机构，庵则是私人创建，因此其合法性模糊，庵虽比寺后起，但规模较小。寺往往享有悠久的历史，而明代修建的很多庵则是作为私家的宗教用途。[①] 三门塘永福寺到兴隆庵的转变，或许是地方宗族势力成长之后，寺庙构成了一个地方家族领袖伸张权力的区域，也满足了在木业经济影响下，商业化村寨生活中人们的某些精神层面的心理需求。

笔者在田野调查期间，在喇赖看到的两块碑，或许可以更清晰地看到僧人与地方家族在有关佛教庵堂事务中的力量博弈。第一则讲述的是一位名为"学轴"的和尚，在永福庵出家后，在乾隆五十年五月，用积攒的银两，买了"杉木冲田""亥耙冲油""高桥溪油柴山"作为庵堂田产。现引碑文如下：

---

① 卜正民：《为权力祈祷——佛教与晚明中国士绅社会的形成》，张华译，江苏人民出版社，2005，第3页。

永远碑记①

重建永远碑记　已亥年谢朝胜　施三垒

大清乾隆五十年五月，僧老禅师法名学轴，自二十六岁出家，徒德寿，新进永福庵，朝夕侍奉佛祖香火，积得银两，于庵修整田地、得买山场业产，开列于后：修整名杉木冲田，艰八两。得买亥耙冲油一块，艰四两五钱。得买高桥溪油柴山，艰一两八钱。修整佛门街，艮乙两。

乾隆六十年春月立

三门塘的兴隆庵前身为亥巴冲的永福寺，在上面这则碑文提到的喇赖永福庵内收集到的另一则碑文中有了交代："余谢姓三门分庵以来，村傍下手场内建有永福庵。"或许我们可以推测，亥巴冲在喇赖寨更下游的位置，先前的永福寺是属于一个地域性的庙宇存在，到了"康熙十有二年，爰历坤舆卜，宅于斯而迁之"，三门塘人拥有了充足的经济实力之后，便将庙宇迁到了寨尾，取名"兴隆"在于补元气，陪风水，而使村寨日益兴隆。至少在乾隆五十年之前，喇赖谢姓已经从三门塘分庵，在喇赖建起了他们的庵堂"永福庵"，到了嘉庆二十五年，又买地扩建重新整修佛门殿堂。现引碑文如下：

喇赖庵堂碑记②

尝观修造神宇，人之善心所存也。功系前贤之旧训，莫遗后人之增修。余愧才学浅陋，敢之以序，禅内而后观也。但余谢姓三门分庵以来，村傍下手场内建有永福庵，奈佛宅坑埂之地而有隔窝之嫌。嘉庆□年，倡首谢廷秀、廷山、邦政、绍榜

---

① 今为喇赖寨内铺路石，田野中翻出抄录。
② 今立于喇赖寨庵堂旧址牛棚边。

等，将庵艮/两得买谢朝德园地内层为宅，课取甲子，自下移上，非为耀观瞻，亦以妥神灵也。而况又为我村之风水相关乎！重修佛门三官殿宇，不惟佛慈有光，即余村亦有增荣也。因勒石记永远不朽。

今首谢邦舜、邦殿、邦礼，住持募化僧惟德，修天井石坎街

外层宅基，系谢朝元、桂二名下施一半，庵得买一半。嘉庆九年得买邦尧下手园地，价艰九钱二分。

老庵地塘一口，先祖指示中元三十年其内开成水田，大丘收禾五拾五稴，无粮。

岩石，惟德得买朝桂、凤唐二名下。庵门口园一垔，作钱四千七百文正。

中笔　邦彦　俊拔

恩生　谢朝聘书序

嘉庆二十五年十二月吉日　立

嘉庆年间，谢廷秀、谢廷山、谢邦政、谢绍榜等，买了谢朝德的园地，将原来的永福庵自下移上，以便"妥神灵"，同时也为培补喇赖的风水，前文提到的兴隆庵的搬迁也是和风水有关，"立庵以尊佛，兼以之而陪风水"。由于庵堂所在位置的不同，人们认为山脉地形之下隐藏的力量，可以影响村落生活的好坏，好的风水会给他们带来好运。当商业经济在村落生活中渗透，为家族和个人命运的改变提升提供了更多的可能时，人们对好风水的向往变得更为强烈。佛教庵堂的修建，成为村落景观中不可或缺的一部分，梵宇轩昂的殿堂楼阁会给人深刻的印象，也可提高村落对外的声誉。自那个年代三门塘人对村落所在山脉地形的认识，累积的风水空间观念，人们一直沿用至今，并依此处理着当下的生活。

第三节　寨前渡口

佛教自明朝开始在三门塘地方社会就有了很强的影响力，在普度众生的佛法影响下，由僧人兴起的清水江沿岸的修渡事宜自清代雍正年间开始就未曾间断。由于三门塘地处古道要津，河道平缓，明代开辟为清水江边的木材集散码头，商贾云集，经济繁华，于清乾隆年间达到顶峰。

三门塘属外江关隘，村里人专事木材营销。在村落空间与清水江这一特定场景内，村里的老人不断诉说着他们曾经目睹的繁华场面。那个时候，整个村子里有做工扎排的、有修劈整理木材的、有解扒招木的、有交售木材的、有编缆抬缆的、有检尺报关的、有放运木排的，人山人海，川流不息。靠木材和水上运输富裕起来的三门塘人，于清朝康熙、雍正年间大兴"义学""义渡"之风，教化乡民，兴修庵院宗祠，民居亭榭，修路架桥，修建渡口。[①] 三门塘"总三江九溪之门户，扼内江外埠之咽喉，踞千年古道之要津，为木材外销之口岸"。在今天，走进三门塘村首先映入眼帘的便是寨口的碑林，这些竖立路旁的石碑记录了自雍正五年到民国4年有关渡口的修缮事宜。

天华山位于今竹林乡，天华山上寺院中一块石碑上写道："美哉天华山也！位于柱邑之东，湘西边境，清水江作束身玉带。"明末，"四十八寨"民众常约于此议款集约，故有款场坪的设置，至清代初期，于款场建立寺院一栋。据菜溪一位老人说，清代刘纯福先祖在天华山当主持，为人尚善，修功培德，由剑河县至王寨、远口的清水江两岸，共修筑了48处渡口，解除了两岸人们渡河之忧，工程全部竣工后，无病而逝，天华山火化时，烈火四起，观者见他

---

① 2006年7月，三门塘，访谈王Y. D.、刘Z. C. 所得。

从容坐烟雾缭绕之中，敲着木鱼，冉冉升空，成仙而去。民国初年，天华山寺院有庵堂田 20 多亩。[①]

天气晴好的日子，在乌岩溪山上可以看到对岸山间的天华寺。在三门塘时，村里人和笔者提及这个主持修渡的悟透和尚，述说他也是无疾善终，火化时敲着木鱼而去，得道成仙的。在有关修渡的碑文中，也提到悟透和尚"自修余寨渡后，又于黔之下游、楚之上游"清水江两岸沿江修渡。在此，比较文献记载中有关悟透和尚的故事与人们的口头传说，再加之碑文资料的佐证，可见它们之间有许多重合之处，或许那位刘纯福先祖便是人们熟知的修渡济世的悟透和尚。

如今立于三门塘寨头的碑林中（见图 3 - 2），有一块乾隆三十二年刊立的《次修渡船碑记》，详细记载了悟透和尚约集寨老，募化济渡的具体过程，现引碑文如下：

图 3 - 2　三门塘渡口碑林

---

① 游浩波主编《物华天宝——天柱风物录》（内部资料），第 15 页。

碑亭联：锡杖勤飞惟念行人病涉　慈航普渡永无过客迷津
横额：德永江流　　　　　　盛德陈璇玑书
赐　进士出身文林郎知天柱县事正堂程大光题　　言斋

尝观溪洞之间架桥梁，庶免病涉之患，江河之处修舟渡，方鲜望洋之嗟。若余寨三门塘，住居清水江边，其江发源于黔属，下达辰河。过江处非小涧，实巨浸焉。纵非京省上下通衢，亦村庄往来要道。未置舟渡之先，寨中虽有私舟，无非便于一家一人而已。是以上下往来，至此而徘徊嗟叹，及村内之无舟者，亦不得骤登彼岸也。其甚难为何如哉！至雍正丁未年，幸获戒僧悟透，中年出家，秉性仁慈，专存利济心、发普度愿。先修垒处一渡，次及三门塘，约本寨耆老王茂祥、刘子盛等，募化本寨中并附近村内，共得银柒拾余两，买渡田、造渡船、召舟子。上下往来，乘舟登岸，虽无舟亦若有舟也。其甚便又何如哉！然而，僧不止于是也。自修余寨渡后，又于黔之下游、楚之上游，修数十处之要津，随为成效。其功彰彰，在人耳目间。故不仅黔楚士民称颂，即州府县主，莫不亲见其事而叹服也。岂非沙门中所罕见哉！

殆至乾隆二十三年，僧已八旬矣。修渡之愿难毕，尤有意于寨之渡焉。复至本寨兴隆庵，传余等六七人，齐集庵内。僧问余等曰："尔寨渡田尚少，数十年来，将如何以处之？"余等对僧曰："或每岁五六月，各家捐米，以周舟子之急；或每舟八九年各户凑木，以备造船之费。"僧曰"此非久远之谋也。"因此，复来共商一劳永逸之计，非广募百金，断乎不可。于是面化余等六七人，各捐多寡不一，载簿以为之倡。不意二十四年，僧于天华山圆寂，其功几乎息矣！二十八年，幸获本寨王汝宏、谢子芳、刘天相，抱塘寨吴士尊，中寨刘俊贤等，殚发善心，与僧亦有同志焉。乃募本寨中，并附近村内，又得银百余两。一文不苟，购置渡田，积造舟费，庶招舟子，可无俯仰不足之忧。而莘莘征夫，永免坐矶待舟之叹。

诚哉！一劳永逸矣！由是推之，盖江水与天地同流，渡舟即与江水同永。而僧与前后好施君子，其功其德，亦与天地同流共悠久矣！岂似他僧募化，假公济私，如泥牛入海者，所可比耶！

兹当竣工之期，余不揣庸陋，聊书数语于石，俾千载后，仁人君子观石，与思永颂僧等功德于不已也，是为序。

今将乾隆二十八年姓名所捐银两数目，并得买田形丘土名，禾粮多寡，开列于左。所余之银，造新整旧共去十四两，刻次碑去银五两，三寨共捐银得买土名盘盏卫，田一丘，土名凉溪田六丘二处。共禾四十一扁三手，共粮二升四禾七勺九抄三作零七粒九粟四黍。共价银六十二两二钱。

生员刘士鳌谨撰　童生王凤朝沐书

靖州石匠黄详美　志美兄弟同刻　王汝宏

存下未取得之银有六两余，在后碑

在雍正五年，三门塘应该是有一定数量的人口"上下往来，乘舟登岸"的。本寨耆老王茂祥、刘子盛等在悟透和尚的相约下募化各寨，包括了三门塘及附近村寨。虽然"乾隆二十四年，僧于天华山圆寂"，但在乾隆二十八年，"幸获本寨王汝宏、谢子芳、刘天相，抱塘寨吴士尊，中寨刘俊贤等，殚发善心，与僧亦有同志焉。仍募本寨中，并附近村内，又得银百余两"。修渡已成为两岸各寨的交通往来之必需，至少说明了当时三门塘一带各村寨往来之频繁。这次济渡、养渡，不仅关乎三门塘一村之利，渡船交通客观上也为邻近各村提供了便捷，在某种意义上附近的村寨已经镶嵌在了以三门塘渡口为中心的区域网络之内。

乾隆三十六年，三门塘人又添置了渡田，砌起了碑亭，为里面的石碑遮蔽风雨，碑亭由三面青石砌墙，人字形青石顶盖。碑亭上的题字落款为"程大光"，此人为当时的天柱县令，三门塘修渡一事得到了官府的高度认可。

自天华山的悟透和尚于雍正年间召集村中耆老商议开设义渡，四年之内两度募捐，购置稻田，打造渡船，招雇舟子。以上碑文中记录了乾隆二十八年捐银者名单及数目，以及买田、刻碑等具体开支，在乾隆三十六年刊刻的《捐修桥路碑记》中，则对捐银的安排和使用做了更为详尽的说明：

> 修渡始末，前碑叙明已经勒石矣。无奈年岁维艰，前所募银两已收者固多，未收者亦不少。予固是而手执簿书，仍向未收姓名，再募好施君子，挨户收齐，共捐银百余两。买渡田，立渡碑，砌碑亭，度利济之功永垂天壤于不朽矣。兹幸功竣，予遂援笔而乐为再记焉。
>
> 今将乾隆三十三年所捐姓名银两多寡，并所买田坵土名、禾粮开列于后。此碑以上本寨并各寨共捐银壹百肆拾壹两，碑银在内。次碑剩银陆两外，又有银柒两。募化经手：生员刘士鳌，信士王汝和、王志圣、王通籍（四人又共捐艮四两）。支销开后，刻碑壹块并碑亭共费银贰拾柒两。
>
> 用价并费去银陆拾壹两，得买本寨土名老虎冲口第叁坵，直形中田，禾柒稏；肆坵，直形中田，禾拾柒稏；伍坵，扇面形中田，禾伍稏；共载粮贰升零叁合壹勺零叁圭柒粒玖粟贰黍。并买土坵内坎，去价壹两伍钱。又用价并费去银叁拾陆两八钱，得买垄处土名苗田正冲，第玖拾陆坵，五不等形上田，禾叁拾叁稏；玖拾柒坵，梳形上田，禾陆稏；玖拾八坵，□形上田，禾拾壹稏；共粮肆升玖合八勺柒抄伍拃叁圭。又用价并费共去银叁拾伍两，仍得买垄处土名苗田正冲，第壹百壹拾壹坵，立鸡形中田，禾叁拾肆稏，共粮贰升柒合零八抄叁拃贰圭

127

零叁粟贰黍。又乾隆拾肆年三寨架□岩溪矿所剩之银拾玖两捐在渡上，得买喇赖寨土名螺系坪，第肆拾坵，方形中田，禾叁稂；肆拾壹坵，不等形中田，禾叁稂三手；肆拾叁坵，棱形中田，禾式稂肆手；肆拾伍坵，三尖形中田，禾贰手；共粮七合伍勺陆抄柒拝叁圭陆粒伍粟陆黍。买田三处，共费价银壹百叁拾肆两三钱，余银修渡。

其有苗田正冲，立鸡形田，另贩耕种，每年收得禾花三拾四稂，四房人等经手，留心清查，生放世代造舟，不可误。信童王凤朝号胜岗书。

在刊列的捐资名单中，出现了"通伍甲共军需银二两，本寨军需银一两"，来自三门塘周边的鲍塘、高酿、阳豆、中寨、刘家湾、大冲、垒处、雷寨等村寨都参与了这次修渡，其中三门塘寨内的吴家与谢家以家族共同出资的身份，以"吴姓众银"与"谢姓众银"的方式捐资济渡。以上这些碑文为我们展示了三门塘传统乡村生活在木材贸易的商业化背景下，村寨修渡的丰富细节。地方家族领袖士绅在村落公益事业中充当了重要角色，在乾隆三十六年记录的修渡活动中，"募化经手"是以生员刘士鳌和信士王汝和、王志圣、王通籍等四人，主持募资购田的，以保证"生放世代造舟"。

历经几十年的经营，义渡设施日臻完善，官府多次嘉许，免征税费，颁布禁条。时日久了，一些人视禁条为陈文，寨内的有识之士便将过去县令颁布的禁令条款重新刊刻于石碑之上，他们要做到的是石碑对联写道的"慈航普度永无过客迷津"。《禁条碑记》①全文如下：

---

① 今立于三门溪渡口。

天柱县由义里三门塘渡口众等，为抄奉禁条，刻碑遵守，以杜后患事。缘因大河一带，有隔江之难。于雍正五年，幸蒙善僧宇悟透者，苦化渡船，至今乐沾其惠。虑恐事历久远，刁顽之徒，坏此良规。当即呈请前任县主洪，颁赐禁条，印簿具在。内开：两岸码头，不许木船阻塞码头，有防过渡一条为要。因前未刻碑禁谕于此，以后至罔利之徒，突踵其蔽。众等累插禁碑，视为虚文，直至过渡人物，竟受其害。今不得不奉颁簿内禁条，备列刻碑，以视客商知悉。倘有不法之徒，不遵禁约，仍蹈故辙，立即执簿送官，以正欺官藐法之罪。凡遇客商，遵禁远吊，无至后悔无及。计开列禁条于后：

一禁：捐买司渡粮田，钱粮应在司渡完纳。而料理钱粮之人，不得私行外派。倘水潦损田，司渡之人，即宜修砌。如有懈怠不整，将禾花追出另招。如抗，鸣官究治。

一禁：司渡者，凡往来客贩货物，不得勒索。如私伙地棍暗取，将渡田追退外，鸣官究治。

一禁：司渡者，专任乃事，不得兼谋生理，若往来商旅，亦追退田禾，另招司渡。

一禁：遇洪水之时，独力难扒，倘一时不急，不得出言无状。亦不许客吊船木在两岸码头，有防过渡。违者，鸣官究治。

一禁：司渡之人，若非轮流，恐久怠玩。议：每年正月初一更换，交代禾花，半分下手。如强者，鸣官究治。

一禁：司渡之人，不得持强争先。而寨内捐资者，不得倚酒唬吓。司渡之人，不时照料。恐雨绸水泛，缆索朽坏误事，在司渡赔偿，如违，鸣官究治。

一禁：船夫司渡，任为专业。倘有寨中支持强过，并借载石者，明禁在前，不遵，送官究治。

一禁：船夫当招老成。会众公立承认付约合同，若始勒终息，渡田凭众区处。如抗，鸣官究治。

一禁：渡田在司渡招人耕种，施主与寨内人等，不得强种，如违，鸣官究治。

一禁：外买田，截取二把，另招一人耕种。将禾遂年积凑买木，倘船朽坏，以备整造。如有期满，并强耕者，鸣官究治。

以上十条，俱遵县主颁赐，刻碑世守，永垂不易。

燕山贡生　刘敬夫　谨撰　刘兴周沐手书

石匠　罗仪发　敬刊

乾隆五十年秋月吉日立

"三门塘渡口众等"呈请天柱县"颁赐禁条"，刊碑铭石，三门塘义渡这样一件地方性事务的完备也缺少不了官府力量的支持。禁条中有对"司渡者"的规范要求，也对渡田的耕种管理作了说明，这些都是为了保证三门塘义渡的正常运作。到了嘉庆二年，三门塘人又一次捐钱建造了新的渡船，《修渡碑记》① 中讲道：

大凡事之能济人而利物者，使后无增修其美，即前之有益于人，亦泯没而不彰。余村之渡，前经两造碑序详明，兹之复捐资而加修者，非好烦而爱施也。盖江水百年而长流，船只不可一日而或毁耳。斯渡前所获金费用已尽，纵有志欲承前，无奈力不从心。因于岁，诸首人等随募四方十余金，购佳木造艨艟，于以济人而利人。夫岂市恩掠美祈阴功之果报哉？不过继述前志，俾先人之美举于无坠也云尔。故镌之石以志。

嘉庆二年岁次丁巳冬月吉日立

---

① 今立于三门塘寨口碑林。

　　碑文中表达出他们对济养村中义渡的态度，他们立碑记述的目的并不在于祈求得到好的回报，而是对先人善举承继所做的努力。今砌于侯门水沟边一块破损、年代不详的《利济□□》碑中，讲到了一位了然和尚①，"自嘉庆丁巳以来，募化及乐善私修者，亦数次矣"，在道光二十七年的《修渡碑记》②中，也提到"三门塘沙湾渡，自昔了然和尚慕化修成，迄今往来行人，群称利涉，其由来已久矣"。自悟透和尚之后，三门塘义渡的管理事宜似乎一直都是村中的家族地方精英在主持，但是佛教中的行善积德、因果报应的观念在地方一直有着相当大的影响力。到了道光十六年，村中的王荣万、王昌大、刘本厚、刘本洪、王永福为首倡导村民集资建造新船，在碑文中写道"爰书姓字以志阴功为序"，人们参与修渡造船这类公益事业，一方面是出于实际交通之需，另一方面不可否认他们内心积修功德的深层动因。

　　接下来的日子里修建义渡工程有条不紊地进行着，所捐得的银两购置了田产，作为支撑义渡的基础，使得三门塘的义渡在往后的岁月中从未间断。虽有了义渡，"渡船有下水必有上岸，上岸需有屋以藏乃不至日晒雨淋而坏。舟子虽坐渡不回家，回家须与津不远，乃不至于晚归早出者流欲济若悲无楫"。为此，刻于咸丰八年的《渡船屋修碑记》③记载道："丁巳之冬，村中父老，言念及此，因出头募化各甲以及远近邻村，置地起屋，以放渡船，以居舟子。自今以后，庶舟楫不致几年而朽，往来不致无楫是悲矣。"

　　渡船屋所占土地由村里人捐助，碑文中提到"信士刘显明、刘耀明后裔等共捐地基一幅"，"刘本深、刘远照叔侄共捐地基一

---

① 在今天三门塘人的讲述中，他们会将了然和尚与悟透和尚混淆。
② 今立于三门塘寨口碑林。
③ 今立于三门塘寨口碑林。

幅，又众买地基二幅着价钱三千八百文"，也许同一家族的捐赠会给地方公益事业带来一种延续性。渡船屋的位置位于今刘家码头的附近，刘家码头在村落商贸活动中一直处于一个重要位置，由刘家捐出地基建造渡船屋，合情合理。据访谈，村中的杨姓一般都是下游白市来到村中谋生的扒排佬，"杨再朝捐地基一幅五千二百文"，看来当时外来人口已有在三门塘定居的可能，名单中也出现类似商号的名字，如"江西万义俸，聂连兴"等。

这次兴修渡船屋，邻近的龙家冲、中寨、偏坡、鲍塘等村寨都参与了进来。碑上刻有"鲍塘：吴昌隆、吴大源"，"鲍塘"即现在的"抱塘"，笔者在抱塘时，在吴安亮家中翻看家谱时，找到了"昌隆：泰伯 106 世，皙祖 36 世，盛公 21 代，光次子"① 和"大元（源）：泰伯 107 世，皙祖 37 世，盛公 22 代，昌言次子"② 的记录。虽然我们只可见到他们简单的谱系记录，但至少我们可以证明碑刻中的人名确有其人，某种程度上说明了碑刻记录历史信息的真实性，以此确保了所收集材料的可信度。村寨之间的这张地域性网络连结度越高，那么村寨之间的捐赠募化也变得更为容易。在三门塘的修渡建屋中，或是出于传统文化网络之联结，或是出于实际需要，抱塘、中寨等村寨都已参与其中。从清朝的乾隆年间到咸丰年间未曾间断过的三门塘摆渡，在其背后木业经济的兴起和贸易的兴盛，为村落物质空间的建造提供了条件，市场力的深层动因则为渡口的修建与维护创造了可能。

到了同治四年，渡船屋毁于战乱，于光绪五年重建，今立于寨口碑林的《修渡碑记》中写道：

> 三门塘一渡，昔了然和尚所募化也，百余年来咸沾利济，

---

① 《远口吴氏通谱》第一册，2002 年修，第 538 页。
② 《远口吴氏通谱》第一册，2002 年修，第 540 页。

渡之碑益岂浅哉？奈乙丑年，渡屋并船，俱被苗逆一炬，田坵荒芜，舟子无资，致往来者每兴望洋之叹。是以乡中父老悯念及此，募化本寨及中寨、抱塘、大山、偏坡诸长者，造舟一次。继又化本寨名户二次，俱承不吝倾囊造舟四次，兼开荒田。但舟子有资，济江有赖，使望若者仍沾利济焉。若不勒石刊碑，不几没人之善乎，因不揣椿昧，聊书数语以记石云。

在经历地方性的战乱之后，村落生活重新回到了正常轨道。村中刘、谢、王三姓主导重修事宜，周边的中寨、抱塘、大山、偏坡村寨也参与了募化，由此看来基于"四十八寨"基础之上小范围的村落网络并没有断裂，并且在那段时期的碑文中出现了许多外地行号，如"恒成义""祥兴福""永茂甡""安吉昌""游兴顺"等。六年之后，即光绪十一年的《渡船碑记》① 中，更是出现了"汉帮""邑阳帮"等帮会名称。当地方社会具备了良好的外部市场环境，包括三门塘在内的清水江一带木材商贸又恢复了往日的生机，并在新力量的加入下日臻兴盛。

自清代雍正到光绪年间，从三门塘的修渡事宜中可以看出，由原来悟透和尚主导的募化修渡转变到了由村中士绅主导，家族势力的膨胀削弱了佛教寺庙权力在地方社会中的控制。在村落生活中，随着几大家族经济实力的攀升，宗族势力在地方事务中逐渐发挥了重要作用。修渡是村落物质空间里基础设施建设的一部分，是商贸活动的基础，同时它也受到佛教中文化价值的影响，在修渡与修庵的碑刻中，"信士"这样的称呼，是当地人对善举的认可，它标榜着一种身份，同时也是一种展示。当地方社会历经战乱，恢复了往日的和平环境之后，三门塘渡口的修缮活动，也添加了新的力量，越来越多的木行商号与外地帮会成为其中重要的参与者。

---

① 今立于三门塘寨口碑林，该碑无序文。

小　结

从三门塘的碑刻资料及清水江一带的方志、碑刻材料来看，三门塘早在明朝万历年间便受到了佛教观念的深刻影响。碑刻中有"古永福寺，明万历间，建于亥把冲口"的记载，这一受到佛教影响而产生的空间建筑，到了清代嘉庆年间则在风水观念的影响下，成为"尊佛""陪风水"的村落景观。随着商业经济在村落生活中的渗透，家族与个人命运的变更具有了不确定性，因此人们对好风水的诉求变得更为强烈。三门塘人建造起高大雄伟、金碧辉煌的庙宇庵堂，不仅营造了村落的和美风水，也为自身带来了精神心理的归属与安定，它也成为清江沿岸受人瞩目的村落景观建筑。三门塘人一直沿用至今的风水观念，或许就来自那些年代的先祖们对村落所处山川地貌的认识，人们利用这些积累的风水空间观念，处理着当下的生活。

明清时期，三门塘作为清水江边的一个重要商埠，渡口成为商贸往来的重要基础设施，同时它也受到佛教中积德行善文化价值的影响。渡口与庵堂的修建，是在木材商业繁荣发展的背景之下，由代表了国家力量的官员、宗教势力的僧人，以及商人、外村人与当地人共同参与的结果。从不同年代的碑刻资料中可以见到，在修渡建庵这类地方性事务中，呈现了一个由寺僧主导向地方宗族势力主导的转变过程。渡口与庵堂作为村落空间的一部分，是各种势力交互作用，上演鲜活缤纷的历史剧的一个舞台。村落空间也在这特有的社会经济文化形态下，呈现"寨前渡口、寨尾庙"的布局特点。

第四章　历史记忆与空间意象

这些故事出于人们深层的道德需要、权力渴望、情感满足等一系列需要而被讲述，它们或是现实性的，或是象征性的，都是想通过叙事来回到最初的历史事实。当人的活动与物质空间相结合，人们建构出象征空间。村落中的祠堂是一种权力，是家族的荣耀，是一种身份，也是一种记忆。本章将探讨过去的历史被三门塘人怎样融入了自己的记忆，又如何利用空间来记录村落的历史，三门塘人借用"船形隐喻"这一空间意象，来建构出对村落各家族兴荣衰败历史记忆的一个叙述体系。

第一节　重现的繁华——木行记忆

一　"三江木材下洞庭，一张木排一担银"

从码头进入三门塘寨内，鹅卵石铺成的花街路上布满了各种花纹，三门塘人说他们会特意循着其中的铜钱图案走，三门塘当年作为"外三江"最大的一个木材码头，有二十多家信誉卓著的木行。村中的许多男子以放运木材为生，他们绑着木排顺江而下。每当他们上船之前，都要从这样的图案上面走过去，这对他们是一种祝福，也代表着好运（见图4-1）。远道而来的木商到了三门塘，也总是要打个斧印在木行厅堂的木柱上，好凭记经营。木行的斧印越多，就表示它的生意越兴隆。

现存百年老屋的庭柱上留下了密密麻麻的斧印，在曾开设过木行的王起文、王枝葵家的宅院房柱上，如今仍依稀可见凿刻在木柱上的"同兴""德大""顺德""义和顺""永泰昌""永茂福"等字样，反映着那段木行的历史。斧印，又称"斧记"，是木材商号的铨记，打印在木材上，如洪水冲失，便于赎买；存放商坞，可资辨识，起着类似于今日经济生活中商标的作用。曾经做过文管事的王 X. M. 老人，拿出了家中收藏的老斧印："这个就是木行的'斧记'，每家木行都有自己的'斧记'，像印章一样凿刻在自家经营的木材上，一路上的码头看到斧记就知道是哪个商号的，老板是谁。"

在木材采运的区域化商业发展过程中，村落社会生活的形貌与内涵都发生了深刻的变化。经营木材的木行、木商和外地购买木材的各帮老板，在木材销售或起运之前，都要在清水江河下，寻找河面宽、流水缓、易防洪的木坞贮存木材，等待运销。三门塘和三门溪的木坞有着天然的地理优势，便于存放木排。

到清朝康熙年间，天柱县内的木商，为与外地客商交往，雇请排工直运木材到湖南的托口、洪江、陬市一带销售。清政府在清水江河下，年收木税 30 两银子。尔后，木材行业逐渐繁荣，翁洞、白市、远口、三门塘、坌处、清浪等相继成为木材集散地。时局安定，木材销售量则大；战乱时期，则外销回落甚至停滞。乾隆、嘉庆、道光年间，是清水江流域木材外销的"黄金时期"。咸同战乱频繁，木材贸易就处于低潮。光绪至民国初年，又处于上升阶段。[①]

清初以前，外商购买木材，是以木材的数目和木料的长短大小来议价的，没有统一的固定价格。清代后期至民国以来，一般使用"龙泉码"来检量，计价木材以后，将杉木分为"条木""筒子"两类。将整株的杉条木按大小、长短区分为"分码""小钱""中钱""大钱""大七钱""两码""特大码"七种。同时，根据树形

---

① 天柱县林业志编纂领导小组编《天柱县林业志》，第 167 页。

的曲直，根部与梢部是否相称，有无空头、皮槽、破裂、腐朽等缺陷，分为面木、肚木、脚木、毛木等不同级别。从而产生了不同的购买价格。当时，条木以"两码""分码"价格最高，"大七钱""小钱"次之，"中钱"价格最低。"脚木"为尺寸已够，但长度未达到标准；"毛木"是指尺寸、长度都没有达到一般规格。"脚木""毛木"按对折计价。

内江运来的木材，大都是尚未经过商品处理的原木产品，难免会有破头、断尾、弯头、空心等缺陷，或是低价折价出售的"脚木""毛木"。三门塘经营的就是木材的包装加工这一环节的工作，通过截头、打眼、刨头、削腰、补空、续尾等来提高木材档次，木材价格也相应提高，如此从中赚得的利润也提高了，木材加工技术在某种程度上成为他们的垄断技术。另外，内外三江的这一制度安排的最终确立，三门塘扮演着接纳外地客商（下游水客）、代客采购、为木商提供食宿的中介角色，收取较高的劳务报酬，致使村寨富裕而长盛不衰。

当地人告诉笔者，当地的木材在河畔扎成木排，从清水江入沅水再到洞庭湖，再进入长江，最后到杭州那一带，所以有"三江木材下洞庭，一张木排一担银"的俗语。

从皇木的采运开始，就夹杂着民间的自发买卖行为，河道两岸有纤道。随着清水江下游地区木材渐少，客商开始进入上游，锦屏县城原来设在铜鼓卫，后来改设王寨。三门塘在整个木材经济里从事木材的商品加工。民国时期，一天的劳力报酬为一块大洋，相当于250—300斤大米的价格，木材加工成为高薪行业，而具有排他性，三门塘逐渐富庶，现在可以看到的砖木房，当地叫窨子屋。"文革"期间，有15间比较有价值的窨子屋被拆，一般都有120平方米那么大。嘉庆年间，有东、北、南三个寨门重修，村里有石板街，有米店、糖铺、肉铺、酒店、客栈、百货店，逢二、七赶场天更热闹。木排封江，木材成垛，船来船往，人来人往，置办生活用品的，焚香烧纸求神拜佛的，好不热闹！杉木、桐油运到下面的湖广，百货日杂源源不断地运到清水江沿岸的集镇。当时男劳力一天为木材干活挣两银元，报酬好高，妇女们挑起生活重担，土头田里，忙里忙外，她们集资修水井还树碑立传。

图4-1 三门塘的花街路

木材贸易的兴盛年代，商贾云集，店铺林立，热闹繁华，从杨公庙一直到村内一排都是商铺。开在最外面是青楼，这些由木材贸易从清水江带来的，从洪江、托口来的女子到此卖身。当时不仅仅开设了专门的赌行，而且家家商店几乎都是打牌赌钱的。白市来的杨通武、杨通文做副食品生意，卖花生、葵花子、蔗糖，湖南来的吴世芳卖小百货，豆腐、糖，再往里走是潘家，有一家外来的潘家自己买木头，拉下洪江去卖。还有银匠许老三，篾匠织缆子的，缆子分大小五匹，中五匹；卖瓜子的小脚婆；卖肉肉铺有三家，蒋家、刘家，卖豆腐的付、吴家；卖糖的刘、林、吴家；还有一个铁匠洪师傅打锄头、柴刀。有专门的染布行，补锅匠，裁缝。

沿江的一条花街店铺今已不在，繁华喧嚣的光景已逝去，老人在述说时的神情，似乎又回到了当初，走在那条熙熙攘攘的花街道上。老人对三门塘往日的记忆从明朝采办皇木到清朝再到民国年间，这位老人年轻的时候在贵阳师专念过书，查看过一些史料，又根据自己的耳闻眼见，综合之后给出以上这些信息。笔者在前文第一章中，对清水江一带的"争江"事件作了一个交代。史料中记载的这一事件在当地人的述说里，进一步呈现了我们无法查阅到的许多生动细节。

江规中规定以"准尺"来度量木材，用楠竹编成的篾头来测量木材的圆周，得出"码价"。围量时，用"土红"在木材上画出测量点，"围量手"可在一掌范围内浮动。木材的测量点在不同地方也是不一样的，王寨8尺，三门塘7尺，到了洪江和汉口便又不一样了。

来买木头的外地商人叫水客，到了外江要由外江人当中介去到内江，再由内江的木行去山客那里采办木材。卦治在清水江的主干道上，王寨控制了小江，茅坪控制了亮江，所以就产生了纠纷，后来就轮流"当江"。山客找内江人卖木材，三门塘人找内江人买木材，三门塘人再将木材卖给水客。当地人告诉笔者一种有趣的议价方式：内江人用一算盘，挡住背面，只单面可见，双方分别用算盘珠子在上面拨出自己预想的价格，商议后最后定价。山客有山客的斧记，在木材上打上斧印，到了三门塘点数之后，又打上这边的斧印。

水客到外江来住的时间不同，有几天的也有几年的，商业信誉不同，水客可以自由选择，所以"外三江"没有搞轮流"当江"，三门塘的经营量占了"外三江"的80%。三门塘开户长期一家，一二十年，熟悉业务，诚信为佳，要有较强的经济实力，有抵抗不可抗风险的能力（比如洪水冲走木材），这个位置是不世袭的，岸上有管理的人，水坞也有人管理。住在木行的水客，来了又去，去了又来，有些是长期居住的。住得久了，都会说侗话，老人还记得有个湖北的水客，和他们当地人的感情很好，亲如一家。①

---

① 2006年8月，三门塘，访谈王Y.D.所得。

三门塘人对于往昔那段繁华的村落生活的记忆大都停留在"争江"，内外三江确立之后。外江有"八家行"都参与到了"争江"诉讼中，王 C.Y. 的祖父就参与了进去，当时他的祖父王 M.J. 在"祥泰"木行，光绪年间垒处成立了团防局，那个时候他才十六七岁，就去给团防局当了书记，成年后参加"争江"诉讼，给他们写文稿。"争江"从康熙四十年一直到光绪十五年，将近两百年的时间，三门塘都是代办人，扮演着受人委托去买木材的角色，告状花了很多钱。

木业繁盛的时候，有了木商水客，内江的木排停放在三门塘的坞子里，挤得一公里内过河不用船渡，踩着木排不湿鞋就可以到对岸。上下船想要经过三门塘至少要花三天的时间才可以挤过去。那时候做工扎排、修劈整理木材、解排招木的，检尺、放运、交木材、编织竹缆、砍撬扎排，人山人海，川流不息。木材生意的兴旺，人口的聚集，木商、布商、盐商、烟商从四处赶来到三门塘。每逢农历的二、七是垒处赶集的日子，三门塘商业发展的集聚效应使得人们一大早先来到三门塘赶集市，下午半天这股流动的人群才去往垒处。

独倚木业经济，三门塘的务农人数锐减，木材的高额利润只需人们抽出其中很小的一部分去支付日常生活的粮食所需即可。湖南人挑着米到垒处赶集，也都先拿到村子来卖。村里的人有跑到洪江、常德、武汉等地做买卖的，也有了专门种植蔬菜、菱角、荸荠，养鱼养鸭的农户，拥有山场林木的山主积极开垦山地，植树造林。人们对土地的利用几乎到了寸土寸金的地步，只要是可以栽下树种的地方都不会放过。有些不可植树的岩石土质，人们也会在下凹的地方埋下一抔土，栽上树种，木材成了村里人财富来源的重要倚靠。

三门塘有过一二十家木行，开行全靠诚信和基本保证金，要有垫押，以备不测。整个村寨分工合作，有老板有帮工，种田的、扎排的、放排的、砍树的各司其职。三门塘人不种稻谷，都是去买米吃。别处的米挑到这里来卖，别姓的人到了村里也不受排挤，毕竟大家都要做生意的。当地有一个专门独立出来的职业就是"量米"。他有一个专门的量米工具，一斗一般为25斤，约300碗，交易完成将一碗米作为报酬给这个人。当时其他寨子的都挑到三门塘来卖。另外还有一个钱庄姓付，还有一个姓彭的放高利贷。人们用"皮篓"来装银子，里面是用竹子编起来，圆柱形近乎方形，上面有盖子防雨，牢固很耐用。①

当问及村里有哪几个姓氏开过木行，当地人告诉笔者：小寨王家一般都是下客的，大兴团王家也开过木行，刘家开木行，吴家、谢家撑船、扒排、上缆子、修木脑壳、撬排。吴家没有开过木行，生活也是不好不坏。三门塘有钱，就办义学，重文风，但是成大气的都是别处过来读书的人。木行的子弟都重经济去了，想着怎么赚钱，王家出过秀才，但是和文斗比差远了。

新中国成立前，江苏、安徽、湖南的木商来三门塘采购木材，当时木材铺河，有产自内江的，也有本地的。三门塘当时参天古树环抱，隐约见房，王氏宗祠前面的池塘里开满了荷花，还栽有菱角，杉木、茶油树、桐树都有。小寨王姓比大兴团的要富裕，大兴团到小寨再到三门溪，王家有这样的兴衰顺序，商业活动中兴衰成败也是很自然正常的事情。

三门塘周边村寨的人都到三门塘打工，一般是搬木、砍伐，河边工作都是三门塘的人做，木材贸易时期，白市地区主要都是搞航运的，杨 S.F. 的祖父就是从白市搬到三门塘从事河运工作的。"外三江"中三门塘最为富有，地主、富农最多。原本义学、义渡用的田，土改之后都充公了，地主的山、田由外地人耕种，土改后就给耕种者了，木材贸易后的富庶人家、村里的大户

---

① 2006 年 8 月，三门塘，访谈刘 Z. X. 所得。

都去"内三江"买山林，土改之后也归了别人，所以村里总的山林面积减少了，那些山林买卖契约在土改时都被拿到镇上烧掉了。

以前中寨抱塘去坌处都要往三门塘走，三门塘有一个江西会馆，就是江西人议事的地方，在远口、坌处也有类似的地方。三门塘的坞子好、客人多，使得三门塘的客人多于坌处，坌处在行政上、政治上又比三门塘好，但是经济实力比不过三门塘，因此难免要嫉妒，两个地方暗中较劲，既要合作又互相争斗。

土改之后，村里人的生计模式发生了很大变化。当土地分到三门塘人手里的时候，他们都不会种，很多人新中国成立以后几十年都不会做农活。三门塘人都不懂种田，有些人从分到田到去世，他的田都从来没动过。所以三门塘人只会修木脑壳、织缆子，其他的谋生之道都不会，如果木材买卖没得做了，当然要去"告江"了。新中国成立前，村子里都很有钱，新中国成立后木材价格为18元/立方米。以前卖木材一天的劳务费至少一块大洋，后来只有一角两角一天了，人们的收入大大降低了。

不论是从清朝嘉庆年间的碑文看，还是人们对清末民初的村落记忆，我们可以看到三门塘历经了百年多的繁盛富庶，这一切皆源于木材的商品化，以及湘黔毗邻的长江流域水系市场网络的形成将其纳入其中。在这些叙事中夹杂着当地人的情感，这也成为不被人们遗忘的缘由，被人们记住的过去，便是他们认为是真实发生的过去。关于三门塘人对"争江"的记忆，有关"争江"过程的原委，他们无从知晓，但是在人们的口述回忆和所陈述的历史事件中，他们舒展着再现往事的想象力。他们叙述中所呈现的的木业生活已具备了一个良好的制度安排与市场运营环境，而这些都应该发生在"争江"之后。在有关村落繁荣经济的叙述中，讲述者所流露出的情感在某种程度上也反映了当时的情绪，又或多或少表达着他们如今对现实社会所持的态度。

二　"由长及幼，越来越发"

三门塘的村落历史和木材贸易有着紧密关联，王姓作为村中最大的姓氏，在木材贸易中扮演了什么角色？在今日王姓后人的讲述中，王家木行的兴荣衰败正好符合了长幼次序排列，下面从王姓大房说起。

在今天王家人的述说中，王姓三房，大房最早经营木材生意。清末，大兴团的王名焕、王名济两兄弟开办木行。三门塘最早的学堂就是在大兴团一家木行内办的私塾，偏坡的张用之先生被请来在私塾任教。在前文的村际网络中提到了和三门塘同属"四十八寨"的偏坡寨，三门塘请来文风浓厚的偏坡寨人前来任教，说明了在木材贸易后期村与村之间互动的进一步加强。后来这个私塾在一次大火中被烧毁。值此大兴团房支家道败落，因此私塾就没有重新修建，学子都去了小寨的太原祠念书。[①] 学堂作为一个文化场所，却和经济紧密相连。从大兴团的木行到小寨的太原祠，教学场所转移的背后暗含着经济优势的替换。

修街铺路、修井办学等以姓氏为名的各种行为，无不依赖于厚实的经济基础，在第二章第三节"物质空间的营造"中，我们不难看出寨中较早从事木行买卖的大兴团王姓族人在经济状况好转之后，在村中的种种施善德行。木行高回报率的背后存在较大的风险，开办木行除了诚信第一外，最重要的是要拥有一定的资本积累以应对风险（如同银行的准备金）。三门塘是重要的木排停放商埠，洪水对于停排有着致命的威胁。在人们的口述中，大兴团王家的败落就是因为遭遇了洪水，木材被冲走，从此便无力东山再起。下文中将要提到的宗祠修建也对应了这种衰微的趋势。

---

① 2004 年 7 月、8 月，三门塘、天柱县城，访谈王 Y. D.、刘 Z. X. 老人所得。

在寨头的碑林中有一块民国 4 年的《重修路碑》①，在捐资名单中，第一行第一个的名字是"王起文"。王起文属小寨王姓一支，王起文的名字列于名单之首，在某种程度上说明了他在村中实力雄厚，且德高望重。

王起文所开的"启泰"木行，后来由王泽高打理经营。民国16 年，《天柱县志》载："年底，参加北伐之王天锡、王天生、谭毓堃等因王天陪遇害而解甲归田。"② 当时，王泽高因业务需要前往武汉，在那里遇见了好友谭毓堃，因此阔气的木行老板将原本用作买卖的资金拿去犒劳军队，最终钱财耗尽，木行也就此歇业。"启泰"木行就此一蹶不振，而在"启泰"木行做伙计的刘忠祥，因其忠厚勤快得到木商的赏识，木商出资给他买了大晒坝（球场）旁的窨子屋，开行"信义发"。没落的"启泰"木行老板王泽高的儿子王名达去"信义发"做了伙计。王名达满怀重振家业的信念，但不幸英年早逝，未完成自己的兴家之愿，给八个月大的儿子王扬铎留的遗嘱中流露满心的遗憾与期待。当孩子成年，开行兴家的年代也一去不复返了。

笔者的访谈对象王 Y.D，那个八个月大的婴儿如今已是两鬓斑白的老人，他回忆这段往事道：

> 我的曾祖父开始开木行，祖父的时候比较兴旺，但是一次去武汉的交易，正好碰上了王天培遇害，他的第一师长和我的公（祖父王启明）是兄弟，所以就拿了钱给军队开销用，自己又吃喝嫖赌的，那一次就败家了。到了我父亲的时候，就吸取经验了，以前那个刘中常是给我祖父打工的，木商老板看中了他，贴钱让他开木行，木商就转去了刘家。我父亲就给刘家

---

① 今立于三门塘寨口碑林。

② 贵州省天柱县志编纂委员会编《天柱县志》，第 15 页。

打工去了，但是三十岁的时候，我父亲就得了肺癌死了，那个时候我才八个月大，给我留了一份遗嘱，让我长大了去跟着刘家学习木行的一些事情，日后好重振家威。如果那个时候没有解放，我也会鸿图大展的。我父亲当时也有五六个木商，其中一个我到现在还记得，叫刘长富的，江苏的，特别喜欢吃猪耳朵，有时候自己跑去垄处镇上买来吃，他又特别喜欢娃崽崽，我老跟着他一起，关系好得很！

在另一个人的口述中，王扬铎的父亲是遭抢劫遇难的，三门溪到抱塘一带，都常有强盗出没，人们对于同一事件的叙事显现出多元化。老板和雇员的角色转换，在商业化发展的情境下，村落内人脉关系富杂多变。经营木材给各家族带来丰厚经济回报的同时，也伴随着家族整体势力衰败的不确定因素，促成了不同家族的权势更迭。

作为王氏第三房的三门溪王姓，他们告诉笔者，关于三门塘的归属渡口那块乾隆年间的禁碑就已经说明清楚了，上面写着三门塘渡口，所以在清朝乾隆年间，三门溪王姓那一支是早就迁过去了。三门溪占有有利的地势，壮观的窨子屋、至今保存完好的青石板路、福及千家的王枝葵，成了当地人一种财富的象征符号。

三门溪最显眼的两幢白色窨子屋，上面那个是王枝柏的，下面那个是王枝葵的。因为王枝荣从军，他的房子，有根柱子是王天培送的。我小时候曾经在武昌念书，1947年下江，1958年回到三门塘，1965年还去三圣官读书。当年山里的木材是通过溪流放下去的，木商会因为山路不好，就不进来了。王枝葵极有爱心，买了泥鳅放生。远口的那座解放桥，以前是木桥，被大水冲毁了，当年他就出资一半捐助造桥，金泰桥都是他出资重修的，这样方便去抱塘、中寨。20世纪70年代被大水冲了，现在就只能看见几条大木头横在那里。当初造远口桥，王枝葵要出全部的钱去造桥，可是远口的人不肯，可我们自己觉得还不肯呢，远口的桥怎么能都给三门溪的人造去了。所以不是王枝葵一人财力不够，而是一个地方不能让他一个人独占了。①

民国时期，三门塘的所有木行中最具实力的就是三门溪寨的王枝葵了，三门塘所有木行的资产总和都不抵王枝葵单独一人的财力。现在的王 X. Y. 家原是王枝葵住居的，大门用铁皮包钉，厚重的太平缸犹在。家中的一把太师椅上刻有"shui YiiehY'sii"的字样。落客的居室宽敞，房里套房。地下室是面积有百余平方米的厨房，可以想见当年在王枝葵家落客的木商之多。门柱上的斧印已经层层相叠，"义和顺""合发""邓""晋丰泰""兴茂谦""泰合""兴茂永"等斧印清晰可辨。

王枝葵子承父业，开行早于王泽高，但在王泽高的"启泰"木行衰败后，王枝葵的"兴茂福"木行直到刘忠祥开办"信义发"时，还一直兴旺发达。当时的"兴茂福"木行在汉口开有分行，行号"王·大顺"。当时从上游放排到汉口，都必须在汉口的"天柱帮会"做一登记，一些事务由帮会统一管理。王枝葵经过多年的木行经营，富甲一方，清江两岸都知道他是个为人和善的富商。②

三门溪寨内的青石板路都是由王枝葵出资修建的，今日还可以看见路边的小土地庙上刻有"王先泮"（王枝葵又名王先泮）字样。在土地庙上刻有单个人的名字，说明了其财力过人，一人做成此事。王枝葵的善行善举不限于此，从三门塘到抱塘的路上，修成了双层叠檐的风雨桥——金泰桥，远口的中坚桥也由王枝葵出资一

---

① 2004年2月，三门溪，访谈王 M. D. 所得。其父过继给王枝葵作为子嗣。

② 2004年2月、2004年8月，三门溪，访谈王 M. D. 所得。

半修筑的。他还济困扶危，买活放生，印书劝善，总之这位富甲一方的木行老板乐善好施的事迹一直被传颂至今。木材厚利带来个人财富的快速积聚，散财行善的慈善举动，不仅彰显了家族的雄厚实力，也使个人的声誉得到提升。说到王枝葵的雄厚财力，人们会拿三门塘所有木行和他做比较，他们告诉笔者："三门塘所有的木行老板的钱加起来都比不过王枝葵，加起来都不及他啊，他给他母亲造的墓很宏伟，龟背形，外面围了围墙，前面还有一个四尺长的石桌子，上面有香炉，酒壶酒杯，做得和真的一样。"

　　王枝葵的母亲是三门塘人，妻子是抱塘人，王枝葵膝下无嗣，因此枝兰、枝柏分别过继了一个儿子给王枝葵，笔者的访谈对象王 M. D. 的父亲王泽沛就是其中一个。与王枝葵这样的善富相比，在三门塘人的记忆中还有一个相反的人物，即民国时期的刘增繁，他在当时也比较富裕，未曾开行只是落客，在现今人们的口述中把他形容为"恶霸"型的人物，"刘增繁，财大气粗的，是墙头草，两边倒，后来在垒处被枪毙了"。① 刘增繁的女儿刘 S. Z. 嫁给了王 M. D.，她说父亲刘增繁当时有两个儿子，都是小龙（蛇）所化，因为被识破所以都没有生还，当然这只是没有子嗣的一种说法。新中国成立前，她家里遭强盗袭击，"我那个时候才四五岁大，一个人摸黑去灶房找柴刀，给家人割捆起的绳子"。述说中，刘 S. Z. 仍流露出自己孩提时的惊恐。

　　整个王姓家族内各支系的发展兴衰，是围绕着木材贸易而展开的一段段家族史。他们的发展并非相互割裂的，就家族势力的整体而言，王姓各支家族兴衰顺序为：大兴团王姓—小寨王姓—三门溪王姓，恰好符合了长幼之序。但这并不排除一家开行时，另一家必定不开行的情形。木材商品化给这个村落的人群提供了商业契机，各姓氏家族不失时机地进行财富积累，以及在此基础上开展的商贸

---

　　① 2006 年 8 月，三门塘，访谈潘 C. G. 所得。

扩展和对村落福利公共事务的积极参与，清水江边这个安静的村寨在人们习以为常的生活逻辑中悄无声息地变化着。

三 木行的终结

刘姓是谢姓之后入迁三门塘的姓氏，谢家将自己的姑娘嫁于刘家，并分给山林田地。当地人称这种女孩出嫁时父母作为陪嫁赠送的山林为"姑娘林"，也有些地方是女孩自己挖山种杉待到出嫁时作为嫁妆的。山林在当地作为一种重要的财产，随着婚姻关系的缔结而变更。在村落的初期开发中，人少林多的资源供需状况下，谢家和刘家更倾向于联合协作，而使得村落资源得以最大化的开发利用。

在谢家人夸耀自己的慷慨大方时，也不得不对自家的黯淡和刘家的逐渐兴盛满怀伤感。"今三门塘人烟数百，刘姓殆居其半，且又多为外帮木客主家精筹者无不渐臻殷实。近年以木业而获厚利者，颇不乏人，亦克光前烈者也。此特伏保公一人之后耳，其绵绵瓜瓞固已如是，何莫非我。"[1] 刘家前人兢兢业业经营木材买卖，而日渐殷实，很大程度上受益于木材商贸的高额利润，随着族人越来越多从事这一行业，家族势力日渐强大、人丁兴盛，刘氏在三门塘成为"人居过半"的村中一个大姓。

关于三门塘刘家开行的事实大多来源于曾经在木行工作过的刘 Z. X. 老人。[2] "木商放一次排，多的时候要请十多个排工。最关键的是，老板要请两个重要的角色，一个文管事，一个武管事。文管事就像一个账房先生，负责检测木材的质量、长度和规格，放排的过程中主要负责账目，管理排工的后勤，到了码头还要帮助老板销货。武管事主要在河边照看档口，约请排工，他还必须对河道非

---

① 光绪三十年《刘氏族谱·序》。
② 刘 Z. X.，1920 年生，天柱县林业局退休会计。

常熟悉，一路上的航行实际上由他指挥，哪里有险，哪里有弯，他都清清楚楚。"接受访谈的刘 Z. X. 老人在过去木行中充当的便是文管事的角色，当地人称他为"算盘子"，他可以两只手同时珠算，然后两边进行核对。

凭他的记忆，大约在清朝的光绪年间，三门塘刘家最早开木行的是他的祖父刘增仁。族中另一个人刘增焯也开过木行，但是后来搬去了对岸的长田发展。在 2004 年清明节，三门塘的刘姓和长田的刘姓共同出资在刘氏宗祠内立碑十余块，撰述刘氏先祖刘旺以来的十位刘氏世袭将军事迹。长田刘姓认为三门塘刘姓因中西和璧的刘氏宗祠旅游开发价值而从中获益匪浅，因此在这次的捐资行为后自己也应在其中分得利益。然而未从旅游开发中得利的三门塘刘姓当即拒绝了这一要求，导致矛盾激化，长田刘姓给宗祠大门贴上了封条，不许任何人进入。封条上给出的理由是"房危"，隐藏在长年失修的合理缘由背后的，却是族内利益冲突的不可调和，在过去刘增焯离开三门塘迁往长田或许也有着类似的缘由。

三门塘最后一家木行的老板刘忠祥，因其母改嫁于刘增仁，而从中寨来到了三门塘。刘忠祥十四五岁的时候便进了木行，给当时开木行的王泽高当学徒。后来王泽高木行衰败，由于他诚信待人，深受下游木商赏识，由木商出资给他买了当时刘洪宝在大晒坝（篮球场）旁的窨子屋，开行取名"信义发"。具有丰厚木材买卖经验、有着特定商业人际网络的刘忠祥自此开设木行，木商为他提供了最初经营所需的资金，最终目的还是想借用他原来的商贸网络，利用这一社会资源为他们带来更大的资本回报。而使双方互惠互利的"信义发"木行，也日渐发达兴旺。

1909 年出生的王 X. M 老人，他小时候在私塾读了四五年书，就去刘家烧菜煮饭，当时个子还小，上灶头还要用砖头垫脚，从小就在木行里生活，民国三十六七年，他为"利群"木行务工，后来又和刘 Z. X. 合开木行。他对木材的计价就和小孩子背乘法口诀一样，熟得很，家里保存良好的斧记，一把为他私人所有，一面为"王"，另一面为"茂盛"，另一把是福建一个水客用的，一面为"建记"，另一面为花型的图样。

在 1990 年的一次山林纠纷，就是有关刘忠祥曾经在锦屏县的茅坪买了一片山林因在土改后归属不清问题而引起的地权纠纷。①这一历史遗留问题从一个侧面也可以看出当时的刘忠祥已经拥有了一定的财富积累，才有可能跨县域购置山林。1951 年，"信义发"改为了极具时代特征的"利群"木行，结束了个体私营的经营方式。在 1952 年的一场大水中，木行的木材流失，"利群"木行也就此闭门歇业，三门塘的木行历史也到此终结。

历史矗立在现实之前，现实作为历史的延伸，现实中的口述者处于历史与现实编织的文化之网中，他既是历史的一部分，也是现实的一部分。回忆离历史事实越远，口述者在其中倾倒的现实态度便越多。三门塘人在口述回忆中为自己的家族、村落树立的形象，既在揭示过去，也在揭示现在，不同叙述者对同一历史事件的描述所表现出来的差异，恰恰体现着"过去"、"现在"和"未来"三者之间的某种历史承继关系。这些故事蕴含着叙述者的价值观念和情感偏好，成为村落知识构建与安排的特殊方式，也体现着三门塘人带着他们过去辉煌的村落历史记忆参与和体验当下生活的实践方式。

第二节　充满记忆的建筑——祠堂

一　貌似教堂的刘氏宗祠

如今三门塘的木行历史已经终结，我们只能通过门柱上的斑驳斧印，白墙黑瓦的窨子屋，回想当年的繁闹喧嚣。三门塘木行生活

---

① 原三门塘村支书杨 S. F. 在垒处镇治安队工作时，处理了这场纠纷案。

的材料大多源于田野访谈，受访者往往会受到自身家族情感的影响，这种时候存在于外的建筑物，村落中的祠堂建筑就成为他们发挥家族历史想象力的参照物。

传统的侗族村寨中心建有鼓楼，鼓楼的最初功能是击鼓传讯、村寨防御，后来也成为村中聚会议事、调解纠纷的场所，一般是一个姓氏建造一个鼓楼，它和宗祠存在许多相似之处，起着类似的功能。由于清水江一带侗族北部地区开发比南部地区早，受外来文化的影响较深，所以在北侗村寨很难再看到鼓楼的存在，取而代之的是宗祠文化。

在今天天柱县内有大片的宗祠群存在，如白市的杨氏宗祠，远口的吴氏宗祠，新舟的舒氏、宋氏、吴氏宗祠，北岭的乐氏宗祠，三门塘的刘氏、王氏宗祠，垒处的王氏宗祠等。修建年代大都集中在明末以及清康熙、乾隆，嘉庆、光绪年间。宗祠群落在这一片区域内的整体兴建，必定和这一带较早的政治、经济开发密切相连。当三门塘人不仅着眼于木材贸易给他们带来的经济利益时，走仕途考功名是必然之势，然而王朝的科举制度对于少数民族地区是存在歧视的，因此人们开始建祠修谱，攀龙附凤来彰显自己是世族裔胄。另一方面，当一个家族的财产不断积累，也势必需要以文本的形式来确定每个家族成员的财产利益，明晰继承份额。

随着三门塘水运畅通，木商云集，刘氏家族人丁繁衍，人文蔚起。刘氏族人于乾隆五十六年修建了刘氏宗祠（见图4-2），此祠经建百余年，饱受风霜雨雪的摧残，现已斑驳淋漓。刘氏宗祠在光绪十三年得到整修，尔后又被大火焚毁，于1924—1925年由刘增畲主持，统领族人卖岑油杉山一幅，筹资重修门墙。由本村绘画家王泽寰①先生按原样修改设计，湖南工程艺师李应芳巧手精工制

① 王泽寰，民国时期天柱五大画家之一。民国初年随王天培将军北伐，任军需官。王天培遇害后，解甲归田。

作，将门墙修葺，历经两年告竣，建筑焕然一新，造就了一座奇特的中西合璧的宗祠建筑。[①] 檐柱上的两副拉丁字母对联和两个指针有误的时钟都成为至今无人破译的迷。这座有着欧式风格的建筑不仅说明了当时刘氏家族势力的强大，也说明了当时三门塘人对于多元文化的包容与吸纳。

图 4 - 2　三门塘刘氏宗祠

刘氏宗祠坐北向南，宽 12 米，长 14 米，屋脊最高 12.5 米，建筑面积约 320 平方米。祠堂正面为牌楼式建筑，六柱五间，宝塔式四棱假柱，尖顶出墙头，柱宽一般为 0.5 米，凸出墙面高 0.2 米左右，柱身分节，节凸出墙面高 0.3 米。墙中两边各柱分别对称，各柱间连坊装饰，组成方块平面，形成三至四层，即明、次间四层，稍间三层。明间一层为石库门，二层为"刘氏宗祠"字额，三层为图饰，四层竖书"昭勇将军"及装饰楼塔图样。次、稍间一层和二层为圆顶假窗，其中两扇真窗，次间三层饰大钟，四层浮

---

① 1984 年 8 月 27 日，刘氏宗祠被列为县级文物保护单位。

雕景物。稍间三层浮雕松鹿画面。五间五脊，弧形瓦顶，顶立雕塑宝瓶、鹰、鹿、皇冠等饰物。牌楼的景物均为高浮雕，真实感极强。整个造型风格巧妙地将直线和曲线相结合，雕塑、浮雕、彩绘为一体，整体布局统一协调，又富于变化。除工艺高超外，建筑材质采用的不是一般的石灰石，而是将一种叫作"丝筋"的材料捣入石灰，得到一种黏性极强的材料，这种材料不仅可塑造细小的形象，刻画精细的纹路，而且至今依然坚若磐石。

牌楼两边转角伸进左右墙3.9米，两柱一间三层，是牌楼装饰的延续，连为整体。其余壁面和后壁，不规则的浮雕各类圆顶假窗，宝塔式方柱立于各级脊顶，装饰风格同于牌楼。宗祠大门居于牌楼明间，高3.1米，宽1.72米，门槛高0.3米，门框厚0.45米。门框均用青石雕琢，饰有"卐"图案，书有对联一对："白水高名千秋尚在，香山重望万古犹存。"门上方两侧墨绘"双狮戏球"，中间为"双凤朝阳"，太阳球上一个"日"字，活灵活现。

祠内为一殿二厢木构建筑，与砖墙组成砖木结构。进石库门两侧为对称厢楼，面阔一间5.2米，一楼高3.2米，二楼高2.3米，栏高0.94米，半坡屋面，吊脚廊柱，每排二柱落脚。正殿基高0.8米，由三级石阶而上。明间二品为抬梁式构架，五柱落脚，檩梁架连高墙，硬山顶屋面，覆盖小青瓦。正殿敞而无饰，后墙设刘氏先祖之位，以祭先祖。西墙外原建厨房一栋，一头依附高墙，为族众集会食宿之处，现已无存。① 从刘氏宗祠的建筑规划、材质用料、建筑风格都不难看出刘氏家族在经济力上的强盛，以及其雄厚物质基础之上的自信与包容接纳着外来的新兴文化，使这个江边的小村落拥有了这一颇具艺术美感和观赏价值的建筑物。

---

① 以上刘氏宗祠有关建筑数据均由姚敦屏（天柱县文管所所长）提供。

据刘氏宗祠的祠长介绍，刘氏宗祠原有祠田三十石，祠山近千亩，族众每月初一、十五来祠烧香祭祖，每年六月六晒谱集会，住食数日。在祠堂门口有一块只剩下底端部分的石碑。村民对这块形状规则的石碑给予了很多种不同的解释：其一为刘氏先祖昭勇将军骑马到此，石头上的圆孔用作拴马；其二为刘家木行发达，生意兴隆，宗祠随即成为商务办事处，木商采购木材都得先到宗祠商议相关事宜，石碑功用与此相同；其三为刘姓族人中有人考取功名，立碑竖旗。

第一种说法中提到了昭勇将军来到三门塘，这与刘姓族人在昭勇将军几代之后才入迁三门塘的事实相矛盾。下游客商到三门塘买木一般由水路而来，拴马一说无法成立，而且宗祠从未有过类似于会馆的功能，因此第二种说法未免有失客观。刘氏族人从事木行买卖，家族兴旺，崇文重教，曾有人考取功名，所以第三种解释合乎情理。在三门塘五里之遥的下河村寨大冲寨内有一块完整的贡生碑，石碑下端部分和三门塘的这块断石形貌十分相近。[①]

刘氏先人建造了气势恢宏的刘氏宗祠，它的维护和修缮则靠后人继续。然而到了民国后期，随着木材贸易的临近尾声，刘氏族人对于宗祠的修护也显得有些力不从心。如今，刘氏宗祠年久失修，受到自然以及人为的破坏，墙垮屋漏，族内捐资只足于一般的墙面维修。族人第一次捐资在 1988 年 6 月，第二次捐资在 1996 年。家族兴盛所带来的内部聚合力，随着经济力的日渐势微而逐渐消解。经济增长带来的宗族发展，在经济因素不占主导地位的情况下，对先辈的崇祖情怀延续为一种宗族意识，成为维系族内团结的纽带。

---

① 2004 年 2 月，笔者前往大冲村寨所见。

二　顶着白菜的王氏宗祠

如今在村中可见的两个祠堂，除了上文的刘氏宗祠，还有一个小寨太原祠。有关王氏族人最早修建宗祠的记载是王氏长房大兴团的彦荣房族。据谱载：

> 先祖卜于大兴街，三分其舍，我彦荣公据有临街一排十一间。丁蕃室展，遂于万历二年，将坐落谢姓网形脚水田与刘姓换得王坛脚水田，营建房屋，称大兴团。自兹以降，人文蔚起，族盛昌隆，砖房绵连，富甲一方，咸以大兴团而称我支裔派。团之东，有东门，立祠，苗叛毁夷。嗣后，继志公重建东门，为其两幢砖房之关锁，实亦合团之大门也。大门联曰：塘门三开东为首，团兴大地福臻荣。[①]
>
> 东门口外，路坎之上，我彦荣公支房建有王氏宗祠。三间一进，庄严肃穆。大略建于清初，毁于苗判浩劫，唯记大门联曰：派衍龙标开二吉喜燕集乌衣麟振振绵世泽，乔迁凤岭卜三门看鸾翔碧泮螽斯蛰蛰绍家声。民国十八年新建于小寨对门之王氏宗祠，乃彦华公派下延□支后裔所建。三间两进，雄伟壮丽，祠内神龛及门口对联、浮雕，均销毁于动乱期间，余皆完好。[②]

从族谱的叙述中，我们可以看到在王姓入迁的几十年后，王家人丁兴旺，而需要拓展其居住空间。在短短六七十年的时间内，唯一可以促成王姓成为村中望族的或许只有经营木材，从而带来家族实力的迅速提升。"将坐落谢姓网形脚水田与刘姓换得

---

① 《王氏族谱》第九一号第一册，第18页。
② 《王氏族谱》第九一号第一册，第18页。

王坛脚水田，营建房屋"，王家从刘家购置田地建造房屋，从中也可以想见当时王家和刘家已经实力相当，或许甚至比刘家更为富裕。清末以来的三门塘的木行情况，也显现出王氏家族整体实力胜于刘家的事实。

谱中记载大兴团的王氏宗祠是因苗叛兵乱被毁而不复存在的。在对二房彦华后裔的访谈中，他述说的原因是族中有一好吃懒做的光棍，此人把家祠后面的一棵大树砍枝作柴，族人见状之后纷纷接济于他，以免损坏宗祠风水。但这一光棍后来竟以此向族人乞讨，长期如此族人忍无可忍而不再怜悯于他，最后他砍倒了大树，压垮了家祠，之后大兴团家祠便再未修建。

大兴团家祠的消失，仅仅因为一棵大树的顷刻倒塌而瓦解，这样的解释似乎有些牵强。共同姓氏的王氏族人要来破坏家祠风水，在同一姓氏的不同房族之间存在矛盾的事实也便不可否认了。这个依靠买卖木材富足起来的村落，何故一定要将宗祠边的风水大树作为日常生活的柴火之用，这一行为动机实在令人费解。不过可以肯定的是，无论大兴团王姓家祠因何故受损被毁，家祠都没有再度兴建。家祠的兴建需花费大量资金，或许这在某种程度上说明了大兴团一房的王姓族人在发展后期，整体实力已日渐衰微了。

以下是同一人对王氏彦荣（大兴团）和彦华（小寨）两支房兴建各自宗祠的略显矛盾的表述。

（1）"我彦荣公支房建有王氏宗祠。三间一进，庄严肃穆。大略建于清初，毁于苗判浩劫……民国十八年新建于小寨对门之王氏宗祠，乃彦华公派下延口支后裔所建。"①

（2）"王氏宗祠，又名太原祠，因王姓原属太原郡，因此又名'太原祠'。该祠兴建于乾隆初年，同治四年（1865）毁于战乱，于光绪三十四年（1908）重建，砖木结构，占地297平方米，传

---

① 《王氏族谱》第九一号第一册，彦荣后裔承炎所写。

统的中国建筑风格。"①

　　由（1）可见，大兴团宗祠大约建于清朝初年，而小寨王氏宗祠（见图4－3）建于民国18年。（2）中所说的"太原祠"和（1）中提到的小寨王氏宗祠实属一物。（2）中把小寨宗祠的兴建年代大大往前推移了，即使是家祠的重修年代也没有和（1）中有重合之处。对于小寨宗祠建造时间差距甚远的两种表述，或许是在三门塘旅游开发之后，刘氏宗祠的旅游价值被开发利用，王姓族人想为本族宗祠添附更多的历史文物价值而将兴建年代前移了。今日，大兴团宗祠已经不复存在，村内唯一可以昭示王姓本族力量和身份标识的就只有小寨"太原祠"，作为村中的最大姓氏，王姓族人不论是在过去那段兴旺的木行岁月中，还是在如今的旅游开发中都不甘示弱。

图4－3　小寨王氏太原祠

---

① 《侗家古寨三门塘》，第3页，彦荣后裔承炎所写。

如同太原祠牌楼上的八幅胶泥浮雕所示，王姓族人寻求各种途径来提升本族身份，墙上描绘着"王子求仙""王翦拜将"等王氏典故。正门上方立白菜于祠顶，象征洁净无邪、明心彻悟，明祖典，昭祖德。祠内祖先牌位两边对联曰："玉树家珍古今继序忠臣孝子，槐堂世第千秋祭祀德祖列宗。"祠内墙上字画表达的都是忠孝仁义的意蕴。

王氏太原祠上的九颗栩栩如生的白菜，吸引了众人的眼球。小寨彦华后裔给出的解释是：王氏先祖必有人在朝中任官，以白菜寓意清廉。但在族谱的记载中只有考取过贡生功名的记录，并未见有人任官。① 村中年长一点的村民都对大门两边凸出的墙柱上盘绕的蜿龙印象深刻，龙身是用江西景德镇的瓷片镶作鳞片。民国年间的太原祠前荷花满塘，蜿龙倒映水中，碧波荡漾，阳光之下，灼灼生辉，仿若蛟龙戏水。这一切也随着木材贸易的结束而消逝，富庶闲暇的奢侈在以生计为先的岁月以及"破四旧"的浪潮中被冲刷殆尽。

祠堂作为供设祖先牌位、举行祭祖活动、议事宴饮的地方，是家族的信仰空间，同时也是教育场所。三门塘的许多老人，都有孩提时在村中祠堂里上课的经历，"三几年的时候，我们在太原祠上学，后来到刘氏宗祠，后来还去了三圣宫，上课的时候有一次被老师打了，出来的时候看见宗祠上面骑马的那个人像，眼睛鼓鼓的，就那么看着你，真是又好笑又气，每回我看见那个小人，就会想起以前的事，小时候也好玩哦！"② 老人的述说，勾连出她的欢快情绪。这些祠堂建筑，像是一面时光之镜，将人们的记忆映照在鲜活的往事里。

---

① 2004 年 8 月，三门塘，访谈王 Y. D. 所得。
② 2008 年 7 月，三门塘，访谈付 B. L. 所得。

第三节　船形隐喻

在第二章有关村落物质空间的讨论中，谢、刘、王、吴几大家族的实力并未显现明显差异，但是在前文有关开行建祠的叙述中，已大致勾勒了各个家族权势更迭的图景。人们在提取木行记忆的过程中，依循了不同家族的兴衰顺序来讲述。在如今三门塘人引以为豪的祠堂建筑面前，他们也讲述了已经消逝的祠堂故事，其中也隐含着家族史中的光华与黯淡。三门塘人借用"船形"风水故事来解释这些，它受到离事件发生年代更近的家族往事记忆的影响，它是结合了不同时期、不同家族的兴衰故事，给出的一个记忆叙述体系。在"船形"这样一个象征空间里，三门塘人把时间隐藏在居住的空间意象中，运用着他们制造历史、使用历史的智慧。

访谈中，当村里人谈及家族历史的时候，都会用"先来先衰败，落后的居上"这样的定论来解释家族的兴衰演变，这在三门塘似乎成为一条当地家族发展的定律，同时他们又将居住的"船形"视为家族权势强弱变化的一个隐喻。

村中《王氏族谱》中有这样的描述："三门塘南临清水江，北倚逶迤群山，靠山有三股泉水，先后向西汇合流入河道，另一溪涧则向东流入河道，是以四周环水，恰似水之舟，俗称船形。王家大兴街位于船之中段货舱之上，早期到此开拓之尹、谢两家亦住此段。后期到来之刘姓则住船头竹子山上，吴姓住船尾坪上，俗称大坪。"

在清水江沿岸也听说过一些村落有关船形风水的故事，这样的村落，人们往往会修建几条小路通往村落背靠山脉，这些上山小路会被人们视作拴住船的链索，这样船才可以稳定。三门塘人也修建了进入山林的石板街路，但是他们并没有把进山的小路视为锁船的链条，而是将刘家所修的复兴桥作为固定三门塘这艘小船的锁扣，从中不难看出在他们心目中码头江岸一带的空间对他们的重要性。

在过去，村落经济倚赖码头，在木材航运顺畅的时段里，码头显得尤为重要。"这些码头以刘家码头为主，它其实是三门塘的大码头，是木排的停靠点，其他的谢家、吴家和王家码头仅仅只是自家的船只停靠点。因为刘家码头有地理优势，涨水的时候，那个水是回流的，木材就冲不走，所以在刘家码头停放木排最好了。刘家码头也成了村里的码头，也是清水江沿岸有名的坞子。"①

由刘姓族人修造的复兴桥，作为村落风水桥，人们把它视为拴住三门塘这艘小船的链扣，因为有了它，三门塘人才可以在这里世代安居乐业，而在另一些人的讲述中，则把它视为带来整个三门塘或是刘家衰退境遇的症结，"船被锁住了动不了，肯定不好了！"在如今木材经济淡出这个村落的生产生计的背景下，与过去的富庶相比，人们对村落的空间意象表达也发生了相应变化。

作为住在船尾的吴家，人们会说"龙头龙尾都有气，龙尾也是不错的，最近几年吴家越来越旺了"。在2004年三门塘上游修建水电站的测量过程中，得到的海拔数据为：刘家200米，谢家（球场）300米，大坪304米。人们一直都说三门塘地形是一只反扑的船形，但是根据这样的地形数据，人们开始将三门塘的空间意象改为鳌鱼形。特别是刘家人很乐意充当这"独占鳌头"的地理位置，不管是哪种说法，"刘家最前，大晒坝的谢家在中间，吴家在最后"的姓氏分布格局是不会更改的。在人们的日常谈话中，他们会把"大坪"称为"下寨"，而把"刘家"称为"上寨"，大坪的人会说"我们去上寨买东西"，人们心中的上下空间意象的划分，也符合了船头、船尾的内在逻辑。

大多数的三门塘人倾向沿用"船形"的传统说法，以下摘引的这段他们在赶歌场时的报家常歌词，很形象地表达出他们对居住

---

① 2006年7月，三门塘，访谈刘Z.C.所得。

村落空间的丰富想象力。

洞庭上来一船宝	来到三塘靠码头
大水流来也不走	千兵万马也难摇
船头放有两颗印	船尾按有三连台
船头带有乌纱帽①	船尾晒有火龙袍
上船也要架跳板	三步跳板上龙船
南方沙水起波澜	儿孙富贵满朝堂
船头钉有两把锁	一把锁金把锁银

　　这里提到了"船尾晒有火龙袍",与前文提到的谢家衰败的另一个故事版本(与吴家神判)有关。当地人每到六月六有晒谱的习俗,六月六晒谱,刘、王两家拿族谱到祠堂前去晒谱,届时放炮,并把家中的好衣服拿出去晾晒,叫作"晒龙袍"。其他姓氏家族也拿出族谱放于门前晾晒,若是遇上大雨,也拿出来摆,并烧香烧纸,不仅有防蛀虫防腐蚀的作用,也是对外人昭示自家威严。中午时分,聚众有时会对族中有违反家训的人作一训诫,并在祠堂吃饭,随后散去。"晒龙袍"在如今有用家训教育子孙、学习先辈、荣耀祖宗,族内有新生儿添上名字,防蛀,族人聚会议事,供他人观赏的功能。

　　村头江内的礁石(见图4-4)也有很多传说。村里人把它们称为"金锁""银锁",这两把"锁"锁住了三门塘这艘船。也有人说:"渡口的两把锁,出去的也发,进来的也发。上前的落后,落后(后来的人)的发,败了也才出去的嘛。造了复兴桥,再加上两把锁,把三门塘这条船给锁住了,所以发展不起来。"在不同的历史情境之下,人们对于"两把锁"给村落带来的利弊评价也很不相同。过去富庶的村落生活中,人们感激于它们带来的稳定与

---

　　① 重修之后的三圣宫,远观酷似乌纱帽,现已不存在。

161

图4-4　三门塘寨口岩石

好运，如今则将它视为贫穷落后的原因之一。

　　在船形的表述中，王姓居于货舱之上，三门塘的王、吴、谢、刘四大姓氏中，除刘家外，其余三家族谱都记载着自家先祖是从湖南一带迁居而来，如今人们介绍自己的村落时，三门塘人会说自己的侗族祖先曾在大雾弥漫之时，划着枫木小舟溯水而上，最后在清水江畔的这个地方停了下来，因此"洞庭上来一船宝"这样的家族入驻传说如今也成为共居一村的众多姓氏对村落渊源的共同表达。

　　三门塘虽几度更名，但在村民心目中一贯比较认同的只有"三门塘"这个名字，从村中各大族谱中的记载来看，"三门塘"这个村名承载着这个古老村寨的悠久历史。村民说有了村便有了名，但对三门塘村名的由来大家说法不一，其中一种说法是：人数最多的王氏先人祖籍湖南黔阳三门潭，溯江打渔而上，定居于此，"潭""塘"音近，而后讹为"三门塘"。"我们王家人打渔为生，到了三门塘觉得这里很好就留下来了，所以我们是乘着船来的。"这些说法具有较强的王姓主体意识倾向，这样一种倾向在人们对

"船形"这一空间意象的表述中也体现出来，在几个家族的族谱中，有关船形的说法只出现在王氏族谱中。这样的解释得到村落大部分人的认可，这也与王家在村中的主体地位密不可分。船形故事被大家逐渐接受、认可并讲述，这样一个有关村落空间的故事便被纳入了村落历史记忆的体系内。"我们三门塘是一条船"，"我生活在一条船上"，不熟悉家族故事的人也无意识地开始这样表述，因为这样更容易成为村中的一分子。

通过以上讨论，我们看到几大家族的兴衰荣败是一个渐进变化的过程，放在一个较长的历史时段来看，此消彼长终归于一个相对均衡的状态。人们借助船形故事一方面给予演变规律的合理解释，另一方面在故事中村落的历史得以传承，并被人们有意识、有意图地记忆，人们身处可以引起回忆的场所，将家族历史与空间想象相结合。

船形不同于矗立于外的建筑物，它是当地人对他们生存空间的一种风水意象的表达，它无法像具有历史感的纪念建筑如祠堂能直接引发人们深刻的历史体验，它只有在被当地人述说的过程中，才能激发人们非同寻常的情感状态与看待村落家族的态度。这样的叙述与诱发，并非稳定不变的。这样的空间故事并非像可视的建筑物般的村落空间被人们所重视，但这样的讨论可以对探寻地方性知识开辟一条新的研究路径。文化不断更新，因此村落知识、空间故事的展演具有很大的弹性，人们根据自然形貌、人群关系、权力秩序发挥对居住空间的文化想象力，发展出一套颇具地方色彩的空间文化，并在他们的日常生活中发挥着关键作用，他们也生活在自己创造的他者文化之中。

小　结

本章根据收集到的有关木行、祠堂、家族故事的材料大致勾勒出几大家族的变迁历史，呈现三门塘人如何透过"船形"的空间意象来看待村落家族居住空间对其兴衰的影响。空间作为记忆的一种媒介，它传承历史，并在社会应用中构成过去，如同村落中两座风格迥异的祠堂建筑，它们提供了回忆形象与储存村落知识的可能，三门塘人处于对它们进行掌握、利用、改造的关系中。当人的活动与物质空间相结合，三门塘人建构出象征的空间，人们将有关几大家族的历史记忆嵌入"船形"这一空间符号体系中，空间意象成为三门塘人的一种叙事手段。船形隐喻是人们对于家族兴衰演变历史记忆的一种叙述，其中的类比观念机制在地方文化中发挥了限制、调节人群关系及提供村落空间知识的作用。

结合前几章的讨论，我们可以看到三门塘作为清水江沿岸"外三江"最下游的村寨，与水运相关的沿江地带成为村落权力争夺的焦点，特别是在当时特定历史时段内与木材经济活动密切关联的码头街道。在漫长的历史过程中，原本无分割、无差异的地貌空间，因不同姓氏、不同家族的居住生息而被赋予不同意义，加之码头优势的划分，越来越加深了村落权力在空间上的分配，产生了空间的优越性与边陲性，村落有了上下之分，前后之别。

船形隐喻其实是人们根据较近的木行、宗祠历史给出的一种充满象征意涵的空间观念，这样一种历史记忆的实践，与当地人的时空感相关，并对应着时间、空间这样的文化分类概念。人们借用的"船形"这一空间意象，介于实存与想象之间。一方面，那些词语建构的历史事件，有了村落物质空间作为依托；另一方面，船形隐喻使得人们的记忆有了着力点，回落到了村落的象征空间内。如今，当地人用他们在船形上占据的空间位置来解释他们"先来先衰败，落后的居上"的地方势力演变规律，将"船形"视为家族权势强弱变化的隐喻，船形风水故事也成为人们对于村落各家族兴荣衰败历史记忆的一个叙述体系。

第五章　力量的空间

生活在乡村社会的人们和土地有着天然的亲密感，他们的生活劳作方式都和土地自然紧密地联系在一起。村落的形象，房子、地界的位置，某些特别之处，阡陌纵横的地块，很早就铭记在了村落成员的头脑中。人们习惯根据房子和土地的拥有家户来区分地块。这是谁家的田，那是谁家的房子，那些小路、沟渠、围栏都成为界定各个家庭范围的标识。村落中存在一些昏暗、沉默的区域，也有一些敞亮、喧闹的地带，各种各样的空间给村落带来庇佑，也带来危害。绵延于村落空间内的历史给予其力量，又在不同的历史时期，展现出不同的变化形态。

第一节　"邪气"

2004年，当笔者第一次做完田野，离开三门塘之后，感觉身体不适，持续时间很长，三门塘住家的阿姨出于关心，便替笔者去问神，她去了三门塘上游的一个叫作亮江的寨子，找到当地灵验的童子婆问询。后来童子婆告诉阿姨，笔者是在一个三岔路的地方中了"邪气"，村里人断定是在进了寨门复兴桥一带。复兴桥一带是村中"邪气"聚集具有代表性的处所之一，除此之外，村里人告诉笔者还有几处"邪气"较聚集的地方，分别为：大兴团妇女井、小寨妇女井、大坪井、仙人桥（喇赖桥）。① 这里每一处都处于土

---

① 具体可见三门塘姓氏、船形、"邪气"示意。

地与流水的不清晰状态，也与每个姓氏的古老建造物有关。

道格拉斯在她的《洁净与危险》① 一书中，采用结构主义的分析方法，研究了不同文化对亵渎的规定和某些食物的禁忌。她指出，属于禁忌范围的物体都是带有两义性因而无法明确归类的东西。意义的两可性通常等于禁忌，无法明确归类的动物，也都属于畸形的生命，因而都是不可食用的。肮脏是相对的，洁净与肮脏的区分取决于分类体系以及事物在该体系中的位置。在对三门塘村落空间的研究中，笔者并不试图将空间进行简单的二元分类，区划出洁净的空间与危险的空间，亦或神圣空间、世俗空间，而是尝试找到人们对于不同空间的感知背后发展出的象征体系，以及将这套空间象征体系放置于社会历史脉络中，与现实的村落秩序产生了哪些交互反应。这些空间对村落中生活的人们产生了影响，它们为何拥有了这样的力量，在不同时期的国家意识形态影响之下，它又发生了哪些变化。

结构主义的分析只能解释认识论上的深层文化语法，而无法解释这些语法在现实社会生活中的效力，所以只分析思维范畴的关系体系，就难以说明这个体系与社会生活的关联，抽象的思维体系必须在实际的现实生活中发挥作用，它们才能得以延存。在三门塘人的头脑中，除了一张阡陌纵横的房舍地图，还有一张标识着象征力量的空间地图。

本书的前几章，从三门塘几大姓氏定居，到物质空间的营造，由于受到佛教、风水等观念的影响，村落格局发生了变化，在这样长期的发展过程中，三门塘人也积累了对他们认识村寨的空间知识，其中便包括"邪气"。虽然村里人告诉笔者，有了村子便有了"邪气"，但是当"邪气"所在的位置没有建造石桥、水井的时候，他们也无法知道"邪气"到底是如何生成的，特别是对于它产生的时间

① 玛丽·道格拉斯：《洁净与危险》，黄剑波等译，民族出版社，2008。

源头更是无法追溯。在他们看来，"邪气"是特定空间拥有的自然之力，笔者在经过长期的田野调查之后发现，这一套有关空间的象征结构背后与村落现实生活有着种种关联。

对于"邪气"存在与否，村里人和笔者说："这就和我们中国人的龙一样，你说有还是没有，大家还不是当它有。""有了村子便有了'邪气'，一般有水流的地方，是它自己形成的，看不见，摸不着，它喜欢住在阴森的地方。"在当地人看来，"有'邪气'的地方也不是不干净的地方，其实它是保护寨子的，所以要欺生人，你去那样的地方就要对它有个交代"。① 这些"邪气"存在的地方在村子内也是地势相对危险的，大人们会将这些"邪气"故事讲述给孩子听，让他们不要去那些地方玩耍，这也是"邪气"一方面的功能。

"邪气"所处的地带，一般自身都存在或具备某些物质地理形貌，对人的日常生活有某些阻碍，这种独特的力量，影响着人们的日常感知。一旦在村内发生了不幸事件，那么"邪气"的真实性便具有了雪球效应，人们也会越来越相信"邪气"的存在。"邪气"产生的力量源自它所处的空间位置与自然形貌，"邪气"所在的位置与每个姓氏家族相关，如刘家的复兴桥、王家的妇女井、吴家的大坪井、谢家的喇赖月亮桥。访谈中，谢姓自己并不承认仙人桥或是喇赖桥是"邪气"聚集之地。另外就在旅游开发最具代表性的刘家窨子屋据说曾经"闹过鬼"。从中不难看到，越具有村落意义的家族建筑，越容易被村里人将其与象征空间的力量相连。

以下几则是三门塘村内普遍流传的"邪气"故事。

一　刘家复兴桥的邪气故事

（1）刘家复兴桥下面，有很大"邪气"，桥边有一棵银杏

---

① 2006 年 7 月、2008 年 8 月，三门塘，访谈王 Y. B.、彭 Z. G. 所得。

树，砍下的树枝掉到桥下，有人去捡来烧柴，回来之后就生病了。后来没办法就去那里烧了点香纸，就好了，说来还真是神奇。

（2）前几年，我去桥下去砍那个芭蕉兜兜喂猪，着了。我刚开始不相信，生病了，打针吃药也不见得好，后来他们说一定是中了"邪气"。我就拿了香纸去桥下 lang 一下，回来之后就慢慢有力气好了。

（3）复兴桥那里的"邪气"很重，"邪气"会变成很漂亮的姑娘，然后到复兴桥边上那家来借东西，说："大妈，有没有布筛？我来借布筛做粑粑。"大妈家里有就借给了她。"邪气"后来回来还布筛说："大妈，我把布筛放在堂屋的桌子上了，还给你拿了两个刚做的粑粑，你记得吃啊！"好了，等那"邪气"一走，大妈过去一看，那两个粑粑，其实是什么？两坨猪粪。

（4）刘善财的孙子发烧怎么都不好，去天柱县医院看了也不见好，去高酿看也不行，后来去找到茅坪亮江的童子婆看，说是在复兴桥中了邪，在桥下要 lang 一下，烧香纸钱，求饶，这样病就好了。

（5）有一次，四个姑娘挖沙，弄出来一条蛇，那条蛇就是"邪气"王，后来有人去要把它打死，越打越大，最后都抬不动。后来回来之后，打蛇的人生病了，后来就死了。

这座被三门塘人寄予复兴希望的村落水口之桥，却流传着以上的"邪气"故事。人们将其人格化，添加进一些日常生活元素。其中也有仅仅源于某一特定的自然空间的威慑力量，它们会对人的身体造成危害。以下是有关王家妇女井的几则"邪气"故事。

二　妇女井的"邪气"故事

（1）妇女井"邪气"重，所以新媳妇都要让老妇带着去，烧香说一下，说家里来了新人，只是过来挑水用，不要见怪，不要为难她。

（2）每次去井边，都会采那种长长的青草，打成一个节，不要打死，扔到井里去，看一下，什么都不要说。我也不知道为什么要这么做，只是从小大人都是这么教我的。妇女井那里的"邪气"最重了，我都怕去那里。

（3）泽林的母亲有一次去妇女井挑水，回来就病了，郎中怎么看都看不好，躺在床上就一个劲儿地说糊话，童子去取魂，看见妇女井那里有粗粗大大的藤盘在那里！童子跑去垒处、归凉溪、复兴桥，后来到了妇女井，把石刀一下子插进去，就看见水里的泥鳅乱窜，这个时候床上的泽林母亲说："跑上树去了！"，童子刀指树上，掉下来一只红蜘蛛，这个时候泽林他妈就不作声了，在床上躺着，后来就好了。

（4）妇女井"邪气"实在是太重了，这样子大家都不敢去了，后来大家就在那里安了一个铜脸盆。

在人们的观念中，"邪气"没有踪迹可寻，但在这些故事的叙述中，"邪气"一方面可以无形地影响到人的健康状况，只要在它所处空间范围内的事物都具有威力，如砍落的树枝或树叶；另一方面邪气也可化身成多种丰富的形态，或是年轻的女子，或是蜘蛛、蛇等动物。人们治"邪气"的办法便是安放铜盆，在他们的观念中铜这种金属是可以抵抗"邪气"的，在妇女井安置铜盆，以压制或消解那里的"邪气"。这些"邪气"故事，人们并未给出明确的时间，故事的细节往往偏重于"邪气"的强大力量，最终这些村落内发生的"邪气"事件便发展为人们头脑中对某些特定空间较为稳定的认知模式。

通过上面的故事，我们可以看到"邪气"往往生成于含混不清的区域，往往都是有土有水的地方，这样的地带象征着一种危险，也象征着力量。这些地方不是与村落隔绝的，它们是村落空间的一部分，它们产生的力量保护村子里的人，但又会因为对它的不尊重而让人受到威胁，它的友善与危险，区隔出人际关系的亲疏远近。"邪气"对人保护与危害的转化逻辑，在于现实生活中人与人之间的关系。

笔者作为一个田野调查者，对于村落而言是一个外来人，田野调查经常去的地方也恰恰都是这些村里人认为"邪气"很重的地方。在通常情况下，一个外人经常出没于这些地带，中邪的可能性相当高。村里人认为笔者是大学生，身上具有一些现代科学给予的抵抗力，所以也就没有让笔者特别留心注意，事后他们归结为笔者的身体不好，阳气太弱。所以在三门塘人的观念中，受过唯物主义教育的大学生，是不会受到他们当地所谓迷信的东西的侵害的，笔者却是例外。在村里人看来，"邪气"和意识形态中宣扬的唯物思想是背道而驰的，他们认为接受过"科学"教育的人，是可以避免"邪气"入侵的。当一个不属于村落内的人中邪，当地也随之发展出一种空间文化中跨越障碍的方法。

2005年冬天的新年，笔者在田野的住家请了村里的道士给笔者做驱邪仪式，并让笔者在家中拿出一套穿过的旧衣服在相应的时间，在一个路口焚烧，并且焚香烧纸，同时对"邪气"说："你不要再缠着我了，回去吧！我送你走！"在当地人的观念中，村里的"邪气"可以超越时空，像笔者在村中中了"邪气"，当笔者离开村子，不在那样一个空间范围内，"邪气"仍会在笔者身上发挥作用。那一次的驱邪仪式是在不同空间里，在约定的相同时间内去完成的，事后他们把沾有鸡血的符寄给笔者，一张烧化用水吞服，另一张放在床头庇佑。

道士作为现实世界与超自然世界的媒介，与象征世界中的"邪气"搏斗，两种力量的战斗，存在于人们想象的仪式空间内。"邪气"存在的空间位置和庙宇一般相隔较远，一般中邪和驱邪都较为个体化，过程也较为简单，一般自己烧些香纸便可化解，只有无法驱赶、力量比较强大的"邪气"才请道士做仪式。

在日常生活中，三门塘人认为，铜是可以压制"邪气"的物品，在下文将提到的南岳庙请神的事件里，妇女们把写有捐资姓名的红布条按姓名家户分配，因为那一次笔者也参加了请神立碑的活动，因此她们拿了一根布条绑了一个清朝的铜钱在笔者的脚踝。人们在庙宇中获得的红布，通过仪式已经具有神力，普通的小红布条便具备了抵抗"邪气"的能力。

在 2006 年，笔者回到村里再去做田野的时候，住家小妹发现了一个规律，说笔者去完复兴桥碑林一带回来之后（这里便是曾经笔者中邪的地方），身体就会非常虚弱。在村民看来，他们虽已帮笔者做了驱邪仪式，但是笔者曾经中邪的地方对笔者的威胁仍然存在。所以在赶集的时候，她们建议笔者去买了一个铜镯。笔者在田野笔记中留下这样的文字："我也入乡随俗，过些天赶集的时候买一个铜手镯戴，以挡住想入侵我身体的不良东西。这也符合了中医的阴阳观念，体虚则阳弱。若是身体好，铜镯则会色彩亮泽；若是身体不好，铜镯则黯然无光。这可以提醒自己要注意健康，或许这也是当地人医学观念的一种体现方式。"在三门塘人未受到"邪气"侵害的日常生活中，人们也发明出自我保护的防范方法。

在当地人的观念中，当人靠近"邪气"聚集的地方时是有危险的，但是这种危险并不能理解为这些地方实际会给人带来危险的关系。那些"邪气"聚集的处所，从自然形貌上看并不会给人带来多大的危险，但是它背后所象征的空间力量则十分强大。实际上它所代表的危险，可以理解为不同空间中居住人群之间的不均衡关系，它其实是一种人际阶序的社会表达。"邪气"最重的妇女井，居住的人群是大兴团与小寨王姓，在前文有关村落历史的叙述中，王氏家族在村落权力结构中居于主导地位，如今也是三门塘人口最多的姓氏。稍弱于王家的刘姓族人，他们修建的复兴桥也被视为"邪气"喜爱居住的场所，尽管也有说吴家大坪井和谢家仙人桥的，但是村内流传的"邪气"故事多为王姓的妇女井与刘家复兴桥的故事。由此，不难看出家族权力在乡村社会中所占比重越大，那么与家族空间相关的"邪气"力量便越强，"邪气"在村落空间中的分布，恰恰是不同姓氏之间不平等的阶序关系的一种投射。

这些"邪气"所在空间的力量，不仅仅是与自然环境中的物理特质相关，它也与人们之间的社会关系相连。力量源自空间本身具有的物质特征，同时也是人的活动与这一空间交互作用的结果。其在现实空间与人们想象出的象征空间里交融建构出了强大的力量，这一力量又与不同姓氏在村落社会中的权力结构相关。"邪气"的存在，其实使得村落内在秩序合理化。

"邪气"是否对人造成侵害关键在于，到来者与"邪气"之间的亲疏关系，一旦对人造成了伤害，便有了隔离的意味在里面，来者为了躲避危险，对这一空间心存畏惧，也便会远离这一空间。但是人们又制造出某些方法来跨越这一困难，例如在到这个地方来时，告诉"邪气"，表明来意，交代缘由，或由熟人带领做一沟通。若是造成伤害，人们则需要用更多的表演来弥合过失，消除在自己身上的危险力量，力量越大，所做的表演也便越多。仪式过程中，"邪气"像是一个观者，直到受害者的表演令它满意，它才肯撤除施加的威胁。人们对"邪气"表现出的恐惧、对抗与征服，反映了他们的历史经验，也表达出他们的历史意识。

"邪气"并非一直与村落共生共存，在某些特殊的时段，"邪气"也会消失。"'邪气'不是我们信奉的，也不是我们请来的，它就是在那里的。以前'邪气'重，后来毛主席打倒牛鬼蛇神，好像就好多了，没那么重了。复旧了之后又有'邪气'了，以前太原祠前的荷花塘里每天都会变很多种颜色，可能也是'邪气'在作怪呢！"① 三门塘人对村落超自然力的认识中，"邪气"是最为原生态的，它存在于相应的空间状态内，但是它的存在会因为国家

---

① 2008 年 7 月，三门塘，访谈蒋 X. Z. 所得。

意识形态的影响而发生变化。在 20 世纪 60 年代，全国范围内发起的"破四旧"运动，这一历史事件也导致了村落空间文化中分类系统的转变。

在过去毛泽东时代的红色岁月里，"邪气"依赖存在的桥、井等空间场所依然存在，但是"邪气"暂时撤离到了人们的想象之外。"以前毛泽东时代就没有'邪气'什么的，改革开放以后就有人信了，几百年的习俗，大家还都是比较信的，所以在庙里安了神像，我们要请神来，可以以正压邪。"① 在"打倒牛鬼蛇神"的年代，提倡的是平均主义与共产，因此人与人之间的不平等关系，家族之间不平衡的权力结构都暂时藏匿于"均权平等"之下，村落空间也变得无差异，"邪气"也销声匿迹。但是在改革开放之后，社会经济的迅猛发展，村落中贫富差距产生，个体与个体之间、家族与家族之间由于经济实力不均而产生的不平等关系重新出现，"邪气"就复苏了。在不同的社会历史脉络下，"邪气"所在空间力量也有着消长变化的状态。

"邪气"故事一旦在村落中具有了普遍意义，那么"邪气"便成为构成村落空间文化中的重要方面。在人们的诉说中，"邪气"的存在似乎早于村寨，但是关于"邪气"故事发生的年代均在村落形成之后。我们无法追溯有碑文资料记载之前的三门塘概况，但可以肯定的是在三门塘卷入明清时期的木材经济体系之中后，村落的权力结构出现了不均衡，这种状态一直持续到新中国成立之后。随着这种不平等阶序的消解，在此基础上的象征空间也发生了变化。

第四章提到的"船形"是三门塘人建构出的空间意象，它将聚居不同位置的姓氏人群间的不平等关系带入了这一空间意象中，使得村落空间产生了阶序；在有关"邪气"的讨论中，"邪气"使得村落空间的力量失衡，"邪气"力量的发挥也随着不同的历史情境发生变化。而下文将要讨论的"老人家"，则是与之抗衡的力量。

---

① 2008 年 7 月，三门塘，访谈刘 Z. G. 所得。

第二节　不同空间里的"老人家"

在三门塘，村里人把过去的、古老的，能在当下保护、庇佑人们的超自然力称为"老人家"。将对"老人家"的祭拜称为"养（lang）老老"。笔者并不想将这些土地祠、南岳庙、杨公庙纳入所谓"神圣空间"，但从功能上说，这些"老人家"存在的空间都是调节人与超自然关系的场所，至少在三门塘人看来这是可以与"邪气"产生对抗的地方，这种神圣性来自村民心中对它的认可。"邪气"与"老人家"都是具有历史内涵的名称，具有时间在超自然领域挥发出的力量。

一　土地祠

如今，在三门塘村中的土地庙一般都用水泥塑成或青石凿成，一般安置于树下或路旁，有的只用两块石头为壁，一块为顶，就成了最简易的土地庙。三门塘人会这样向游客介绍村里的土地祠：

> 三门塘的土地祠特别多，而且做工精巧，十分考究。三门塘共有土地祠五十多座，均为明清两代所立，全部用青石制成，阴刻祠名、对联及历史沿革，其中有不少属于研究侗族历史文化的珍贵实物，保存得最完好。建在桥头的，称桥头土地，建在十字路口的，称路口土地。从土地祠可以看出，靠木材起家的三门塘人对土地格外地崇拜。

在现在的三门塘人看来，村寨的历史可以追溯到明清时期，因此他们将村内的土地祠也赋予了如此长的历史年代，以增加村落旅游的文化价值。三门塘人对土地格外崇拜，他们认为这与他们赖以为生的木材密切相联。村中现存的土地庙，均是现代安置的，田野中发现的和土地庙有关的最早一块碑文立于今天地兰岑岭的土地祠旁，该处为地兰岑、杉木冲、三门塘三岔路口，在清代原建有凉亭，过去人们进山砍伐林木或是去别的村寨都要经过这个路口，一篇名为《万古不朽》的碑文中写道：

　　蓝岑之坳，立神祠者维何？亦曰：坳处高峰，关乎过峡，往来负荷登此区者，莫不歇肩而止步，闲望四壁，有流连思玩之趣焉，宜乎建神祠以培其景。因前未创，自乾隆丁卯岁，倏然此方山君肆虐，亦且延绵，而时行坦途道路，迷津僻壤，常心危而恐惧，实眷首而唏嘘。予等葵心建立此祠，以作一方保障，赖灵威以护我土，果沐洪庥，历后太平，琢石祠以为亘古不磨之记。庶乎神威浩荡，泽沛群黎。工竣勒石以志不朽云。是为记。

　　彭城刘景仁敬撰

　　王君良　王子和　谢恒山　王廷杰　王德高　王贵先　王治隆　王子凤　王子先　王廷栋　其石祠并碑记十名一股。以上十名自乾隆三十八年二月为始

　　王尔贵　吴文珍　王通常　刘丕承　王君俊　吴文玉　吴君谟　王子秀　吴君爵　王世华　吴文茂　吴君先　王福德　吴文锦　王子文　其石祠并碑十八名为一股。以上十八名自乾隆四十三年八月为始

　　乾隆四十五年二月朔二神祠圣诞合立

　　在过去，三门塘人登山行走不便，便立神祠保佑过路来往行人平安。众人入股参与，也是捐资修建凉亭的形式，或许这里的十名一股、十八名一股和当地的土地会有关，除了"建立此祠，以作一方保障，赖灵威以护我土"的作用，在过去的商贸背景下，或许还有融资放贷等经济功能。在田野访谈中，村民只是认为这是捐

钱修祠的一种形式，在护林禁伐的今天，山坳之上的土地祠也已被人们逐渐淡忘。

村里人告诉笔者，以前的土地祠的职责是看守寨门，有些家门口也会立土地，保佑出入平安，住在江边的人们则希望土地保佑小孩子们下江玩水不要发生意外。

> 村口路口都有土地，保佑进出平安，每到初一、十五，过年的时候都要去祭拜一下。土地分街头土地、门楼土地，保障一方，杨公庙旁、王家街角、大兴团东门祠、田头也会有土地。小寨只有石栏杆旁边有一个土地，七八年前隔壁的那家又去下面的门口安了一个。大兴团有一个街头土地，刘家街原来的土地也毁了，现在不是看见那几块石板堆在那里，杨公庙上来也有一个，南岳庙门前就有一个，吴家街大坪也有一个。①

在这一则访谈资料中，大致可以看到土地祠在三门塘的分布情况，尽管分布范围较广，但是土地祠一般都安置在重要的庙宇、路口及某一块家族聚居区域。在小寨王家和大兴团王家的土地祠上就表达着家族聚居的区域特点，土地祠上的对联分别为："土厚三门福，地灵小寨春"，大兴团的土地祠对联为"塘门三开东为首，团兴大地福臻荣"，该联反过来念便是"首为东开三门塘，荣臻福地大兴团"。这两则对联，一方面表达对村落整体的空间认同，另一方面又明确彰显特定人群聚居空间内的独立意识，以"地灵""福地"来强调所占有空间的优越性。

土地祠在村落中不同位置的出现，便划分了"老人家"不同的管辖范围，不同的土地祠或守庙或守桥或守护一定范围内的家

---

① 2008 年 7 月，三门塘，访谈王 Y. Q. 、谢 Z. M. 所得。

户。从姓氏空间来看，每个聚居区域均建有土地祠。这些土地祠大都基于自然的地理划分，下面一例土地祠则在家族力量的拥捧之下，提升到了村庙的级别。

当某一家族势力膨胀，在村落权力结构中居于主导地位时，便开始强调自身居住空间在村落中的重要性与优越性，由此原本无差别的村落空间便显现出优劣。今立于三门塘大兴团嘉庆十六年的《东门祠土地碑记》（见图 5 - 1 右侧石板）中讲道：

> 对联：东山永固千祥集　祠宇维新二老临
> 将之名为三门塘，取淑气所会萃也。□□□□黔之故里焉，仍名。或曰，因地□有东西南焉，故□二说者，余未之信。但西门立庙镇之，南门亦立庙镇之，独东门可无其主乎？村中父老嘱立土地神祠，众曰唯。各捐锱铢延□砌成神宇。维新东镇永固，亦兴西南鼎盛。则村中淑气所钟，益见会萃浸昌矣。故祠即名为东门祠焉。
> 为首廷栋、佐□、□杰增生通黔撰
> 石匠　信正起刻
> 嘉庆十六年二月吉日立

由以上碑文中可以看出，大兴团王姓修建东门祠的原因在于，当时三门塘西门已建有杨公庙，南门建有南岳庙，唯独东门没有庙宇，碑文中讲道："西门立庙镇之，南门亦立庙镇之，独东门可无其主乎？"因此，大兴团王姓将他们的土地祠与下文将要提到的南岳庙和杨公庙视为同一功能级别的神祠庙宇，由三个庙分别镇守村落三处关口。碑文中"维新东镇永固，亦兴西南鼎盛"，可看出村落的西南一带也就是江边一带在当时十分繁荣昌盛，大兴团王家建立这个东门祠也是希求通过在村落空间上的平衡，来达至村落权力结构的均衡。从建筑形态上来看，东门祠是无法与杨公庙、南岳庙相比的，但是王姓希望以一个小小的土地祠，来寻求村落象征空间意义上的均衡。

图 5-1　三门塘大兴团东门祠

在这块时过境迁的土地上，房前路口的土地祠成为人们界定不同空间的标识，下面的几则访谈资料可以看到如今人们对待土地祠的态度：

> 如果在什么地方摔倒了，就要在那里捡块小石头，放在口袋里，回家就放在枕底下，睡一到三天，然后就把这颗小石头压在另一块石头下。在一个地方摔跤碰了，怕被什么东西弄了魂去，所以就要在那个地方找块小石头回来，这样你才能带回来。然后要去那边的土地，和他说一声。
>
> 我们去山上采蕨菜、野笋，看到土地都要分给土地一根，好像这样你拿了他那里的东西，土地就不会生气了。

在笔者的田野经历中，有一次，住家的叔叔陪笔者去找一块深山中久未有人去过的石碑，那是一块修桥碑，碑旁有一小土地，当时叔叔就告诫笔者在触碰石碑之前，要在土地之前默念一下，告诉它，你来打扰它，只是来看看碑。三门塘人对待土地祠表现出拟人化的态度，这一小型建筑物界定着某一特定范围的"内""外"，同时也规定了进入者与它所守护空间的关系。

二 南岳庙

在清代，随着木材贸易的兴起和繁盛，三门塘的村落生活卷入商业化。村落整体经济福利得到提高的同时，商业机理下带来的不确定和不稳定，使得村落中的人们对超自然力更为尊崇和敬畏。村落的自治体系围绕着以各族的宗祠与庵堂为核心的权力营造、配置而施行开来。单靠一家之力不可为或不愿为之的事，就只能依靠对于公共权力的认可，将其有效地实施到村落公共事务中去。

南岳庙为谢、王、吴三家以虚拟血缘为纽带共同祭祀神灵的场所，谢、王、吴的金兰之义在空间上表现出紧密聚居，而化约为一点"南岳庙"，刘家则向外寻求潘家的支持，修建了"杨公庙"（可参见三门塘村落景观）。不同姓氏人群、家族在宗教、政治经济活动中表达出联合与对抗的关系，也在空间建筑的修建中表现出来。庙宇作为社会控制的一种手段，当地人这样说道："谢、王、吴三家兄弟关系，南岳庙位于那一带也是情理之中。杨公庙守桥，同时更是守卫着刘家的兴旺和在村里的好生意嘛！"两个庙宇也由此成为不同姓氏认同自我和区分他者的象征符号。

五岳之封，源于古代，是远古山神崇拜、五行观念和帝王寻猎封禅相结合的产物，后被道教所继承。① 自隋代以降，历代王朝都

---

① 姚治中：《南岳考实》，《皖西学院报》2002 年第 1 期。

对南岳神进行封赠：唐玄宗天宝五年（746），封南岳神为"司天王"；宋真宗大中祥符四年（1011），加封南岳为"司天昭圣帝"；元世祖至元二十八年（1291），诏封南岳为"司天大化昭圣帝"，封赠逐级升级不止。虽然到了明代，明太祖洪武三年，下诏改称南岳为"南岳衡山之神"，但到了清代，仍封赠南岳为"司天昭圣帝"。[①] 同时，官方对南岳庙的管理力度也逐渐加强，早在隋唐，就开始有了专门管理南岳大庙的机构。到了宋代，宋太祖开宝五年（972），下诏"自今岳渎庙，各以本县令兼庙令、附兼庙丞，专掌记事"，[②] 国家政权逐渐融合在了寺庙的象征体系中，南岳寺庙也成为国家政权的一种延伸，寺庙对于地方社会秩序起到了一定的稳定作用。[③] 三门塘人所认为的南岳神祇，具有对人死后的审判权。在日常生活中，人们也依赖于庙宇的裁决。[④]

三门塘南岳庙（见图5-2）的修建更多地表现为几大家族合作的一项村内事务。南岳庙大约建于明朝，《王氏族谱》中有一段关于三门塘南岳庙的文字：

图5-2 三门塘南岳庙

① 李元度：《南岳志》，转引自张齐政《南岳寺庙与地方秩序》，《衡阳师范学院学报》（社科版）2000年第5期。
② 《宋史·职官志》，转引自张齐政《南岳寺庙与地方秩序》，《衡阳师范学院学报》（社科版）2000年第5期。
③ 张齐政：《南岳寺庙与地方秩序》，《衡阳师范学院学报》（社科版）2000年第5期。
④ 如第二章中，谢家与吴家的神判。

　　彦荣字君甫，与同住三门塘拓土建业之尹正甫、谢万福义结金兰，此后未谙何世，又与吴姓共结兄弟，是以君甫昆仲之子孙与尹、谢、吴之子孙累世未兄弟，不通婚媾。延及嘉靖、万历间，改土归流之后，境土安宁，子孙昌盛，物阜民丰，王、吴、谢三姓子孙捐资共建南岳庙于大兴街南面河岸之上，以志兰谱情谊。①

　　雍正十一年秋，祝融肆虐村寨，焚及庙宇。乾隆二十六年冬，三姓捐资重建，砌墙盖屋、建龛雕神，三年乃成。乾隆三十四年《庙坊碑记》② 记载：

　　从来庙以象神，肇自圣朝。神也者，阳之灵也，与天地同其功，体万物而不遗者也。吾等先人有感，已建祠象神于斯。合团人物，尝浴威光。且居乎寨中之左，培植青龙；向乎午山之南，主镇一方。无如癸丑，寨遭祝融之患，庙因是而毁焉。继而人力参差，历年倏久。纵蒸尝每设，寥落丘墟，其道几何？吾辈倡首王汝宏，生员谢光龙，信士王甫山、吴君胜、王达先等，于承祭间，每思神为人主，吾人尚有栋宇之居，而神反无栖托之所，三姓云集，均曰："唯，唯。"一诺而前倡后和、乐捐余金、材木。于辛巳冬，遂穷匠氏以经营，而古庙复兴焉。且增其旧制，外结砖石。予幸乎造作尽善，功倍千古，庙貌巩固无疆，威灵昭垂千秋矣。今兹工竣，勒石以铭。予因援笔，具实以记。

　　　　　　　　　　皇清乾隆三十四年（1769）岁次
　　　　　　　　　　己丑孟夏吉日三姓众等同立

---

① 《王氏族谱》第九一号第一册，第28页。
② 该碑现立于三门塘南岳庙前。

在其后的捐资名单中，分别镌刻了101户的王姓名字、22户吴姓，以及19户谢姓。从几大姓氏入迁之初的明朝到立碑的清朝乾隆年间，不难看出在这次修建南岳庙一事中，王姓后来居上的事实，从名单中的所占比重可见其分量。乾隆五十年，三姓复又铺砌内外石阶石板。南岳庙幸逃咸同浩劫，至今庙貌岿然。悬殊的人数对比，也寓示着出资金额的差异，在乾隆年间，王姓已经占据了主导地位，人数差异在修庙捐资中显现出地位的不平衡，王姓的主导权保存至今。

"每思神为人主，吾人尚有栋宇之居，而神反无栖托之所"，寨中建庙，以固一村之风水，以求村寨自然之和谐，然而大火肆虐，庙堂有毁，在当地，人们将神人格化，神灵也如同他们日常生活中的一分子，人有了居所，神更不可无处可居，所以一呼百应，众人乐善好施。在这一次的建庙活动中，村内的另一大姓刘姓并没有参与其中；类似的，村内另一个庙宇——杨公庙的修建中，王、吴、谢三姓被排除在外。碑文的落款中，"三姓众等同立"更是凸显了王、吴、谢的金兰之义。

1999年后，南岳庙成了村委会的办公场所。正殿墙上已无任何的宗教图文，只有"文革"时期遗留下的毛主席语录之类的文字。香台几案上摆放着村民从自家拿来的一些观音、关公、财神之类的石膏小像，还贴着一些为家中幼儿祈福的寄拜红纸。佛、道并存于一寺之内，殿堂中所有的神像共享着升腾的香火。

王、谢、吴建南岳庙在明末清初吧，先于刘家的杨公庙。东岳判生，南岳判死。王、谢、吴三家是结拜兄弟，一起建庙也很正常，南岳庙里本来就五尊菩萨像，杨公庙有一尊神像，两座庙有大小南岳庙之称。南岳庙，"嶽"，上面一个山下面是个地狱的狱，所以它是管理鬼魂的地方，阴阳交界处管理灵魂，人死后来报到的第一个地方。

三门塘人对于庙宇中供奉神灵的模糊性，也体现在他们的指称代词"老人家"上。自"文革"后，几十年间庙宇中"老人家"的空缺，并未使南岳庙失去神性空间的力量，人们一直信服庙宇给村落带来的守护力量。在南岳庙修建二百多年后的今天，原本由三大姓氏捐资修建的庙宇，也转变为更多人参与的"迎神归来"。

笔者在 2006 年 7 月 15 日的田野笔记中写道：

> 天还未亮，窗外便有了人声。前几天，村里人找人推算了请神归来的吉时，昨晚大家说好了是今天早上五点多。去到渡口，大家已在那等着，江面上的雾气还未散去，焦急地望着对岸。六点半的时候终于隐约看见有一辆汽车停在了对河的桥上。渡船立刻开了马达过去，村里的壮年男子把"菩萨"从汽车上小心翼翼地移到渡江的船上。
>
> 村寨的渡口这边，锣声一响，腰鼓队的鼓声顿时响起。今天村里的腰鼓队穿着红艳艳的表演装，平日里只有迎接领导或是贵客，村里的妇女才会有这番装束，锣鼓声四起，好不热闹。船到了岸边，人们事先放了三张桌子在这里，用竹竿当扁担，大家恭恭敬敬地把神像从船上请出，放置在桌子上。接着，人们扛起桌子把神像抬往南岳庙，一路上鞭炮隆隆炸响。
>
> 这座将近空了半个世纪的庙宇，今天终于迎来了它的新主人，三门塘人请来了玉皇大帝、观音菩萨、药王菩萨。我替他们高兴，在心中深深地祝福，希望这个村落从此得到神灵的庇佑。早晨神像到达渡口的时候，晨曦透过云朵的空隙照射下来，江面上荡漾着灿烂的涟漪。
>
> 七点的时候，神像被安置在了前些天做好的坛位上。大家烧了些纸钱，在神前摆了桌子，准备给神吃早饭，给"老人家"吃白米饭，素食。下午，妇女们在家开始唱刚编出来的佛歌。

晚上在干妈家，大家开会，因为一些经济上的问题而喋喋不休，有人为了一根板凳而抱怨，最后大家都说化首不应该计较报酬，积功德的事，这些行善行为的背后，隐藏着各自的私欲……

在三门塘自古就有许多修桥路、修井等公益事业，当地人称为"做好事"，"做好事"非常强调化首的品行，老人告诉笔者一个故事："捐钱做好事的，化首钱不敢乱放用，以前庵堂铸钟，有一文细钱没有算在内，也没有上碑，那个钟铸了几次都不能成型，后来把一文钱加了进去，钟就铸成了。"

这次南岳庙重修的缘由，村里一位妇女告诉笔者：

这次重修是以前大冲嫁到谢家，姓李的一个女的倡议，她丈夫不在了，所以要搞功过，积功德。现在住在天柱，说三门塘搞旅游，这么古老的庙不能没有菩萨，这样旅游参观有了神像也好啊。以前南岳庙弄学校，我们自己去砍树造楼板的，种玉米拿去卖换油，那个时候大家都肯做，为村里争光啊。这次请的"老人家"好啊，玉皇大帝什么都管，观音菩萨救苦救难，药王菩萨治病救人，这样村里的什么都可以有神保护了！

这一次南岳庙重安神像，三门塘人也立碑记述，以下为 2006 年刻写的《百世流芳》①碑序：

三门塘南岳庙原系王、吴、谢三姓始建于乾隆三十四年，距今已有近二百五十年历史，长期为本村及周边村民所祈求供奉，只可叹于一九六六年"文化大革命"期间，被一些歪曲

---

① 今立于南岳庙前。

政策的无赖之徒把庙内神灵菩萨全部毁于一旦，荡然无存，时过四十载，而今在众主持化首等人的带领下，村民一呼百应，积极捐资重安位三尊神灵菩萨，于二零零六年季夏大功告竣，以此为序。

本寨高冲居士刘西明谨撰

南岳庙以前为王、吴、谢三个家族所修之庙，在二百多年后的今天三门塘人迎神归来，倡议者也并非村中的家族首领，在不同时期经济实力是建庙搞功过的前提基础，这一次的重安神像开放为全民参与，连笔者这位田野工作者也参与到了这次活动中，名字也被刻上了碑。随着旅游开发，村民更觉得有必要将村内具有历史价值的建筑增加文化元素。这次重安神像一方面关系到村子的旅游开发，另一方面归来之神给这个村落带来了护佑，三门塘人认为交织着神灵的庙宇空间给予他们内心以安全与稳定。在那里，它既是追问生命意义的神圣领域，也是解决实际问题、寻求慰藉的力量来源，同时它也是仪式操演的场所。

三 杨公庙

在清代，木材贸易给村落家族带来经济力量的不均衡，使得家族之间也产生了争夺村落信仰空间的需要，前文提到南岳庙由谢、王、吴三姓联合修建，作为村中另一大姓氏刘家的缺席，则是因为刘家修建了一座与木材航运紧密相关的庙宇——杨公庙。有关杨公此人，当地人有许多有趣的传说。

清水江，一直到沅水一带，没有一个人不知道杨公菩萨，这是位威镇一方的土著神祇，他在人们心目中无比崇高，在杨公面前，人们顶礼膜拜，祈求他赐给平安。杨公本名杨潢，出生于清水江边的青木村，后来被封为"镇江王"，是保佑人们水上安全的河神，就和东南沿海的妈祖信仰一样。

在杨公的家乡托口，还流传着杨漱用纸人、纸马与朝庭官兵打仗，寡不敌众，被削掉下巴而死的故事。后来，为了纪念杨公，就把青木村改为了托口镇。他们把杨公埋葬在托口的豹雾山下，并修建了杨公庙。后来江上扒排的人，都祈求杨公保佑。所以沿江到处都是杨公庙，上庙在三门塘上游的茅坪，一直管到清水江上游，下庙在湖北的武汉鹦鹉洲，一直管到南京、镇江。托口的杨公庙是所有杨公庙的总庙，每年五月五的时候，都有"降杨公"这样的傩戏来祭奠他。对杨公的崇拜不在儒、释、道任何一教的范畴，而属于民间巫傩系统。在湘西南和黔东南一带传唱的《降杨公》傩戏有这样的唱词："下水船只叫动我，顺风相送过洞庭；上水船只叫动我，缆索坚牢滩上行。"[1]

因为江滩险阻，放排需要神灵的保佑，下面一段访谈资料大致可以描绘一个放排扒排工的工作情景。

四五岁的时候我就开始接触扒排，到了十六岁我就去扒排了，放排到洪江、陬市、常德，最后到洞庭湖。到了洪江、陬市后江面会变得很开阔，那个时候就需要机船来牵引了。枯水季节秋冬季，到洪江要二十五天，春夏涨水的时候，要十天到十五天。那个时候，到洪江可以得有八块大洋，陬市常德有二十块大洋。

与木排相关的工作有扎排、扒排、钻孔、包头。白市的放排工技术比别的地方好，占了百分之八十的放排工作。我记得有个杨伯发，白市的一个包头，把几个老板的木排包下来，雇扒排工放排。放完排之后，扒排工徒步走回家，要花上八九天

---

① 2006 年 7 月，三门塘，访谈刘 Z.K. 、潘 C.Y. 整理所得。

的时间，路上花两块大洋，最后到家可以剩六块。解放后，用人民币了，到洪江的有八十元，陬市的一百八十元，回来可以赚六十元。解放后，从三门塘到常德有十一个检查站。

我退休以后，九三、九四年我还给三门塘的扒排做技术指导，有一次给安徽的老板做，九五年农历十二月初六，天寒地冻的啊！刚过远口，搭排了（搁礁），排工都不肯下水去啊，我就二话不说的下去了，不推排走不动的啊，其他人见状才下来了，那次真是印象深刻啊！路上要是碰到滩，很危险的。所以我们扒排的人在放排之前，要买猪头、香纸叫"烧开头"，要喝"开头酒"，到了目的地（常德），吃"到岸酒"，有时候我们不去杨公庙 lang，就在排头 lang，烧香，这样就是谢谢杨公保佑平安到达了。

以前的交通不像现代交通这么发达，湘黔边境都是靠清水江流到沅水去的，都靠水运。水上很险，要靠杨公保佑。在扒排佬多的地方都会有杨公庙，从托口一直过来，白市、牛场都有。依照规定从杨渡溪口划江界，上游称内江，下游称外江；外地木商不能直接进入内江采购木材，只能由三门塘、垄处、清浪三个村寨的木行进入内江代客采购。解放前这里没有公路，运送木材只能扎成木排从水路运。清水江滩险浪急，而木排又只能在水涨之时运送。放排人为保出入平安，便祈求杨公保佑，建杨公庙以表虔诚之意。三门塘是木材和木商汇集之处，在此修建杨公庙也就顺理成章了。①

杨公崇拜作为一定范围内区域性的民间信仰，传说中其姓名和

---

① 2004 年 8 月，天柱县水运局，访谈杨 G.C. 所得。

故事存在不同的地方版。① 按照地方志中的记载，杨公，本名杨漱，亦名杨五，有杨三、杨四、杨五兄弟三人，黔阳县托口人。宋时平苗有功，殁后英灵不泯，宋敕封为神，即被封为绥远侯、靖远侯、镇远侯，后又被封为镇江王，成为保佑清水江沅水流域水上人平安的河神。对水上航运艰险和无常的畏惧，生发了人们最初的水神崇拜信仰，那么在大规模的木材航运兴起之后，这种信仰崇拜也随着浩浩汤汤的木材流动而延至沿江各地，同时杨公庙的内涵和职

① 有关杨公庙的官方记载，明万历四十三年《辰州府志》载："杨公庙，在黔阳县南五十里。杨漱兄弟三人，并称英勇。有寇，屡力御之，一方民多赖焉。殁后，立祠显应，人不敢犯，自宋末至今。"清同治十年《沅州府志》载："杨公庙，在黔阳县西南托口市，有上、下二所。建寺年代不可考。祀宋义勇杨漱。事迹详人物传。"又载："杨漱兄弟三人，并称英勇。屡御苗寇，民多赖焉。邑人立庙祀之。"清同治十一年《黔阳县志》卷26《工书三·寺观》附各村祠庙载："德盛祠，县东九十里稔禾溪，蒋姓建，祀盘古、杨氏三王、诸神，后颓。同治二年，蒋梦庚倡修。"又："中华祠，下丰坡，祀杨氏三王之靖远侯。前明高姓建。道光重修。有田十余亩。"卷36《武功传》载："宋杨漱兄弟三人，并称英勇。屡御苗寇，民多赖焉。邑人立庙祀之。"卷37《忠义传》载："杨漱兄弟三人，邑之托口人。"清光绪二年《会同县志》载："杨公庙，在县西攀龙桥下。乾隆四十年邑令建。州邑志云'祀青木杨公，初不知其为何人。'于志云'公，黔阳托口人。兄弟三：杨三将军、杨四将军、杨五将军，平苗有功。殁后英灵不泯。宋敕封为神，沅、辰、靖，皆立祠祀之。后又封镇江王，不知所据'。"清光绪十八年《黎平府志》载："杨公祠，即镇江王庙，祀杨五将军。在府城西南隅，神鱼井存。乾隆三十年建，嘉庆十八年重修。又敦寨筥箕滩上，有杨五庙，船过此甚险，往来者竭诚祷祀，以保无虞。茅坪亦有杨五庙，挂治有杨公庙，皆以五月初五日神诞祀之。今新化江及清水江一带滩甚险，皆借神力，易危为安。黎平所以立祠祀之，并沿江上下亦立祠祀之也。"清咸丰八年仲夏，黔阳县庠生杨廷瀚撰《双溪三王宫碑记》云："盖闻秉天地之正气者，千秋姓字恒留；宇宙之奇功者，万载馨香不替。阅诸志乘，追溯三王，生自宋代，封于本朝。难弟难兄，丕振关西之蔼；允文允武，大显征南之雄。故声灵赫濯，屡有荣封。嘉庆二年，勅封'宣威助顺绥远、靖远、镇远'三侯；道光十七年，加封'灵应'二字；二十八年，加封'保安'二字；今上六年，加封王爵，名莫大焉，报莫隆焉。城东双溪市，有'三王祠'，乃先父嘉庆二年所建也。章施绘像，焕然一新。兹者回禄为灾，灵光尚在。仰赖神明之威，岂忘高会之蔪。爰解囊捐资，鸠匠经营，增其式廓，铭碑以志欤。"

能也发生了相应变化。

木材商业化网络的形成，要求木材航运体系的建立，如此，便和杨公崇拜息息相关。杨公庙的香火费用主要从放运的木材中按一定比例抽取。木材贸易中发生的争执、纠纷也都由杨公庙的庙首主持解决。前文提到的《内外三江木材商场条规碑》①中，明确写道："茅坪杨公庙五勷馆，尚由三江行户于兑账单内，亮挂每根抽钱一文半，每堆挂抽钱二十四，缴作五勷馆杨公庙香灯费及天柱宾兴费，今仍一律由杨公庙馆首照旧办理。"至此，杨公庙不仅仅是一个单纯的宗教场所，而且同时具备了行业会馆的特点。供奉祭祀、聚会议事、仲裁调解，杨公庙在木材商业活动中具有不同层面的功能，而这恰是商业管理机构不断成熟的一个表现。

在三门塘上游的垄处也建有杨公庙，村里建造杨公庙的刘姓族人告诉笔者："垄处的杨公庙大过三门塘的，垄处以前是防汛的地方，行政上要高过三门塘，垄处的杨公庙募集到的资金范围很广，区域也大，它的规模肯定也大了，但是三门塘的也就是刘家和潘家两家来建的，就小了。"

现将乾隆二十九年垄处重修杨公庙的碑记摘引如下，提供当时清水江航运有关杨公庙的若干侧面。

> 自钟灵山蜿蜒而南，奔腾展布者，为垄处市。前有江水潆滞，后有高山苕峣，烟树丛叠众叠，芦井联络者，垄处之市也。市之左，一臂环绕，梵宇森立，有屋焉蔚然临于江岸，杨公之庙也。杨公者谁，沅之托人也。父老传颂受爵于南唐，德被于民，至宋乃显而为神。盖其生有捍灾御患、救济生灵之功，故能享血食于千秋百世。垄处居托上流，相去未远，众庶慕之，深信之至。既立庙于梵宇之前，而又嫌其卑且陋也。于

---

① 碑文内容详见本书附录二。

是募亲友客商，感其灵通，欣然乐捐。庙得众力，增其旧制，焕然一新，遂使青龙一山昂首常伸，讵非此山之灵气，资神之灵而显其灵哉！且庙之右与梵堂相通，诸生以时习礼而训诂，弦诵不辍，文物蔚起。吾知斯庙之设，不独恭敬神明培风水，兼以兴教而美风俗也。讵非神人之两协其愿欤？庙建康熙二十五年，增修乾隆二十有三，坌处士民惧其久而弗传也，欲登诸石，请予为记。予未能详悉杨公之巅未，惟原胜概，据所闻以书之。志成此赋诗志感：江水碧翻涌庙门，炉烟浮动衮龙身，千古英雄今安在，年年陈设礼至尊。

天柱处士　袁庆翔　谨撰

江西抚州金谿县江靖子书

计开众捐姓名列后

皇清乾隆二十九年岁在甲申腊月中旬吉旦立

在另一则杨公庙的《戏台碑记》[1] 中，三门塘的"王启文""王启高"也捐资参与，另一块年代不详的《永古千秋》碑中则出现了"茅坪帮""谦豫亨"等商帮木行的行号。这些表明，由木材经济联结的人群关系，人们因各自的利益取向而共同参与到杨公庙的修建中。

三门塘作为清水江的沿岸村寨，不例外地建有杨公庙（见图5-3）。三门塘的杨公庙建于明朝，修建年代和南岳庙大致相同。由村中刘姓携其结拜异姓兄弟新坡潘家集资修建而成，它的建筑规模小于南岳庙。杨公庙建于复兴桥头，前文中已经提到复兴桥由刘姓全权出资所建，在当地人看来，庙桥相守则成自然之事。

三门塘杨公庙留存的碑文中最早的只有1992年刘家与潘家重修杨公庙的碑记，有趣的是他们将自己的杨公庙说成了"小南

---

[1] 《戏台碑记》，乾隆五十年立，今立于坌处小学内。

图 5-3　三门塘杨公庙

岳",现引《重建小南岳杨公庙宇序》如下:

> 南岳杨公庙宇,始系三门塘彭城堂和兴坡荣阳堂二公所建,后系民国三十六年刘钟文、潘文科二人主持重修,遗下石碑一块。
>
> 风云变幻,庙宇于公元一九六五年乙巳岁被毁。数十年来,于光天化野,风雨摧残,村民老幼凡欲捐资恢复,奈何无人遂先人志。今得信士刘治川、潘承义主持,继先辈之志,率二公后裔和化首刘增林、刘增苏、刘治权,潘德钟、潘荣杰、潘荣祥、潘华映、潘自澄,李子莲、吴梅英、谢君桃、陈梅莲、刘兰娣、杨美姣、彭贞莲等各团众首协助,于一九九二年壬申岁十月初八日兴工,十一月十四日告竣,十六日合团众首请道师敬神安位毕。

在这块杨公庙前所立的重修碑记中,文首便以"重建小南岳杨公庙宇"开头。将杨公庙称为"小南岳"，与村中王、吴、谢三家共修的"南岳庙"相提并论，其中隐含的寓意或许是刘家借此来提升杨公庙地位，以期具有和南岳庙相同的村庙地位的一种象征性行为，这实则是几大宗族围绕着庙宇这一超自然空间而展开的权力争夺和分配。

杨公庙数毁数建，"文革"期间被拆毁，1992年重建，村中老人说规模已远逊于前了。庙门两边分别是"恩泽长流如汉水，德威远播镇山河"二联，横批"威震山河"。在2007年杨公庙没有重新安神像之前，庙内只有一个大大的毛笔字——"神"被加以供奉，生活在生产力低下时期的村落居民，对不可知的超自然神灵怀有虔诚的敬畏和信仰。人们坚定不移地信守村落中种种神灵的威慑，村中不论何种庙宇，只要有所求，人们便加以奉祀。三门塘的人们没有专一的、系统化的宗教信仰，敬神、祭神活动碎化在日常的细琐生活中，成为人们行为的自然化成。

下面一则访谈资料则是刘家人认为杨公是从祖先崇拜转变为行业神的记录。

> 三门塘的杨公庙，是新坡潘家、三门塘刘家和长田刘家一起造的。杨家将里面有个杨英朝，杨公庙里供的应该就是他。沿岸造那么多杨公庙，木材放下去，也要有一个站一个站的。老人家以前做了好事，登仙了，我们要把他雕成木像拿来敬拜。

当问及2007年为何要重请神像回来，老人答道：

> 为了旅游开发嘛，人家的庙里都有菩萨，我们这里没有总是不好的。但是这一次请的神像和以前的那个不太一样，以前的那个头戴帽，一手执板，一手托印，就是和那种忠臣的样子

一样，是那种文官的样子。不是像现在的带着盔甲，是武将。我们上次九零年重修的时候，其他人说这是你们刘家的，他们不出钱。

前文提到2006年南岳庙请神归来，一年之后，刘家也仿效南岳庙在自己的杨公庙内安了神像，以下是刘家在2007年11月刊刻的重修碑记：

> 杨公庙宇，始系三门塘彭城堂和荣阳堂二所建，（后）系民国三十六年刘钟文、潘文科重修。风云变幻，庙宇和菩萨于一九六五年被毁。数十年来，村民老幼几欲捐资恢复，奈无人遂先人志。今得信士潘承义、潘荣祥、潘承梅、李子莲等率领众信士积极捐资，重安菩萨，以保佑民生。为名垂千秋，彰显后人，列捐资名单如下。

虽然杨公庙的捐资规模不及南岳庙，但是和南岳庙的迎神归来一样，一方面是村民营造村落空间景观的一种努力，另一方面重安菩萨也表达了他们祈求保佑民生的愿望。

村里人说，杨公庙与南岳庙都有神判的功能，有一次听见杨公庙铁链子响了，说是"走阴差"的去杨公庙抓人，然后拿去南岳庙审判。虽然木材经济已经退出了人们当下的生活，但是因此而建的杨公庙并没有在人们的日常生活中失去功用，当地人要出门做生意的，一般要去杨公庙求平安，以求平安出去，平安回来。人们告诉笔者，过年的时候，大家都把猪头拿去南岳和杨公庙养"老人家"，届时很热闹，人多的时候都没有地方放祭品。

如今，村内的南岳庙与杨公庙都重新安了神像，人们认为迎神归来之后，便镇压住了"邪气"，以后也不受"邪气"侵扰了。现在，人们去杨公庙一般去求财，去南岳庙求吉祥。过年的时候，人们由远到近地去养"老人家"，家里有架桥的，便去最远的桥，然后回到村内先去南岳庙，再去杨公庙，最后在家里祭祖。人们对庙宇的信赖程度，有赖于这一空间力量的灵验性，在当地人的心目中，南岳庙最为灵验。相比之下，曾经培村之风水，补寨之元气的兴隆庵，则随着佛堂殿宇的消失，失去了它的神性力量。

四　失去力量的兴隆庵

第三章"佛教与村落空间"中，介绍了兴隆庵详细的历史信息。现在人们一般都称兴隆庵为三圣宫，里面供奉文昌、奎星、孔子，以前在农历八月二十七要祭孔子，兴隆庵到了后来变成了学宫，设有讲堂，启蒙学生，培育文化。兴隆庵（三圣宫），在光绪年间和民国初年又有过重修。正厅为通顶三大开间，两侧各配一间，装修房舍颇多，呈工字形，全部砖墙登顶，庭前宽广，对面戏楼立于河岸崖上，1938 年，被洪水冲走。从对河遥观，三圣宫恰似一顶乌纱帽，[①] 似乎这是对科举功名的一种祈愿。

民国 9 年，天柱兴办国民党学堂，村民筹办国民小学，因此集资办学的事迹勒字于石枋，而不同以前竖碑，该石碑据说是由当时任教育局长的张秉衡（石洞人）所撰，柳书俊遒劲。如今，巨石大门至今岿然未倾，青石方柱上镌刻书法遒劲的石联："三千年天运循环圣道复将兴矣，亿万世人心保障真神其在斯乎"，人们将其书法、雕刻、对联称为清江三绝。这对石联给予了村落人们面对未来的勇气，以及处于低谷时对时来运转的美好期待。1986 年，三圣宫被拆以建学校，今三门塘小学就在遗址上建成（见图 5 - 4）。

在过去修建兴隆庵的过程中，姓氏成为一种象征符号，将共同血缘、亲缘的人群联结、组织起来。村内的王、刘、谢、吴四大姓氏家族，拥有一定族产（主要为山林）的宗族组织，以田、货币、

---

① 贵州省天柱县志编纂委员会编《天柱县志》，第 702 页。

山林等方式参与到庙宇的修建中，在商业化背景下的三门塘人群，形成开行、落客、帮工（河边工作、扎排、扒排等）、务农（种稻、栽树砍木等）的分工格局。木材市场化之下的村落社会分工，又促成了村落内部的有机团结，而使得各家族显现协调合作的一面。各个姓氏占有各自的资源，却又在村落共同的修庵建庙等公共事务中寻求象征意义上的统一，在参与人数最多、规模最大的庙宇空间内营造了强大的神性力量。

图 5 - 4　三门塘兴隆庵遗址

如今三门塘人回忆说：

庵堂在"文革"时期被拆了，堂内原来有百来个菩萨、罗汉，相像得很啊（即栩栩如生），有三间两进的大房子，地板都是用大块的石板铺起的，还有三个尼姑管理，有庵堂田和林场，都是租给人家种的。南岳庙也有庙田，但是没有庙林，里面有五尊菩萨像。

兴隆庵作为三门塘最大的一个庙宇，人们提及它时充满了对它恢宏气势的赞叹与今已不在的遗憾："以前兴隆庵很大，有二层，有三个师爷，有玉皇大帝、九子娘娘、观音、如来、药王菩萨、十八罗汉。三圣宫八几年的时候就被拆了，做了学校，后来神像也都被毁了。喇赖的庵堂，六五年的时候也被拆，弄供销社去了。坌处的杨公庙也被拆了。"

如今作为小学的兴隆庵，已经无法给予村落庇佑的力量。信仰空间的力量来源于参与营建庙宇的人群所拥有的政治、经济、文化资源，它也会随着国家力量在地方的作用产生变化。兴隆庵曾具有的神性力量已在今天三门塘人的日常生活中消失殆尽，若将空间具有的力量置于一个长期的历史脉络中来看，它的发展演化多少有些戏剧色彩。南岳庙与杨公庙的请神归来，标志着庙宇的空间神性力量再次复苏。这些在过去与家族利益、家族凝聚力，以及其在村落社区中形象相关的庙宇营建事务，如今已变得更为开放，不同姓氏空间中的家族庙宇转变为村落庙宇，而这些庙宇也拥有了更为强大的力量，护佑三门塘人栖居的村寨。

小 结

在三门塘人的头脑中，除了一张阡陌纵横的房舍地图，还有一张标示着象征力量的空间地图。这张地图上存在给人庇佑的力量空间，也有对人造成伤害的"邪气"聚集场所。"邪气"的力量一方面源自空间本身具有的自然物理特征，另一方面也是人的活动与这一空间交互作用的结果。"邪气"力量的强大与否和不同姓氏在村落社会中的权力结构相关，它的存在使得村落内在秩序合理化。同时，"邪气"对人产生的作用，也区隔出人际关系的亲疏远近。

作为村内可以给人带来庇佑的"老人家"，则安住在不同的空间内，土地祠、南岳庙、杨公庙，都成为他们的栖身之所。在清代，木材商贸给村落家族带来经济力量的不均衡，使得家族之间也产生了争夺村落信仰空间的需要。谢、王、吴三家所建的南岳庙与刘家所建的杨公庙，在"大小南岳庙"的表述上便显现出了其中的对抗性。村落空间内、外的界定，不同姓氏建立的庙宇强化了不同家族在空间上的划分，而这些作为人们生活场景一部分的空间建筑，则提示了人们不同人群之间的复杂关系。

　　"邪气"在毛泽东时代的消失、兴隆庵的隐退、如今人们的请神归来，都成为人们重新赋予和削弱空间力量的实例，"邪气"与庙宇空间力量的变迁过程，其实是在那些物化的空间场所内，地方家族势力、国家意识形态、市场逻辑等交互作用的结果。在人、建筑、"邪气"、"老人家"相互混融的村落空间内，展开人们渴望、窥探、怀想的历史缤纷之镜像。

第六章 空间中的物——桥

海德格尔曾说："桥以它自己的方式将大地和天空、诸神和终有一死者聚集于自身。"[1] 桥引发了四相一体的哲学思考，三门塘村落中随处可见的建于不同时期的各种桥梁，也成为本章关注讨论的对象。桥梁具有将不同的两岸、两极或两端联系起来的实际功能，人们不仅建造了许多实用的桥梁，也孕育出许多意味深长的民俗文化现象，桥梁自身蕴含的文化特性显现出强烈的多样性和地域性。

在以往关于桥的研究中，主要涉及不同地域桥的民俗比较，建筑学、美学等角度的功能分析。周星在《境界与象征：桥与民俗》一书中，以桥、桥场空间、桥的象征性及象征性的桥为核心，对不同民族涉及桥的民俗做了较为详尽的罗列。[2] 不过面对大量的事实材料不可避免地缺乏了对桥在微观环境、在它特定社会文化生活中的理解，以及忽视了同一座桥上体现出的不同文化层面。本章尝试通过桥去理解三门塘人是如何将自然象征秩序与社会秩序联结起来的，并凭借村内现今留存的碑刻资料及田野访谈材料来阐释在不同历史场景下，三门塘人围绕着桥所展开的实践活动，表达的情感、信念以及权力观念；同时从一个侧面折射出明代以来三门塘所处清水江一带的王朝开发图象。

---

[1] 海德格尔：《系于孤独之途：海德格尔诗意归家集》，余虹等译，天津人民出版社，2009，第185页。

[2] 周星：《境界与象征：桥与民俗》，上海文艺出版社，1998。

第一节　宗族之桥

物的研究与人类学密不可分，早期的进化论学派便以物质的开发程度来判定社会的发展进程，相比之下莫斯的《礼物》[①] 提供了一个有关人如何通过赋予物灵力及将物人格化来构成社会关系的观察文本，发展出社会象征的起源。列维－斯特劳斯则发现潜在于现象之下的"结构"，提出了交换才是人类学应探讨的关键。在探讨社会结构或社会本身的早期人类学研究中，物都是作为附属物被纳入讨论之列的，到了近期由黄应贵先生主编的《物与物质文化》一书则通过"不同的探讨路径再现不同物性，以及如何透过象征性沟通系统性质的探讨来连结物性与历史及社会经济条件等，更涉及物与其他分类范畴连结之所以可能的物质心理基础"。[②] 在本章的讨论中，桥作为一种交通之物，在三门塘人的观念中有着特殊的精神指涉意义，它夹杂着佛教观念、风水观、宗族观念及所有权意识等，它成为乡村社会物质生活与精神世界重要的文化整合符号。桥所在的地理位置，代表着村落人群在不同地域空间中的历史活动，以此探讨桥与人们生活之关联。

一　碑中最早的桥

清水江下游地区，溪涧沟壑众多，山径阡陌蜿蜒，散落各处的村庄所处地势，往往要求人们架桥方可行路，在官方资料中也有对明朝万历年间天柱一带"万山聚菁，鸟道崎岖，人迹罕至，四望翁翳"[③] 的描

---

① 马塞尔·莫斯：《礼物》，汲喆译，陈瑞桦校，上海人民出版社，2005。
② 黄应贵：《物与物质文化》，中研院民族研究所，2004，第 1 页。
③ 康熙《天柱县志》下卷《艺文》，转引自天柱县志办公室编《天柱县旧志汇编》，第 73 页。

述。在三门塘现存的年代最早的一块碑刻①中，记载的是谢家兴修兴龙桥一事（见图6-1），此碑立于明万历三十九年孟冬月吉日，石碑已残缺不全，但从可见的碑文上我们还可以揣度一二。现载碑文如下：

图6-1　三门塘兴龙桥石碑

兴龙桥　　日　　南无成就功德佛　　月

今据大明国湖广道靖州天柱归化二图清水江三门塘，梁溪口石桥乙座，万世功阴。桥主谢万银施银一两乙钱，谢万保施银二钱。本主谢什保同妻刘氏共施银六两二钱，外修路银四钱五分。谢尚桥施银二钱，同男谢福保妻潘氏共施银三钱。谢明江施银二钱，男谢汉子施银二钱。刘羊苟刘羊晚共施银五钱。菜溪彭龙保施银二钱，李金万施银二钱。抱塘吴亮孙施钱一钱。黄坛李秀纪施银一钱。行述人石先生，石匠粟子尧。

该碑最上端刻有"南无成就功德佛"，左右分别有"日""月"二字，周围花纹修饰，碑文中表达了修桥"万世阴功"的功德报偿观。在三门塘人的精神世界中，桥是一种修功积德的重要方式。佛教宣扬，造桥既普度众人，又超度自己，通过建桥度人度己，桥连接起圣、俗空间。人们通过搭桥这一善行，积修阴

---

① 现存放于三门塘南岳庙内。

德，使神感其诚而赐子、保命、消灾、祛病。佛教何时传入天柱尚难考察，但在明代万历年间，天柱侗乡已举办过"雷霆大法事"（万人缘）佛事活动。明、清至民国时期，佛庵香火很盛，在较大的自然村寨都有一处或数处佛庵和神庙。[①] 三门塘村中现存的一块嘉庆二年的《修庵碑记》[②] 中写道："兴隆庵，古永福寺旧址也。明万历间，建于亥把冲口，梵宇森严。然立庵以尊佛，兼以之而陪风水焉。"说明在明朝万历年间该地已受到了佛教文化传播的影响。

碑文开头清晰地说明了村寨在当时行政区划中的地域归属，不能不说这是当地人对于国家行政区设认同的一种表达，也是人们在日常修桥事务中显现出的一种回应。在三门塘这样耕地贫瘠的农业社会，我们如今可以想象得到的人们获取白银货币的合理途径就是卖木营利。修造石桥需耗费大量资金，一般需要合力完成。如碑文所述，在三门塘谢家修建桥梁一事中，邻近的菜溪、抱塘、黄坛村寨的村民已经参与了进来，至于基于何种目的来完成这种联合，或许出于联姻[③]、实际的交通行路之需，或是由木材买卖联结的经济纽带，或是佛教朝觐的需要，抑或是更深层次的我们暂时无法猜想到的利益关系尚不得而知。

谢家修建这座石桥在三门塘村头的"梁溪口"，即今天的归凉溪口，此处占据了通往上游的另一重要木材集散地仝处及本寨向江边拓展的重要地理位置。在完全倚仗木材买卖兴起的村落经济中，占据河宽水缓的码头，对一个家族的经济利益是至关重要的。碑文中虽然只表达了谢家人积功修德的目的，但是我们不可排除修桥行为背后客观的实际需要。

---

① 贵州省天柱县志编纂委员会编《天柱县志》，第 122 页。
② 该碑现立于三门塘小学门口，碑高 4 米，宽 1.52 米，被誉为"碑王"。
③ 田野访谈中，三门塘村民更认同他们是亲属关系的说法。

碑中"桥主""本主"这样的指称，是三门塘人对桥特有的一种"所有权"① 观念的表达。如同屋基、坟山、林场一样，人们拥有这些"物"。桥不同于山场、屋基的特殊之处在于，土地并非它的物权来源，除了搭建桥梁的原材料外，桥是人工的作品。人们在没有土地产权之分的流水之上修建桥梁，只需选择风水好的去处，因此会出现数桥并列的现象，他人不可干涉。人们赋予桥的所有权的象征意义背后，实质指向的是它所能给自身带来财富与安康的风水，而透过风水更深层次折射出来的，或许是在这个村落内部不同人群地位的优劣与权力配置的多寡问题。在那个年代三门塘人或许并不会使用"所有权"这样的术语，但是至少人们已经通过"桥主""本主"这样的表达来彰显他比其他人对"桥"享有更多的权利，例如将在后文提到的对桥的祭祀及从中获得庇佑等。

在三门塘村落中拥有最长历史的家族，却在人们的记忆中留下衰败的印象，在村中留存的所有碑刻中，谢家的这块"兴龙桥碑"所用的石材、所刻文字的书法、行文风格，以及捐资者姓名和后期刘、王、吴姓修路建桥所留碑刻相比，均略逊一筹。随着清代乾隆、嘉庆时期木材贸易在清水江一带的兴盛繁荣，商业化背景下的这个沿江村落内部，不同家族的权势更迭也成为可能。当一个家族的财力不断殷实，同一姓氏符号下的人们便展开了更多的修桥实践，在有关桥的实践中传达出更加丰富的文化象征内涵。

二　有谱系的桥

三门塘所存碑刻主要集中于清代乾隆嘉庆年间；而在谢、刘、王姓的修桥碑记中，均有见将家族成员姓名依据长幼辈分列于碑上的叙述。现举一例如下：

---

① 田野访谈中，三门塘村民用"所有权"来描述他们对于例如桥这些物拥有的权利。

修桥碑记①

桥自康熙三年砌架

信士　谢春运

男　　富　贵　登
　　　　　华

孙　　　　　　　庠生

维盛起元玉胜光汉选泰明正凤
生生蛟蛟蛟蛟龙蛟蛟蛟蛟蛟蛟

曾孙　恒宜文昌昌昌昌凤郑伦槐兴文乾四
　　　山山山世敏麟凤山山山山保保保保

这是桥梁年久坍塌，"桥主"子孙集资重修的一个事例。在当地，人们通常修建两种不同材质的桥梁。木桥造价低，易朽，需经常维修，因此人与桥的互动更为频繁，又因可独家独户修建，因此后人很容易识别，一般少有立碑说明。石桥造价高，历经久远，人们为了避免与修桥祖先之间的断裂而立碑记事，以便可以明晰自身在再次修桥需要付出或所得恩惠中所占的比例。在此，血统的谱系关系成为对桥所有权的一种股份分配形式。

在当地，人们祈求家族兴旺，一般都架桥求子。渴望子嗣之人，向观音、土地求子，更多地向自家的桥梁求子，如同向祖先祈祷一样，此举更加贴近和灵验。每逢朔望，便有人家去烧香磕头，祷告求子心愿。另外人们还发明出另一种象征性的小桥，当地人称为"阴桥"，一般架在堂屋门和火炉门的中点线上，一旦求子灵验，必须请道士做法酬谢，并保佑易养成人。村中多病的新生儿，测字犯煞"桥崩路断"，则需要架阴桥以保长命富贵，桥在这里成

---

① 该碑今立于三门塘对河土名盘盏，入谢家林场路旁。

为引渡婴儿灵魂的媒介。木桥的用材均为杉木，杉木为当地的重要经济来源，人们认为杉木可送来贵子，送来财富。树象征着活力、生命，人们用丛生的杉木作为建桥实材，意为寻求强大的繁殖和成长力量。

下面一则碑文中，则提到了喇赖谢家架桥求子一个灵验的故事，嘉庆十八年的《修桥碑记》① 中讲道：

> 朝魁、朝熙每人捐银叁两
>
> 喇赖寨口有溪自西而来，环流而下，实寨中人经游之□甚要路也。先民有谢四保，因艰后嗣，体帝君之训，同□李氏于甲寅岁修架木桥以便往来，及后果连生二子，长银乔，次引乔。自是长发其祥矣！奈何越年久远，木则朽颓，溪水泛长冲去左边码头，且神宇未建。其后子孙复领家资金，于癸亥冬增其旧制，中架石，傍培木，并修神□以及码头。功竣，索余叙之。余思此举虽不等徒杠与梁□成，而能缵承先人为善之志，则子孙愈增荣昌矣！谨叙。
>
> 科选　全明　子昌　天朝老辰　朝魁
> 　　　　　　子才　天一老（玅）朝聘
> 德选　胜明　连玉　天太老晚　朝熙
> 　　　　　　惟玉　廷达　　　朝干
> 　　　　　　琢玉
> 邑庠增生王通黔撰　石匠　□□□
> 嘉庆十八年十月初十立

对于桥的修补，若是私家桥梁则忌讳无偿使用别人的木材，用别人的木材，桥便也是人家的了，人们一般会在砍伐处放置偶数面

---

① 今立于喇赖溪桥头。

204

值的红包。集体兴修的桥梁，山主则乐意支持，因为这是积功德的好事。[①] 人们补修先人建造之桥，搭起子嗣与祖先之间的连接，这既是对祖先的供养，又是对后人的期待，对桥的修补与维护，便是生命的承接与延续。桥与人之间的互惠性供给，在亲密的共存关系中，形成更为强烈的家族认同感（见图 6-2）。

笔者在三门塘田野时观察到，人们立碑镌记，并在桥头建有土地小庙，非"桥主"不可以偷祭。桥的修建与祭祀都显现严格的排他性，一旦桥被确立为祭祀对象，则意味着"桥主"及其后人便有义务前往祭祀，同时有资格获取桥的庇佑。一旦作为祭祀对象的桥面临被毁坏的危险，每个成员也都有义务加以制止，它的破坏与毁灭，往往意味着人们失去了桥带给他们的超自然保护。人们用桥来界定自身，进行分类，是宗族内部结构的一次确认。桥

图 6-2 木桥、石桥相傍

祭祀与维修的排他性，客观上也划分了不同人群维护不同地段桥梁的责任，进而促进这一公共交通物的良性循环使用。人们用桥搭建起一种象征秩序，用来确立家族在村落中的地位以及个人在家族中的地位。

如今三门塘的桥，由于日久失修，许多都已经腐朽破败，在人们的思想观念中，桥是不可拆的，于是会出现桥上叠桥的

[①] 以上两段文字，为 2006 年 8 月、2008 年 7 月，田野访谈王 C. Y. 、王 Y. D. 、谢 J. W. 等人所得。

现象。如果旧桥非拆不可，也要选择拆桥的良辰，请道士做法祷告，以免冲克"桥主"，旧桥的木材也需妥善安放，不可作柴薪焚毁。这些禁忌，使桥具有某种延续性，使得人们对修桥祖先的记忆成为可能，而对于祖先的确认，其实是对村落中权力的一种确认、记忆、再确认，与未修桥立碑的村民家户相比，他们更具有优越性，桥也成为一个家族在地方根基深久的体现。人们并没有因为桥存在期限的长短，而消除赋予它的象征意义，时间的久远同样构成一种价值，并且在人们的祭祀仪式中不断传承。

第二节　村落水口桥

在传统的农业社会，人们的生存发展全有赖于土地的给予，三门塘人用"神"来指代他们认为某些与其生活紧密相连的事物所具有的超自然力，如天、地、山、水、树等，都有"神"在其中主使，"神"既可造福于人，也可降灾罚罪于人。人们对他们生活的村寨环境有着简单的自然崇拜观，通过桥也表达着对生存环境的一种朴素理解，在当地人的观念中，绵延起伏的山峦便是蜿蜒的长龙，地势即龙脉所系，桥是道路的连接，也便成了龙脉延续的筋骨。路口、桥边建有的土地庙，是三门塘人朴素的土地崇拜自然观的实物反映。路因桥存，桥因路兴，一脉相承，设在桥头的"土地"，守护桥梁，每逢节日，人们都要烧香供奉"土地"，其实他们在祭桥神时，也在祭拜祖先。

蕴藏在前文提到最早的"兴龙桥"碑记中的风水观念，从明代开始便一直活跃在三门塘人的精神世界中。谢家在万历三十九年兴修兴龙桥，两年后刘氏家族在村口修建了另一座桥，这座桥是村落通往江边码头的最便捷通道，该桥在乾隆年间倾毁，嘉庆十八年由刘公唐万、舡万后裔重修。它在人们日常生活和信仰层面的重要性，从今仍存于村头碑林道光三年的《复兴桥碑》中可见，现引文如下：

> 桥何以复兴名也？盖谓为后人者，能继志述事之言也。斯桥，水至右旋，抱树而下。而世业风水之术者，佥以桥足固一村水口，且外森立二石，名曰傍浦岩，又有古树左右映带，每谓坚如铁券、固若金汤，可卜。斯地之发祥焉，在万历四十一年，有刘公唐万、舡万，乃好善之人也，曾立石桥于斯，而村之财丁颇盛，此水口紧关之一验也。奈至乾隆戊辰，桥忽倾毁，难以遂志。故将石平街面，路因以改。今幸二公后裔，能继其志述其事，于嘉庆癸酉年，各家捐资，重修故制。登临望之，宛然虹卧春波，鹊填秋水矣。但是举也，固一村水口，虽或有感于风水之言，而其能承先人之遗志，便通往来行人，一为而三善俱备，讵非前已兴之，后必兴之，兴而又兴之谓哉。故乐其善而为言以寿石。

在村民的风水地理观念中，桥梁是排在第一位的，其次是祖坟和住屋的风水。按照当地人的解释，坟山和住屋牵涉到三代人的祸福吉凶，而桥梁则关乎九代人。人们若是拥有一座好桥，便可保佑子孙繁荣昌盛。《复兴桥碑》分别记录了刘姓唐万公后裔26人和舡万公后裔6人的姓名及捐银数额。这些兴建或重建同一座桥的人们，拥有着对祖先的共同记忆，以及对记忆进行操演的权利，族人通过同桥共修、共祭，维系着个人与家户、家户与家族的血缘纽带。刘姓先辈的德行善举滋培着村寨的和谐风水，在追求时间和空间的完美和谐中强化着自身在村中的主导意识。在时隔两百年之后，家族的昌盛足以让人们相信这座桥给他们带来的荫庇，后人对先祖善举的感怀追忆，更是向他人昭示本族力量、团结的一次集体行为。石桥的最终落成也完成了"固风水""承遗志""通往来"一举三得的功效，"复兴"蕴含着"兴而又兴之"的家族共同祈愿。

复兴桥石联云："巩固如金城多承祖德，坦平若鹊渡聊济人行。"这座界定着村"内""外"的水口桥，可封锁住村内的风水龙脉，又可通过桥引外财入内。水口，指村内水溪流出之所，一般水口即村口，风水学中，水口在村落布局及村落景观中占有十分重要的地位。一般水口处，有水口桥、风水树，形成独特的水口环境。水口乃村落的门户，对于水口的营建，以桥为主，辅以树、亭、堤、塘构成"关锁"，水口设桥有实用与象征意义。[①]

在天柱县城万历年间所修的宝带桥，也起到类似的功能，"独其水口未塞，坐是风气虽开，而人文尚未大振，水口何谓？一江自县治南流而西，复绕玄武而东，实一方之巨浸，而文风之关锁。此桥一成，一以济人民之涉，一以关风气之涣，亿万斯年，人人利有，攸往而文教大兴，贤才倍出，于是焉赖此"。[②] 在三门塘后期的碑刻中，有了越来越多的"生员""增生""庠生"，可见文风教化随着区域的政治、经济开发而兴起。不管人们是否认为这些是桥带来的繁华兴盛，总之桥与村落的那段历史在人们脑海中已有了不可分割的记忆。

桥在人们心目中的重要性，还体现在人们将自身和桥紧密相连。复兴桥的桥拱顶部刻有"刘廷峰"这样的姓名，寓意支撑此桥，这是一种象征性的献身，其任人踩踏，行人越多，积德越多，从而获得最大的恩泽。人们还以自己的姓名与桥相连，在万历三十九年和嘉庆十八年的碑文中有"谢尚桥""银乔""引乔"这样的名字。人们寻求着超自然与村落生活秩序的一致性，先祖造桥积德，造福子孙，时态指向现在与将来，后人的修桥、祭桥更多的是

---

① 高友谦：《中国风水》，中国华侨出版公司，1992，第 34 页。

② 康熙《天柱县志》上卷《初建宝带桥记》，转引自天柱县志办公室编《天柱县旧志汇编》，第 83 页。

指向过去与当下，桥中蕴含着人们的时间感，在与桥的互动实践中人们过去、现在与将来的生活融合为一。

刘家修建村落水口桥，一方面凸显村落中特定人群对桥的专有，相对于聚落整体而言，展示出分离的一面；另一方面，修桥积功德，营造村落风水，已将桥带来的受益面扩大到了对桥没有所有权的人群中。或许是家族势力膨胀带来的自信，人们信仰体系中有关桥的某些狭隘观念开始松动，随着该地政治经济环境的不断推演，人们的修桥实践也显现出更为多样的形式与内容。

第三节　桥的变异

一　多方参与的公益之桥

差不多与复兴桥同一时期修建的还有喇赖石拱桥，由三门塘下游大冲村寨的彭拔胜发起，多方参与建成。在刊列的捐资名单中除了"信士""生员""庠生"这样的身份，还有"僧以照""僧广秀"①"万源店""谦泰号"②，这些名称的出现不仅说明了修桥本身参与者的多元化，也从一个侧面反映了当时清水江一带的商贸、文化情景。现载《王道荡平》（嘉庆十五年）部分序文如下：

> 帝君以来，辟开疆土，人之造化，本乎天地。兹者因路大冲以上，原属古道。只睹喇赖村溪口桥未建，三门村之庵脚以下路何开？且间一节，先人进内而行，春夏水涨，嗟邱路难跋。丁卯之春，信士彭拔胜募化修路，至冬，请我喇赖谢姓等复议，扭冲石山建桥于洞口，泽上下来往，众叹利济

① 《王道荡平》，现立于喇赖石拱桥头。
② 《视履考祥》，现立于喇赖石拱桥头。

坦平。夫何天不假手，戊辰之冬而人亡。其于己巳之秋，情蒙王佑唐，彭绍权、思元，信士袁世经等，善化四方亲朋所资助，乃得与梁完隆。男女姓名列碑，恩垂千古，永远不朽。以为纪。

当桥变为多方参与的地方性公益事业时，文本叙述变得更为重要，当时的人们用了五块石碑来介绍修建喇赖石拱桥的始末和刻写捐资者名单。修桥立碑的公益性行为，是在地方社会获得声望和权威，及村落历史记忆的基本方式之一。在这座桥的修建中，单一血缘结构被打破，家族色彩被淡化，取而代之的是一群会使用国家话语的读书人；地方士绅力量兴起，修桥的家族化也逐渐向地方基础设施的公共事务发展。修桥的建材规模可以反映一家的经济实力，如果说家族修桥在村落中构建了一种权力梯度，那么当人们有能力在乡村传统权力之外的国家话语中寻求到增添威望的科举功名时，个人的彰显也成为可能。序文中着重指出了几位倡首，捐资者也显出非家族的个人化，由桥缔结的人与人的关系变得更为开放。

在另一块《泽永千秋　利济无疆》的碑记中则有"圣恩亲赐凤城县由义里地壤寨大会状知汝宁府袁官讳大选撰"的落款，由未出资的官员撰写序文，用文字传达出官方对这一事件的认可，乡村社会的人们则以"帝君之训""闻之平道路设杠梁，王政也"的表述来传达对国家认同的信息，在三门塘这个特定的历史环境和具体的修桥事件中，贯穿其中的文化意义也隐藏着国家意识与民间意识的互动。

自雍正年间开辟"新疆"疏浚清水江一带后，木材采运的市场机制逐渐成熟，三门塘、坌处上游的茅坪、王寨、卦治三个村寨实行轮流值年的"当江"制度。坌处、三门塘等下游村寨从早期的设立"十八关"抽江，到嘉庆年间愈演愈烈的"争江"，无不是对区域政治经济权力的争夺过程。以坌处为中心的包括三门塘在内的"四十八寨"村落联盟得到进一步的联结和整合，到了咸同年间清水江流域的张秀眉、姜映芳叛乱，使得陷入兵燹的清水江下游各寨组建了以"四十八寨"为基础的"坌处保安团"，当时对这一带的抽厘济练也成为光绪年间坌处等寨请贴开行的主要借口之一。①

咸丰同治年间的社会动荡给这一带带来了新的冲击，在这样一个历史背景下，地方社会的权力结构得到了重新调整，随着光绪年间木材商贸的恢复，地方社会生活也步入正轨，地方新旧势力的更迭不仅在经济上得以体现，人们在文化实践中也寻求表达，在光绪七年坌处"归宜桥"的修建中，以廪生王文德、监生王令平为首的买桥事件无疑是一例证。

二　买卖之桥

归宜溪口是古时黔楚通道必经之口，先年坌处老房街王春梅、王永禄二公架有石板桥，"虽家业已败，无力重修，而不许外人再架者"，但时有清水阻拦，使溪水"春夏常深，过涉多灭顶之患，秋冬虽浅，朝涉有寒胫之忧"。在昔有人愿买此桥砌石拱桥，以图久远，但梅禄二公后裔信为此桥保命，卖桥给别人意味保买桥者的命，不保卖桥者的命，因此，虽无力架桥，但不愿卖给别人架桥。继而溪水暴涨，木材横流，掀石桥断。梅公有一个名叫志映的后裔，愿意将此桥十二股中的一股出卖，名叫德的人率其侄共买之。德宣扬"资众力架石拱桥才是一劳永逸，保众人之命"的道理。

现载碑文如下：

---

① 参见张应强《木材之流动：清代清水江下游地区的市场、权力与社会》，生活·读书·新知三联书店，2006，第二章"'当江'与'争江'：市场制度及其演化"。

上应七星①

　　盖闻造桥以便人行，所以积德于己，未闻据以为己，业因而殆害于人。窃叹我等地方，每有后裔以先人所造之桥据为己业，动谓桥各有主，称为保命桥，虽家业已败，无力重修，而不许外人再架者。于是有愿买桥为己业，以便重修，而桥主固执己见，不愿卖者，意谓卖桥与人则保人之命，而不保己之命也。独不思己既无力重修，又不许人再架，行人至此，被水阻隔，或涉水溺毙，则桥主难保行人之命，天何尝保桥主之命哉！况人之命受于天，非桥所能保，不待智者而后知也。即如垒处对岸之归宜溪，一渠流水汇入清水河，春夏常深，过涉多灭顶之患，秋冬虽浅，朝涉有寒胫之忧；其地虽非车马不息之区，亦楚黔相通之路。旧有桥翼然临于溪上者，乃先年垒处老房街王春梅、王永禄二公所架也，原架长条石板。尝闻在昔有人愿买此桥砌石为巩（拱）以图久远，而二公后裔，拗于保命之说，不愿售出。继而溪水暴张，木植横流掀石板断而为两。久之，而梅公后裔名志映者，愿将此桥十二股中卖出一股，德即率侄正诚共买之。非买桥保命，实欲破桥能保命之说，资众力砌石成巩（拱），则一劳永逸耳。幸二公后裔有桥股者皆信德述，善与人同之言所然，开簿募化四方，又蒙四方善信解囊乐助，计得钱一千余串，共成美举。是役也，庚辰开簿，辛巳鸠工，壬午春而桥成，夏而水涨，虽幸石巩（拱）无恙，而拱上砌石竟圮一隅，其余皆有将圮之势。是冬复另延匠，仍其现巩（拱）加石砌过，方臻妥善，尤未能将善信芳名勒石彰美。至乙酉，始刻石碑告竣。德因述其本末，自愧无文，非敢云序。但愿后之览此碑者毋金玉尔音普，善劝各处桥主，不必据桥为业，未架则人人可架，或坏则人人可修，则保人人之命，亦即保己人之命

---

① 今立于垒处对面归宜溪旁。

矣。爰就归宜溪之名，名此桥曰"归宜桥"，盖取善归于宜之意云尔。甲戌岁试超补廪生懋轩、王文德谨撰益书

横眠半月

钦加同知衔特授镇远府天柱县正堂加五级纪录七次廖官印镜伊，号雪门，庚辰，进士，蜀人。

特授天柱营都阃府世袭云骑尉雯官印彬，号斧卿，祺人。

特授天柱县儒学正堂刘官印德钧，号襄臣，黔西州人。

特授镇远司分驻远口巡政厅左堂邓官印永吉。

特授天柱县右堂何官印钺。

特授天柱营分防垒处汛戎府徐官印壬亮，字廷光，粤人。

前署垒处汛田总爷官印保清，字锦堂，捐罚款钱十九千文，又自捐钱三千文，镇远卫城人。

前垒处镇宋总爷官印家祥，字炳山，捐钱四千文，湖南澧州永定县人。

宋汛主老太爷官印其玑，号全生，捐钱一千零八十六文。

归宜桥山向己（巳）亥兼丙丑三分，谨择于大清光绪七年辛巳闰七月二十三日卯时安脚，八月初六卯时安地龙转拱，十二月十五未时合龙口，八年壬午二十五卯时告竣，踩桥。四月初九夜因河水涨漫桥面，拱上砌石颓坏朝河下边一角，即于是年十二月初五，另请石匠加石砌过，九年癸未七月初七告竣，十一年（乙）己酉刻碑。

首士王德文，鉴生王国祥……捐钱人名

地理师王贞修，垒处人。选择师李美五，地兴团人。包石架拱桥匠罗义元，印阳县人。加石砌坎匠杨国祐，远口人。刻碑匠罗贵田。

"非买桥保命，实欲破桥能保命之说"的买桥行为，并不仅仅是乡间的民俗活动，除去第一块序文，第二块《横眠半月》刊列

的全是当时天柱县和坌处汛的地方官员，随后七块碑均系捐资名单及捐资数额。这从一个侧面说明坌处一带地方社会与官府的紧密关系得到了进一步的深化。

前文已经提到，家族所造之桥，桥的维修与祭祀都具有排他性，桥的所有权依据子嗣亲缘关系传承。当地人认为家族败落可买卖山林土地，却很少买卖坟山、桥梁的；坟山、桥梁多属家族公有，族人不依，也无法出卖。卖桥既是败家，买者也怀有买来败落的恐惧，所以在当地买卖桥梁的事情并不多见。人们凭借架桥实践来营造乡村权力秩序，通过架桥来表达他们的内在精神世界，这个观念系统具有延续性和持久性，桥所蕴含的意义象征体系在经济秩序变动时，显现出它一定的稳定性，但是随着现实环境的变换，人们关于桥的观念体系也会随之变化。

随着木材经济的稳步发展，或许人们也生发了对桥的商品意识，其中蕴含着一种价值及物权的转换观念，桥本身具有的转换象征意义和买卖的转换相一致。买桥之人主张破除地方社会给人们现实生活带来不便的民俗观念，当人们服从于经济生活的必要性时，也在文化象征领域寻求更大的话语空间。通过血缘姓氏来进行桥的权利配置的规则已被打破，桥承载的传统文化价值受到了挑战，这也是一次地方社会文化整合的仪式性活动。

坌处的买卖修桥事件，对地方社会中家族对桥专有性的传统观念带来了一次冲击，三门塘也不例外，尽管如今大多数乡民仍不提倡买卖桥梁，但是直到近代还有这样的事发生。喇赖的两块民国11 年的碑文①中讲道：

> 其一：盖闻昔女娲炼石以补天，是石之用从来广矣！故欲千秋常在、万代不朽者，莫如石也。如吾喇赖溪一寨，有溪之

----

① 今立于喇赖溪桥头。

西北来者，将道途隔断，往来行人有如汪洋之叹。是以吾等团三公之后裔人，与买到唐圃二公之石桥一半，徒以便往来行人，以免病涉耳，岂敢诩己公得哉？是为叙。

其二：尝读孟子有云，岁十一月徒杠成十二月兴桥，梁成未病涉也。是桥梁一设由来重矣，如我喇赖溪一村麓一道，溪涧虽不甚阔，亦非桥而莫渡，是以谢君秀及谢君治乾邀约二姓人等乐解金囊与本村谢治华购修建石桥，以为千古不朽，云是为叙。

这两则碑文记述了谢家族内买桥修桥的事，看似同一姓氏符号下的人群互动，实是不同房支之间利益权力的一次转移，桥所蕴含的文化意义与明代时期相比，已经显现出了若干差异。

三　现代桥梁

在田野中，一块 2005 年立的《修桥碑记》[①] 中所载，嘉庆二年由三门塘刘家所建的桥梁，在两百多年后却由其他村寨的人重新修建，刘家拥有的林场发生了变化，过去所修之桥也失去了原先的实际功能，修缮事宜则由如今与其生活密切相关的人群去完成。桥在过去饱含的宗族意识与严格排他的象征意义，在当今的生活情境之下，隐没消退了。摘引碑文如下：

洪水为患，古今自然灾害，溪涧急流，行人过往所忧，嘉庆二年刘姓架之石桥垮塌，多年后又架木桥已腐朽，行人过往提心吊胆。今有地兰岑杉木冲部分灯盘地兰村寨村民诚心集资，架水泥杆桥永远流芳。

撰文　吴高林　书写　王佳荣　刻碑　吴恒银

中华人民共和国二〇〇五年六月谷旦立

---

① 今立于地兰岑。

215

　　这里的桥已由原来的家族之桥转变成地方基础设施建设的一部分，在 2006 年坌处镇开始推行新集镇的建设方案后，由对岸开始架设大桥到三门塘寨前（见图 6 - 3）。三门塘人都说架桥是要收人的，所以这个时候"邪气"会很重。以前对河三门溪桥架起之后，三门塘各户开始在门前挂镜子，以驱赶不吉。大人给小孩子的颈脖上挂个红包，里面放了七粒米、芝麻、茶叶，以保平安。

图 6 - 3　未建成的新集镇大桥

　　时隔四年之后，大桥因为资金原因，修建停滞不前，直到 2010 年 3 月 21 日（农历二月初六），当地人说是个很好的日子，新集镇大桥铺设了第一块桥板，当天村里一百多人前去放炮，施工队邀请了村里的女子腰鼓队前去助兴，但在和桥有关的事务中需要男人上前，女人后去。① 早在 2004 年的农历二月初二，那天三门塘人没有儿子的，要架桥求子，还愿的也要去祭桥，但是女的不能

① 笔者一直与田野点保持联系，在 2010 年 3 月的一次电话中，由谢 M. F. 告知。

旁观，作为女性，笔者也无法参与到这一仪式中，当地有句俗语称为"男人不打三朝，女人不进道场"，他们认为女性的在场会带来不吉利。女性在仪式空间中不被接纳，但是在架桥之后，每年对桥的祭奠却都由女性去完成，桥关系女性生育，背后实则与父系宗族的血脉承继有关，这亦与桥原来带有的强烈宗族观念相关。

小 结

桥作为三门塘人日常生活中的一种物，人们对桥展开了丰富的文化想象力，并在有关桥的具体仪式与信仰中赋予其意义。在人与桥的实践活动中，人们花费了大量精力，留存至今的大量修桥碑铭，也足以说明桥在人们生活中的重要性。本章描述了在一个特定的地方社会背景下，不同历史环境下人们兴修桥梁背后怀有的信念体系的变动，以及人们如何通过桥来表达他们内心的某些诉求，特别是他们对"家族""村落"乃至"国家"的认同。

桥这一文化符号并不是不受时间影响，一成不变的意义实体，历史场景随着时间变动而转换，桥所聚集的求子保命的世俗意义与修功积德的佛教理念，引导着人们由充满情感特质的宗族之桥向村落乃至与社会价值相连的区域公益事业之桥过渡，直到光绪年间的"买桥"已经远离了桥最初代表的传统价值。作为修桥实践主体的人，受到各种政治、经济力量的影响，实践客体桥的指涉意义也发生了变化。

起讫于明代三门塘人修桥活动中所包含的佛教功德报偿观，尽管在漫长的时间脉络中隐藏于人们更为强烈的求子保命、和谐风水、家族兴盛的愿望表达中，但直到现在人们仍把修桥说成"修功德""做好事"。桥所蕴含的象征意义是不断累积的，从最初的家族之桥，到家族修建的村落风水桥，直至村内外、士绅、僧人、商号共同参与修建桥梁，从中可以逐渐看到国家符号在地方出现，桥所缔结的关系网络更为开放，形式与内容也变得更为丰富，人们开始凭借架桥实践来营造乡村权力秩序。光绪年间，三门塘上游垒处的买桥事件，实是不同权势、不同立场的人们的一次矛盾激化，桥作为事件的焦点，它一贯所具有的家族"所有权"与严格的排他性受到了挑战。社会环境的变化，与桥相连的人群相应发生变化，如此桥所承载的象征内涵也随之而变，直到如今，在三门塘人的心目中，对桥依旧存在类似"归宜桥"中的观念分歧。当林业经济逐渐退出历史舞台，某些去往山林的桥也失去了功用，政府力量兴修的公路桥取代了地方性桥的架设，桥在人们心目中的某些象征意义逐渐脱落。

无论如何，明代以来三门塘的各种桥是表达不同时期人们价值观的符号体系，村落文化通过这一符号意义历代相传，并成为村落内部与外部，民众、士绅、官员之间互为沟通的一套解释话语。人们通过桥缔结关系，形成人与自然、人与人、人与超自然之间的意义秩序。在缺乏制度保障的村落社会，桥缓解着自然、社会经济的不稳定因素给人们带来的生存焦虑，在不同的历史社会环境下，人们对桥也有着不同的文化创造。

第七章　血与土交融的空间

从码头通往寨内的那条花街小路，在过去两边开了许多商铺，如今只有植物在原来的宅基地上茂盛生长。羊群在鹅卵石上踩踏的声响，激起记忆之湖的涟漪，羊儿的铃铛摇曳人们的记忆，赶羊的老人抽着烟，眯着眼和笔者说起过去的那段村落故事。与具有一套关于自身家族定居传说的姓氏相比，追溯不到名门望族与显赫源流的家族，在寨子内的空间分布上便显现出差异，早期入住的大家族都聚族而居，在村内偏里一带，而一些后来迁入的小姓氏则居住在沿河一带的花街路上。过去经济引力下的别族入迁，形成了繁华的贸易集市，不同姓氏的居住空间给出他们在村落中的定居历史。由于社会环境的变动，原来居住在花街一带的人们有的离开了村寨，有的则分散居住在大姓氏的聚居区域内，用他们自己的话说即"住在一块土，是那一家人"，地缘与血缘一起成为村落社会的构成原则，也成为不同空间内人群组织活动的基础。

第一节　"住在一块土，是那一家人"

前文已提到，自明朝以来，三门塘谢、刘、王、吴家族以姓氏聚居，今天人们所说的地名也隐含着某种家族史。居于村寨中心的"谢家"侗语为"九下"，"九"意为"那一头"，"下"为"谢家"；"刘家"侗语为"九留"，意为"这一头的刘家"；"大兴团"侗语为"大边"，意为"田坝""大坝子"；"小寨"侗语为"见纽"，"见"意为寨子，"纽"是"小"的意思。如今三门塘分为

219

谢家团、刘家团、大兴团和小寨，这些地名里，谢家与刘家以姓氏命名，并且"这一头"与"那一头"对应，或许也说明谢家与刘家入住村寨的承继关系，小寨与大兴团则以它的地理特征命名，在家族故事中，王家小寨与大兴团的土地都来自谢家，不带家族特征的地理名称或许对王家人来说更为妥帖。三门塘作为一个更大范围内的空间聚落，割裂为这些细小的人群聚居单位，这些小范围空间的名字一类通过血缘姓氏命名，一类与自然地理特征相关。

虽然大家族以姓氏血缘聚居，但这也并未削弱他们对三门塘村落的认同与归属，在谢氏族谱和王氏族谱中，有对他们所居村落的描述：

> 三门塘隶属贵州天柱县坌处镇，一条清水江从西向东，环绕村前，背依白岩幼大山，蟠旋起伏，有茂密的杉、松、桐、茶，郁郁葱葱，环境极为优美。木材的蓄积、砍伐量都很丰富。自古至今，都有大量的木材支援祖国建设，车装水运，甚为方便。盛期木排铺满江面，一九四九年解放军过江，不用渡船踏筏而过。
>
> 我郁七公之子万甫公于明永乐二年从黔城迁居此地，开辟这侗乡疆土，繁衍较盛。地沃民殷不仅稻田连年丰产，天麻、茯苓等贵州名药畅销国内外，收入可观。又谓地灵人杰，自明清至今军政各界，不乏其人。①

王氏族谱的《三门塘考记》中写道：

> 村名三门塘者，先祖迁自黔阳下游三十里之三门塘，志勿忘也。是村也，总三江九溪之门户，实外省客帮之咽喉。依山

---

① 《谢氏族谱 祥卿 郁七 郁九公家乘陈留》，第 41 页。

傍水，岸高塘深，乃苗河杉木内外两江交易之水埠也。虽处僻壤，江汉知名。村之中，有大兴街，乃先祖开疆拓土定居之地，世守数百年，往南有王家街以临水，水岸即王家码头。向北，有大兴团以靠山，庆衍螽斯。追忆父老言传，留心问碑寻迹，三复考证，爰叙如文。[①]

如族谱中文字所展现的，在清代，三门塘占据了内外江六个村寨中最下游的地理优势，至此村落生活的各个方面都与木材贸易发生了紧密联系。清末以来，由于商业经济的兴衰而带来了村落内各大家族的力量博弈。在三门塘周边一些单姓村或几个姓氏较为强势的村落中，小姓往往依傍大族或改姓。三门塘却不分先来后到、人口众寡，均能落户融洽相处，这无疑与三门塘后期的木材商业化发展有关，用当地人的话说即"寨美人和，家兴族旺"，随着外来人口的入迁，展现出分工协作的村落图景。从空间分布看，大姓氏都聚族而居偏里，后来入迁的小姓氏则基本居住在刚进寨门的那一条商业街沿河一带。

清末民国初年，三门塘已是清水江下游一个"百工毕集、商贾辐辏"的商埠，成为一个因水而兴的初具规模的物资交易集散地。走在村中，街巷交错，所有的街巷都由青石铺就或是鹅卵石镶嵌，两边老宅的高墙黛瓦斑驳陆离，屋舍雕梁画栋。木业鼎盛外销时期，三门塘村寨中人群熙熙攘攘，人满无处住宿，木坞停排无当可挤。

财盛物来人会集，物来人乐寨兴起，寨兴客商喜登门。一方面财富得到积聚，另一方面更多的钱财被投入村中的公益事业中去。大家共议整修寨门，修街立碑、架桥办学。搞义渡、义学，修建庵堂、庙宇，并有相应的义渡田、义渡山（林），义学田、义学山，庵堂田、庵堂山维持其正常运行。从南岳庙到杨公庙的一条鹅卵石

---

① 《王氏族谱》第九号第一册，第35页后六。

花街，两边店铺林立。一条小小的商业街货源丰富，两边屋檐相接，即使下雨，雨也不落地，从小巷穿过，鞋不沾湿。

不同年龄的人会给出不同的花街记忆，但相同的是人们无法忘却这条老街留给他们的繁华景象。打铁的刘家、卖杂货的洪家、杨师傅画的菩萨像栩栩如生、丧葬用品由王家人卖了去；甜甜的蔗糖味总能吸引孩子们的嗅觉，小脑袋在刘家和林家的糖铺里挤了一窝子；有一个姓刘的道士也成了他们的街坊邻居，在一个村落中道士总是会在日常生活中的某个特殊场合或是重要节日中一改平日里的普通村民身份，披上道袍从而拥有了神职能力；卖杂货的付家，打豆腐的乐家，谢家卖小吃、做餐饮，张家理发，还有个爱钓鱼的银匠许老三；这一排店铺的对面是杀猪卖肉的蒋家，还有一个会说书的周先生；付家的生意很是红火，卖米豆腐、板栗、甜酒、粑粑、花生等各种小吃、点心、下酒的小菜；隔壁是卖烟、盐、药的大老郑和小老郑，卖杂货的潘、吴两家；打豆腐的吴家，滑滑嫩嫩的白豆腐，煮着鲜美的清江鱼头汤；最靠近村头码头有两家烟馆，是卖鸦片、开赌行的……茶楼酒肆、青楼烟馆，在繁华都市中的市民生活形态也在这个小村落中出现。这条小型商业街在 20 世纪 30 年代遭受了大火的吞噬，1961 年的又一场火灾将这条街道燃烧殆尽，曾经的繁华也随着后来木业的停歇而渐逝。[①]

当年的繁华之景用三门塘人自己的话说是"生意兴隆通四海，财源旺盛达三江"。碑刻中写道："诸峰来潮，势若星拱，清江环下，碧浪排空，昼则舟楫上下，夜则渔火辉煌。"[②] 入夜，满江灯火通明，人影幢幢，一派热闹繁华之景。从三门塘村土改前各阶层山林统计资料（见表 7-1），我们也可以看到三门塘居民从业身份的多样

---

① 2004 年 8 月，三门塘，谢 D. L.、谢 J. C.、王 M. G.、刘 Z. C. 等人提供。8 月 19 日，天柱，访谈刘 Z. X. 老人所得，文中是根据多人的讲述而做出的综合描述。

② 《修庵碑记》，此碑现立于三门塘小学门前，嘉庆二年孟冬月吉日立。

性。全村 196 户，山林总面积为 6213 亩。这一时期，各阶层的营造、购买、典当、占有的林木都属各户私有林木。木材贸易带来的外来人口的入迁，可以看出商业化过程中村寨的种种变化。外来人口的流入使得村落的姓氏格局有所改变，如今的三门塘是个多姓居住的村落，在村子里民国时期的碑刻上，也见到了越来越多的姓氏被镌刻其中。

从清代末期到民国初年，三门塘的村落格局以几大姓氏聚居为主，后来入迁的小姓都居住在沿江花街一带。到了 1949 年，三门塘解放，人们至今还记得木排铺河，解放军过江入锦屏的情景。1952 年，三门塘进行土改，山林被重新分配。1955 年，办互助组。1956 年，办初级合作社。1957—1958 年，从高级社过渡到人民公社时期，三门塘改为"三合乡"，包括三门塘、三门溪、杉木冲、地兰岑、岩鹰形、喇赖、乌岩溪、长田等自然村寨。1958 年，办"大食堂"，如今村内大晒坝（篮球场）旁曾作木行的窨子屋的大门上方，"食堂"二字还清晰可见。三门塘的木行，在大炼钢铁、饥馑难当、彻底公有化的年代，最终完全消失了。1961 年，由于粮食紧缺，喇赖归为地兰村。

1961 年，"大食堂"解散，分为若干小食堂，分为七个生产大队："和群队"，即今三门塘一组、二组、三组；"新民队"，即今四（1）组、四（2）组；"大坪队"，即今五（1）组、五（2）组；"大兴队"，即今六（1）组、六（2）组、六（3）组；"溪发队"，即今三门溪七（1）组、七（2）组、七（3）组；"新市队"，即今喇赖九（1）组、九（2）组；"民主队"，即今乌岩溪十组。今天三门塘村内的一些街道仍有以这些队名来命名的，如"新民路""和群街"。坌处建镇之后，将"三合乡"改为了"三合村"。"99 金山笔会"① 之后，三门塘声名大噪，一方面为了避免与县内的另

---

① 天柱县三门塘村为了开发旅游，在 1999 年邀请了天柱籍在外的专家学者、知名人士前往村寨，以提高三门塘的社会知名度。

一个"三合村"混淆，另一方面为了发展旅游，在2000年，"三合村"重新改为"三门塘"。①

当地人告诉笔者："我们这一带，寨子与寨子之间，一般文化差异比较大，一个寨子的田、山、土，地理划分都比较明显，但是寨子里面会根据姓氏的不同分成一片一片，界限并不会特别明显，比如说哪家人口多了要扩展出去，但还是属于这个团的。"由此可以发现，当地人对寨中的"团"有着清晰的空间概念。

基于村落过去以血缘姓氏聚居形成的不同空间范围，人们在此基础上产生了世代相传的对村落空间的认知观念，到了政府的行政划分生产小组时，其也认可了人们对村落空间的历史记忆。原来的"刘家"、王家"小寨"称为"和群队"，"谢家"称为"新民队"，吴家"大坪"称"大坪队"，王家"大兴团"称"大兴队"，王家"三门溪"称"溪发队"，喇赖谢家称"新市队"，乌岩溪称为"民主队"。在那样一个时代背景下，三门塘原来的谢家、刘家、小寨、大兴团等极具家族特征的名称也被具有很强政治色彩的名称取代，在村民的观念中，生产队不仅仅是人群关系的集结，也是某条街道、某些房子构成的一个区域。土改之后，众多农民分得了地主的田地房产，表7-1大致可看到三门塘当时的一个经济状况。

表7-1 三门塘村土改前各阶层占有山林统计

单位：户，亩

	户数	山林面积	户均面积
地主	10	2516	251
中农	52	2168	41.6
贫农	112	694	6.2
富农	2	178	89

① 2004年8月3日，三门塘，主要资料由访谈王Y.D.、谢J.W.、杨S.F.等人所得。

	户数	山林面积	户均面积
资本家	2	123	61
小土地出租户	3	60	20
小商贩	8	35	4.3
手工业	2	19	9.5
工人	5	12	2.4

资料来源：《天柱县林业志》，第86页。

因此，在原来姓氏聚居的团内，许多小姓分到了地主的房子，与村中大姓毗邻而居，根据村里户口簿统计得来的数据（参见附录一），过去以血缘纽带形成的团，如今变为以大姓为主、小姓杂居其中的格局。血缘的重要性回归到空间的地缘本质，"一个团，其实没有亲戚关系，但是又好像亲戚一样，有什么事，大家都帮忙"。借用当地一位老者说的话就是"住在一块土，是那一家人"，形象地表达出"团"这个血、土交融的空间概念。

第二节　团的聚会

一　"转转饭"和"打三朝"

当地有种宴客方式叫作"转转饭"，有的地方叫作"聚拢饭"，总之这是一个与一定地域范围内人群相关的活动，和"团"紧密相连。三门塘人说："家里要是来了贵客，都是要陪客的，找些邻近的人来一起吃、唱歌，要热闹才行。"侗家人"以饭养身，以歌养心"，他们无法容忍用餐时的寥寥数人和饭桌上的冷清，热爱饭桌上的酒和酒杯中的情，往往吃饭饮酒要唱歌，以歌传情。当地人陪客吃饭，女客女陪，男客男陪，邀请若干人来陪客，到场之人在日后都要回请主人家和客人，主人家做一些菜，其他陪客的人家也要拿一两样菜过来，左转右转的喝酒方式，情融于酒，互相传递。饮酒用碗，不用酒杯。先喝两碗，左发右顺，然后大家邀约再干一杯，叫"三杯通大道"。冬天的时候，屋内升起塘火，大家酣畅饮酒，边饮边唱酒歌，兴致高的时候直到夜半才散去。在小型的社区空间内，"转转饭"以最简单的饮酒宴客，达到一种巩固内部团结，对外又能给人留下热情好客之好印象的作用（见图7-1）。

图7-1　三门塘聚拢饭

笔者第一次去三门塘的时候，住在刘家团内，过了一两天便开始受到隔壁阿姨们的邀请，当时笔者生怕打扰人家，婉言谢绝。后来一位阿姨告诉笔者，这在当地是一种风俗，表示对客人的尊重，你要去了，对方才觉得开心。所以接下来的时间，笔者便开始一家一家地轮着吃饭，和在当地被称为"婆婆开"的妇女们一起饮酒唱歌，其中她们的伙伴关系，也成为团内凝聚力的一种表达。

团的概念变动不一。"转转饭"的对象是外来人，因此它所引发的人际关系是以村落内部的地缘为基础，而此时团的概念便侧重于地域性；而像婚宴、"打三朝"等则以血亲为纽带而展开。

只喊亲戚的"打三朝"：在当地，结婚以后，媳妇生一个男孩或女孩，都要开席请客，当地叫作"打三朝"，一般要经过"吃三朝酒""报屋""打三朝"等程序。

（1）吃三朝酒。媳妇生了孩子三天之后，必须通知婆家某天吃三朝酒。去时，生男的就带一只公鸡，生女的就带一只母鸡。婆家得知后，便约几个亲房妇女提着鸡、蛋等物来看新生的孩子。婆家人来了，主人家就喊有关亲房作陪，饮酒、就餐，住上一晚，婆家的客就回去了，通常都是请女的来。

（2）报喜。生子十来天后，男方要选一个好日子，通知有关客人来"打三朝"。对婆家和较亲的客人，要派专人挑起酒、肉（酒1瓶、肉每家一挂约2斤）前去告知日期。婆家也同样酒、肉相待，表示欢迎。

（3）打三朝。到了约定的那一天，亲戚朋友前来送礼放炮祝贺，祝新生子"长命富贵，易养成人"。一般赠送的礼物最低的有一个红包或一挂肉、三四尺布、两斤糯米，比较亲的亲戚还有一只鸡或一张毛毯；礼物最重的有帽子、鞋子、衣裤、毛线、棉衣、围腰、盖裙或风裙、绸缎制的花背带、小娃车、银帽子。就餐时婆家人坐在堂屋一席，房族作陪，吃酒、划拳、唱歌，接连三天才散客。爱客的人家，客人多的要有二三十桌，经济较差的人家，也会有十来桌。

到散客的那天早上，主人请婆家人到堂屋上席就座，两旁伴有歌师，还有拉歌的姑娘等候，宾主饮酒唱歌，热闹到了中午时分，当客人开始唱起回家的歌曲，这时，主人就把原来的一桌酒席收起来，另外摆上一桌新的酒席，有各式各样的菜，有瓜子、糖果、香烟；还有一个猪头，一根花棍摆在桌上。在用两张大方桌合成一个长方形的大桌旁，宾主频频举杯，边饮酒、边划拳、唱歌，姑娘拉歌，欢笑声、歌声响遍屋内外，堂屋内挤满了人，热热闹闹，往往不在一个团内的人家也可以感受到那种欢庆的气氛。等到婆家把四个红礼包放在桌上四角后，猪头就用那根花棍挑出门。主人鸣炮，房族挑担并唱歌相送，宾主形成一条长长的队伍，炮声、歌声、笑声连成一片，慢步送出一段路之后，便选择一个较平的地方，宾主互相对歌、敬酒，主方以歌欢送，客方以歌感谢，双方依依不舍而散。

当地人告诉笔者"打三朝"是只喊亲戚的宴请活动，但是笔者在田野中发现在不同家族中，"团"这个概念的具体运作会显现出差异。对大姓家族而言，例如婚宴、"打三朝"他们可以找到充足的人力帮忙协助，那么此时团的概念就只局限于血缘关系内，但是小姓氏往往需要借助团内的邻里关系来完成，此时"团"以"不是亲戚，又是亲戚"的情感状态就落实到了日常生活中去。"团"这个结合地缘与血缘的空间概念，构成了三门塘村落的形态，也成为组织日常事务的基础。

二　一家孝事百家陪灵

三门塘村的"老人会"成立于清朝末年，至今有一百多年的历史。"老人会"含义有二：一是村里老人过世，群众称"某某老了"，以"老"代替"死"，"老人会"就是以料理丧事为主的一个群众组织；另一层含义是，其成员多为德高望重的老年人，他们办事正派，考虑问题周到，号召力强。"老人会"会员6—10人，由各族各姓各房的群众推选产生，主要负责人叫执年，执年每年更换一次。执年之下每4户当一班，哪家老人过世，"老人会"成员便主动到丧家安排相应事务，同时，"老人会"也协调各族各姓各房之间发生的纠纷。村民中姓氏之间发生矛盾，"老人会"就集中议事，并有意识地安排矛盾产生的一方到另一方家中去帮忙，在众人调解之中，化解矛盾，消除隔阂，双方重归于好，礼尚往来。20世纪80年代，村里成立了敬老院，"老人会"被敬老院和村委取代，但在现实生活中，真正起作用的还是"老人会"，新成立的组织也会沿用"老人会"许多行之有效的方法。

在三门塘，一共有三个"老人会"，分别为"刘家老人会"、

"谢家、大坪老人会"和"大兴团、小寨老人会"。谢、王、吴、刘为村中最大姓氏，占了主要人口，其中谢家在早期便已迁出了谢家团，所以以团为划分依据的"老人会"，实则延续了以宗族为核心的运行机制，"老人会"的运作也是基于地缘关系的团和姓氏血缘的结合。以下为田野中收集到的"谢家、大坪老人会"的有关组织章程条例。

老人会备忘录

谢家团　大坪　合启

一、序言

会者，即相互助也。盖为人臣，当尽其忠，为子应尽其孝。孝者，对双亲生养死葬也。此事人皆有之，然人生去世，未定时辰，均系及致方知，而人生处世，有贫富之殊，智谋强弱之分，坟山远近之别。为分担其主事之忧虑，使逝者能得以及时安葬，以慰先灵。先辈老人则根据当地具体情况，组织此会，老人会。为永远继承先辈遗志，沿袭其宗旨，特购书本，录存其章列后，以便众会员共同遵守执行。

由于时间推逝，历史章程已失传，仅遗留下历届会员的决议条款，还很不充分，有待于后辈不断补充完善，希望后辈会员，为巩固其会，继续发扬光大。

代笔人：彭 X. W.

一九九四年甲戌年正月十八日录

二、固定财产登记　无

三、有关规定事项

1. 本会会员，不管哪家出事，由主东告知应届值班员（负责人），再由负责人通知全会各户，于当天晚上集中主东家守夜。

2. 无论哪家出事，与会各户，应捐米 1.5 斤，干柴 30 斤，人民币 2.00 元，由应届负责人凑齐，交主东使用。

3. 凡参加本会的户（人），从 16 岁以上去世的，均可与去世老人同样享受其本会待遇。

4. 凡属本会的主要劳力，得知本会有人去世，一定要参加守夜和抬丧。

5. 凡参加守夜人员，年龄要 16 岁以上，未达此年龄不够守夜资格，有特殊情况不能参加的，要向众会员请假，经同意方能有效，否则按不参加守夜罚款。每夜罚一个工。

6. 守夜点名每晚三次，第一次点名时间：二月至八月下午九点半，十月至正月一点半，第二次随时点名（由值班的自由安排），第三次以天亮为准，每次点名不到罚款 0.5 元。

7. 每户主要劳力，若事前已外出，在 20 里内，由本户派人调回（请人、讨人只要强劳力代替亦可），如主要劳力不参加抬丧，也不讨人、请人顶替，罚款一天工钱，由当时会员议定价格。

8. 与会人员，统一由应届负责人安排，每次老人去世，本会只能安排四人办理生活、灶房，人员不够，由主东自行寻找。

9. 本会有事，负责人通知不周到，应罚，负责人不负责任罚款半天工钱，价格由众会员按当时工价记。

10. 抬丧当天，早饭前集中放凳子，点名一次，在点完全会名单后，再点不到之人，仍未听答应的，罚款 0.5 元。

11. 抬丧人员，到坟山后，要等待诸事办妥，再点名一次，不到者罚款 0.5 元，负责人不点名罚款 0.5 元，如有特殊情况，有该会某人证明可免于罚款。

12. 本会会员，凡在外地过世者，一律由主东负责到寨边，然后报告应届负责人，由负责人按会规定，予以解决。

13. 凡本会各户分家或外来户要求参加本会者，应先交纳一定的基金，才能有权在本会落户。

14. 凡本会在外居住的，每次本会去世老人，应捐钱 5.00 元，归会所有。

15. 被罚款人，应主动将被罚款如数交给应届负责人，如不服从其处罚，罚后不交款，全会会员有权拍卖该户物资或收缴其炊具，上述均不同意者，众会员有权开除其会籍。

16. 本会每次老人去世，除损 2.00 元给主东外，另捐 0.2 元作为当时打井人的辛劳补贴。（此条不执行）

注：制章时物价为自由市场米 0.7—0.8 元，肉 2.8—3.0 元，油 3.0 元，工价 4.0—10.0 元。

四、老人会众会员名单

五、补充条例：二零零一年十月初一

1. 值日工作失职的与被罚款人员所罚金额同等对待。

2. 老人会基金由原来的二元增加到五元。

3. 本会外出的户数，每过世老人要向老人会交纳会费一十五元整。（原因是不守夜不抬丧）。

值日：谢 J.Y.，吴 H.B. 二〇〇一年十月初一

六、老人会轮流值班名单

七、每届交接记事列后

1994 年 1 月 13 日……

1994 年 2 月 3 日……

2003 年 4 月 16 日，彭 C.J. 老人去世，远方会员不到家的有：吴 F.G.、吴 H.B.、彭 Z.G.、李 W.Y.、谢 J.G. 共五户（每户 15 元），计人民币 75 元整。早上放绳子，点名不到的：吴 G.Z.、吴 H.Q.、王 M.Y.、吴 Z.J. 四户不到每户 0.5 元计，2 元整。本会会员谢 J.T. 不在家。本届收入人民币 77 元整，但本届会长为老人会添置了工具，十字挑 10 元，大圆铲二把 12 元，大板锄 8 元，拉绳一根 43 元，船费 4 元，共付出人民币 77 元整，经手人代理会长王 Z.H.，存款取了 30 元（作买工具费用），存款还有 542.01 元，上届结余 632.51 元，本届收入 77 元，共有人民币 709.51 元，扣除买工具费用 77

元整，结余人民币 632.51 元，现向下届移交：存款 542.01 元，现款人民币 90.5 元。

移交人：林 A. Y.，吴 J. Z.，吴 G. J.，吴 H. Q.

接收人：彭 Z. G.，蒋 X. P.，吴 H. L.，吴 H. J.

二〇〇三年五月十六日

在 2004 年，笔者第一次在三门塘做田野时，遇上了村里谢家团的一位老人（刘 Z. J.）过世，当时便由"谢家、大坪老人会"安排丧葬事宜。三门塘人认为，他们侗族人主要依靠农耕经济，过去还有杉木培植，不论哪种都与土地休戚相关，因此生前离不开土地，死后重归土地也是十分自然的事，并且当地人对祖先坟墓的风水也十分重视。寻找合适的风水墓地，不仅可使祖先入土为安，也可使子孙昌顺发达，两者存在一种互惠的关系。墓地山象的形势必须向阳开阔，刘家的祖坟地在对河三门溪一带的山上，这块墓地所在山丘形似鸬鹚，边山为两翼，择址在其头部，面向清水江，一览无余。

丧葬习俗与特定的社会经济、生产力水平、自然环境紧密相关。根据村里的老人说，他们三门塘侗族的葬式以土葬为主，兼有火葬，神话传说里历史上曾有过食葬，现在一般是根据年龄的大小和死亡的原因来决定葬式和葬礼的规模。寿龄越高，葬礼越隆重；青壮年以及非正常死亡者，如因车祸、溺水、上吊、枪杀、难产等死亡者，大部分地区先是火化，再行安埋，而且是不能入祖坟的，须另选墓地；夭折的人就用席子裹起来或是用杉木皮包住，选择一个人迹罕至的僻静之地挖一浅坑埋葬，一般在河边野地，当地叫作"化生子"，据说埋深了不利于死者灵魂轮回转世。①

---

① 2004 年 2 月，三门塘，访谈王 C. Y.、刘 F. C. 所得。他们将这些丧葬习俗归为侗族特有，表达时喜用"我们侗族"。

刘 Z. J. 老人寿终正寝，属于正常死亡，主要仪式和程序有接气、沐浴、上"灵床"、入棺与关殓、发丧和安葬、复山和转孝等。这一系列过程，透露出人们祖先崇拜的思想，整个过程也是孝道的演绎。

接气。接气为葬礼的第一个程序。父母到了晚年，健康状况衰退，常有病痛，儿女守在床前以尽孝道，至久病不愈，眼看老人生命垂危，将要断气的时候，子女把他（她）抬到堂屋中央的木椅上左右扶着，不能让逝者死于床头和屋外，无人接气。同时准备香纸、蜡烛、鞭炮，一旦落气，则将尸体抱起，不许和地面接触，用斗或升装上谷子，上盖一张红纸，让死者双脚踩在上面，叫作"踩金满斗"。随即供香烛、烧"落地钱"，其灰烬用白布包着缝成三角袋入殓时放在棺内，传说是给逝者阴间备用，不受贫寒。然后鸣放鞭炮。左邻右舍闻讯赶来，方才举哀，安置灵堂治丧。

沐浴。洗澡水由孝子到井里去抬，他们要带 3 张纸钱、3 炷香到井边烧化，把几枚硬币投入井中，口里说道"买水给××洗澡"。抬水回来，便把火塘里的三角架拿到屋檐下翻天架起，拿稻草当柴烧水，洗澡水中还要放几粒大米和一把茶叶。洗前要找一些碎银用纸包好，象征性地捆上一根纱线，塞进死者嘴里，入棺时取出，意思是死者在阴间口渴了有钱买水喝。这时死者生前好友则于一旁喋喋不休地告诫："去阴间有三条路，你要记住，上下莫走，只走中间；只同好人，莫跟歹人；多做善事，莫做恶事；你往日过路上下爱问这问那的，多管闲事，今后不要多嘴挂念别个了。"然后给死者剃头，女性则梳头挽髻，之后则洗澡，在身前身后从上到下分别象征性地抹三下。趁着体温尚在，骨节未僵，穿上寿衣、寿袍、寿袜、寿鞋，戴上寿帽，衣服裤子一般是穿单数件的，三、五、七均可，旧衣穿在里面，外面套新的。新衣不钉扣，只有几根左右相应的布条。旧衣服上面的扣子必须剪掉，不准穿着它们入棺。穿着宜土布，不许着化学纤维的衣料，民间有种说法说是穿上它们，死者就过不了"鬼门关"，要遭到牛头马面的攻击。寿鞋底部还故意留下线头，用墨汁点染，象征着砂鞋（安有砂钉）好走侗寨的花街路。

上"灵床"。"灵床"由两根长凳和一块门板铺成，床上铺一张垫单。死者纸钱盖面，白布遮身，脚前摆上香案，香纸不断，床下点"长明灯"，彻夜通明，有的村寨还用斗笠挂在神龛上把"天地君亲师位"遮住。这个时候，丧家一面穿孝守孝，一面派人四处报丧，并请道士来超度亡灵。凡死者的晚辈血亲和姻亲都得披麻戴孝，如子女、儿媳、侄子、侄女、女婿、孙女婿等，重孙辈的孝帕是红的，没有过门的媳妇要把一红绸缠在臂上。一般亲友只发孝帕，按照"七父八母"的惯例撕布，死者为男发七尺长一尺五寸宽的白布，死者为女的发八尺，发给小孩的孝帕的长度和宽度酌减。

丧葬期间，由道士占卜确定出葬吉日和墓地。如本次葬礼道士占卜说三日之后，也就是二月十八日，农历一月二十八日出葬。晚辈就撰写祭文、讣告。此时新年时节粘贴的红色对联都换成了白色。

入棺与关殓。入棺即将死者的尸体放入棺材，下面垫一到三层的白布，左右扎上死者生前的旧衣服，肩膀处放下剃下的头发和"落气钱"。棺盖要留一条缝给祭奠瞻仰遗容之用。关殓即把棺盖关紧。孝子亲友都集中后，把棺盖抬到一边让大家作最后的遗体告别仪式，由德高望重者劝导死者，盖上女儿和亲友赠送的"阴被"（里子为白布，面子为红布，无棉絮），每盖一床便向死者交代是谁送的。然后用墨线对准棺头棺尾的中心线和死者的鼻尖，测量死者是否放得端正平直。

发丧和安葬。二月十八日的上午，快到了发丧的时辰，唢呐声响起，"老人会"的第一班人员着手做出殡的准备工作（给棺木绑上两块粗木以便扛抬）。在屋内做法的道士择时而出，然后将一个碗盛上大米、茶叶，掺水，放在棺头上，口中念念有词："来也空，去也空，亡者死魂入墓中……"然后手持法铃，拿着引路幡绕着棺枢走一圈，口中念念有词，边走边摇铃。快上路时，道士举起一只雄鸡，割破喉管，将鸡血洒在棺枢四周，以防鬼怪侵扰。然后将鸡甩向出殡方向。最后，捶碗发丧。此时，鞭炮声大作，抬灵人一涌而上，将棺枢抬起朝墓地而奔。走在最前面的是举着引路幡的人，一路抛撒纸钱，作为引路。端灵牌的孝子，送灵的人，在鞭炮、唢呐的热闹气氛中过河、登山。如果路途遥远，中途休息时，孝子必须解下孝帕铺在棺木的下面，表示孝子在轮流抬着，以免死者的灵魂散失在路上（见图7-2）。

图7-2　抬丧的"老人会"成员过河到岸

那天"老人会"的成员分为四组，各担其职。比如分别承担出殡前的准备、抬棺、下葬等工作。那天出殡的人群分两条船渡河，或许是由于载重过多，马达怎么也发动不起来，最终由两位"老人会"的成员撑篙过河。到了山坡，应换成另一班的"老人会"成员，但坡道狭窄，难以行走，大家也不管班次，众人一心，一个托一个在陡滑的坡道上行进。

到了刘氏祖坟，子女们解下孝帕铺在地上，才将棺枢稳妥放上，大家四下休息。由于道士推算的时间要在未时，还有一段时间可供大家充饥休憩。到了下午两点，杀鸡宴煞，地理先生用公鸡血在清晨挖好的墓坑四角滴洒，然后烧香化纸，撒朱砂，鞭炮大作后，才缓慢平稳地放棺入坑。当地有句话叫作"男顶头，女顶脚"，这样才能让逝者安稳地躺着，真正的入土为安。地理先生换上事先准备的新布鞋，拿着罗盘、红线，下到坑中给棺木定位，使得棺椁的方位和山象相符。然后开启一点棺盖让孝子检查一下是否因为行路而有东西把老人的耳朵给遮盖了，他们认为若是有东西堵住了老人的耳朵，那么他的后代将会生出聋子，此时要有雨伞遮掩。最后，地理先生拿出一包大米施行"仙人撒米"，并问孝子："愿富愿贵？"答道："愿富愿贵。"地理先生将米撒向孝子并说道："愿富者赐你金银财宝，愿贵者赐你珍珠宝玉。"孝子用孝帕接住包回家煮食，然后地理先生会再说一些祝福吉祥的话。事毕，一位老人拿来清晨掘坑时的第一块土（称为"破土"），掰一半掷于棺椁上，随后盖土其上，最后将漂亮的棺罩罩在堆好的土坯上。正面写着"福寿全归"，上面是一只展翅的白鹤，象征着驾鹤西去。

复山和转孝。安葬之后还有两道次生的礼俗，这就是复山和转孝。第三天是至亲为死者修葺坟墓的复山日期。当日，孝子要将老人魂"喊"回家，喊魂时将"破土"的另一半握在手中，放在背后，意为背着老人回家去，路上遇熟人也不予理睬。回到家中，家中长者闭门问其"从哪里来"，孝子答复后才可入内，然后将土摆在神龛之位。转孝为丧葬的最后一道程序，于第七天举行。孝子穿着孝衣到其母舅家去请母舅脱掉，俗称"脱掉蓝衫换紫袍"，另外还要剪头发，吃顿饭。至此，葬礼最终结束。

二月十八日那天回来之后，参加葬礼的人都要去主家洗茶叶泡的水，以便带来好运。安葬完毕后，孝子家在祠堂办丧事席宴，以答谢众人多日来的帮助。到了下午四点多，人们便一批一批地进入刘氏宗祠用餐，笔者也被邀去用餐，大家喝酒聊天，每一桌有十个菜，每人一个鸡蛋、一瓶啤酒和家酿酒。坐在笔者旁边的一位中年妇女和一位老妇人夸奖刘家的摆酒比较好，很丰盛，但也有人不赞同。

到了下午五六点，道士再次来到河边，其余人抬着纸屋、纸钱到河边，堆放了稻草，周围插了一圈香，然后点火焚烧。其间一位老人拿着脸盆，洒水饭，说是给鬼吃。然后道士开始念一些安魂咒，几位家属就跟着道士绕着火堆一起边奔跑，边放鞭炮，事毕，道士褪去道袍，大家在夕阳中回到了村寨。世间一切生物皆有生死，死亡观念无法言明，与其相关的仪式形形色色。从以上的描述中可以看到，隆重神秘的丧葬仪式依托于"老人会"成员的帮助，才可能使一个家庭的葬仪顺利进行，也成为村落生活中至关重要的一个环节。作为一种民俗事项的丧葬礼仪乃是人生礼俗的最后一道，标志着一个人从此脱离了家庭和社会，是生者与死者发生关联的一项重要活动，但在某种程度上它也是生者之间协调运作的行为，其中"老人会"起到了十分重要的作用。

诸如前文中所描述的各种事项，均由"老人会"的执年有条不紊地安排。老人过世，其亲属子女都处于悲痛之中，不宜料理这些具体的事务。孝子要昼夜守灵，本就疲惫不堪，夜深人静更觉哀伤，所以寨邻亲友夜晚伴孝陪灵。若过世的老人无儿无女或家境贫困，"老人会"也会捐资捐物，把丧事办得不失体面。在整个丧葬过程中，"老人会"扮演着关键的角色，起着多种功能。它减轻丧家的心理负担，缓解悲痛；使得丧葬事宜有条不紊的进行；另外它还加强村内团结，使得团结互助的美德延续传承。丧葬仪式中，陪灵、抬丧等都需要较好的体力，因此"老人会"的组织成员均为男性，以传统血缘宗族为基础的"团"，如今也是以男性家长为家户代表参与到"老人会"中，村落权力仍为男性主导，那么女性又以何种方式在村落空间内发出自己的声音呢？

三　观音会

"老人会"是以男性为主导的村落组织，在三门塘另一个组织则以女性为主导，即"观音会"。三门塘的观音会，成立于何时无从考证，村民告诉笔者很早很早以前就有了，一般观音会活动的时间为每年的农历二月十九、六月十九、九月十九，分别是观音的诞辰、成道、出家纪念日。在那一天，当地的妇女一群群地拿些素菜素果，去庵堂的观音座前祭拜，随后便到某家宴会，荤腥不避，不唱佛歌，唱当地的酒歌，内容为"姊妹好"之类。与"老人会"不同，观音会并不以团为活动单位，整个三门塘村落就只有一个观音会，也没有类似"老人会"制度化的运作规则与条例，这与女性在当地村落中的权力地位有关。

在贵州侗乡南部地区普遍存在"萨"崇拜，这位女性神是当地侗族人的保护神，意为始祖母，主要集中在黎平、榕江、三江、通道等南侗地区。当地人认为这位女性神神通广大，能主宰人间一切，能影响风雨雷电，能保境安民，能镇宅驱鬼。在南侗地区的村寨内一般都设有萨坛，是村寨中最重要、最核心的神圣空间。

在三门塘，人们说北侗地区接受汉文化早，所以都造了祠堂，没有这样的女性萨崇拜。前文中已提到，三门塘作为明清以来清水江一带木材买卖的一个商埠，男性在地方社会中起到了主导作用，掌握着更多的权力。在田野访谈中，男性也掌握了更多的地方性知识，特别是有关村落家族历史的部分，女性掌握的一般则是有关生育生养的知识。

在日常生活中，一般家庭的汲水、农事往往都由妇女承担。女性的宗教崇拜更多的与生育、婚姻、抚养子女等问题相关，观音信仰、架桥祭祀，都是因为其具有送子的功能。三门塘山清水秀，村内有清洌甘爽的泉水，当地人说汲水酿酒酒醇，煮饭饭香。村内15口水井中有两口特别的水井，分别为王姓大兴团妇女和小寨妇女于清末宣统年间所建。

两口妇女捐资修建的水井，当地人称为"妇女井"，一个在大兴团寨后田冲路边，另一个在小寨左侧山冲里。笔者对村里一位男性做有关妇女井的访谈时，他说道：

> 中国几千年来都是男尊女卑，有女人三从四德的封建观念，我们侗族村寨的这个功德碑，却让大家大开眼界。从三门塘的地方民俗来看，就不奇怪了。三门塘过去家里起屋场、挖地基要讲求吉利。以前都是在坡上建造，要挖土平地基，这样的活就要让那些妇女来干，要结了婚的。男人们负责搬石砌坎，伐木扛运等难度较大的重活。女的叫她做这个是有意义在里面的。在我们这地方，已结婚生小孩的女人叫作妇女，妇女和富同音，婚育妇女又为乳妇，乳为人的生命源泉。所以让妇女来做地基，新住户就会家庭富裕、子孙兴旺了。这个风俗代代相传，现在还有一些人家讲究的。所以，妇女捐资修井，这是村子的水源，也希望财富可以像井水一样源源不断，取之不尽，用之不竭！①

其实这样的认识也是站在当地男性立场上而言的，抛开修井的实用目的，妇女井的深层含义在于使得家族财源不断、人丁兴旺。

对小寨王姓后裔的访谈中，老人家说：

> 女性在家中的地位不受歧视，在日常生活中却会有点劳累呢。以前我的老奶（奶奶）早晨鸡鸣之前就要起床了，舂米、挑水、洗衣服，整个家务活都是为木商做的，家里要是下了很

---

① 2008年7月，三门塘，访谈王Y.Q.所得。

多木商，真是忙得累翻了天！①

另一位王姓大兴团后裔说：

> 以前卖木材，赚钱也容易，家里妇女理财也是很自然的事
> 啊。应该把那个妇女井改成母亲井，母乳哺育生命，大地山泉
> 养育了我们，还是讲母亲井比较好。女性一般捐钱不上碑，因
> 为要嫁出去所以和族谱上的也不好对照。②

而对村中女性进行有关妇女井的访谈，不同的妇女给出了不同
的言论：

> 家里做饭洗衣都是女人干的活，以前开木行的时候，女人
> 一大早就要起来给落客的老板做饭、洗衣，干的活很多。取井
> 水把路修好了，把井修好了，也是方便自己。
>
> 说明以前三门塘也很有钱，不光男人有钱，女人也有钱，
> 可以自己花。
>
> 三门塘的人先进，思想先进，文化也先进嘛，宣统年间女
> 人的名字都可以上碑，这个在别的地方是没有的，以前只有男
> 的可以上碑，说明女的有一定的地位！我感觉很骄傲！

女性捐资修建水井或许是一种拥有财产权利的证明，在村内另
外的一些石碑上也可以看见一些女性的名字。在过去，妇女在家里
多是做挑水、洗刷的事，水井和她们的日常劳作密切相关，刻名上
碑，也是一种对她们的认可与尊重。宣统年间，村中女性集体捐资

---

① 2008 年 7 月，三门塘，访谈王 Y. D. 所得
② 2008 年 7 月，三门塘，访谈王 C. Y. 所得。

修井立碑，刻在石碑上的名字，更是一种符号，象征着在以男性为主导的村落文化中女性力量的一次彰显与舒展。

小寨妇女捐修妇女井，碑文①云：

> 尝谓民非水火不生活，是水之于人，刻不容缓者也。此地有清泉一湍，水由地中行，先人因以汲水资生者，迄今十有余世矣。在道光年间，路羁泥途，步履维艰。余三公永佑，独捐石板，修成坦荡。唯于井尚未兴修，仍然湫隘。每逢夏涸，欲立以待。因语我族妇女，慷慨捐资，断石新修，方成井样，则向之源源而来者，不亦混混而出，盈科而进，放于四海，取之不尽，用之不竭。此吾村之大幸也哉。勒诸珍珉，以志不朽。

宣统二年三月十五日　小寨敬立

"余三公永佑，独捐石板，修成坦荡。"以一人之力做成修井铺路的公益事业，说明小寨王姓的这位永佑公也必是拥有了相当的经济实力。在除了木材以外的其他自然资源都较为稀缺的三门塘村寨，如此积聚财富的生财之道也只有经营木材了。"此吾村之大幸也哉"，本族经济力量增强，便更加积极地参与到关乎村落共同福利的善举中去，以此来获得心理保障的一种平衡，提升本族地位。在这里，女性的功德叙述也放置在了族中男性之后，女性力量的彰显仍旧依附于男权的宗族观念。

居住大兴团的妇女在宣统三年（1911）出资修建的妇女井，比小寨的妇女井晚了一年。大兴团妇女井的《重修井碑记》②中写道：

---

① 《修井路碑记》，现立于三门塘村内。
② 《重修井碑记》，宣统三年暑月十八日共立碑。现立于三门塘村内。

稽井，由来久矣。唐尧凿井，兆民饮德，周王画井，数口无铿。古时徙处，同井白第，以井为利用饮泉之区，而以为出入相友、守望相助、患难相扶、持相亲睦之地。迄今年代虽远，典章犹传，溯共观凤，令人景仰，如在目前。想我村大兴团，自始祖由黔徙处于斯，前后左右，山水环抱；房屋上下，稻田围绕。田坎行径湾中，涌出清泉，仿之廉泉让水，不足过之。吾先公昔年多伟人，屡钟贤士，井坎行径，约族人砌石修补，以便往来。自昔及今，历年久远，井石毁坏，泥土浸入，每逢春夏暴雨绵落，井泉清洁翻成浑泥。族中妇女睹斯，同心动念，踊跃捐资，乐为造化，较先公之修凿，更加完善。井中踏板石，不使泥从中出，井外石板竖四方，俾免污流外浸，由此以后，泉流清洁，人生灵秀。缅先公至兹族居处，并无异姓，因此慕化捐资，只我一族，并不募及别人。非为度量狭隘，思维绳祖武，重本根也。重本者，如木有本，如水有源。吾村井泉，讵是悬空降流而本可溯乎？觉易系辞曰山上有水，又曰山下有水，则山上之水即为吾山下井泉之源，不可踪问而知。孟子尝曰："居之安，则资之深，取之不尽，用之不竭。"易说云改邑不改井，而井养无穷，信有然矣。余故代以为序。

族晚邑文庠绍周王国桢代撰

其后十九位妇女的芳名刻于碑上。在当时，族中的男人都忙于木材生意，而他们无暇顾及的挑水煮饭这样的日常家务都是由家中主妇承担的，因此由她们来主持这件与日常休戚相关的事务也是情理之中。

重修一井，请族中晚生以洋洋数百字记之，或许不仅仅是为了记述个人善举，流芳百世，而更以思古论今的文字传递着对先祖的缅怀之情。"缅先公至兹族居处，并无异姓，因此慕化捐资，只我一族，并不募及别人。非为度量狭隘，思维绳祖武，重本根也。"饮水思源的情绪中隐含着王姓族人对先祖开村辟寨的无限追思。

在"并无异姓"的大兴团地段聚居的全是王姓族人，主要为长房彦荣一支。王姓内部因为地理空间的隔阂，各房各支也有着自行其事的作风。而在解释募资只我一族时，又强调了"非为度量狭隘"，是因为"先公至兹族居处，并无异姓"，根据族谱所载，王姓迁入三门塘最早居于大兴团。在村寨东门王家街旁的小土地庙上，镌刻着别出心裁的回文联"塘门三开东为首，团兴大地福臻荣"，倒念便是"首为东开三门塘，荣臻福地大兴团"。由此不难看出，"大兴团"作为王氏先人最早入住的区域，它对王氏全族甚至是整个村落而言都具有非同一般的象征意义。

男性为村中女性修井立碑写序，并非为女性代言，字里行间透露出的均是王姓族人在商业化背景下在村落生活中的某种诉求，褒奖之辞都归于男性。不论是王姓全族，还是其中的各房各支，在渐入木材贸易市场网络之内的村寨生活中，或大或小的利益群体都会在各自的财富积累过程中有着自我表述的一种愿望。

在旅游开发的当下，村中男性女性都把它当作一个可以彰显三门塘优秀文化的景点，其实在碑文背后隐藏着浓重的男权意识，整块碑所列均为女性姓名，在当时当地已是一种突破，可不难看出在村落文化中女性仍处于弱势。

在前文有关修建寺庙、架桥、修渡等讨论中，这些都成为村中宗族掌握的公共空间，女性的捐助往往也必须成为丈夫的附属，如：嘉庆二年《修渡碑记》的"王门刘氏岩姐"，道光二十年《修渡碑记》的"杨氏桃娥""彭氏小鸾"，民国4年《重修碑记》的"王吴氏凤桃"。即使在今天看来，人们认为解放思想的妇女井石碑也是如此，所有的姓名均是王门某氏。在参与有关佛教的积功修德的好事中，女性的捐助往往出于对佛教的虔诚，而男性的关注点往往是在此之外的乡村权力。

在平日，村中女性从事一些季节性的农活，处理食物、井里打水、河边洗衣。除了平日的田间劳作和赶集外出，女性活动基本被限定在家屋范围内，以宗教节日为名的聚会给了她们一个自由外出聚会的理由。下面的一则田野笔记，可见当时观音会的情景。

2004 年 8 月 4 日　农历六月十九　星期三　晴

远口有一个新市回龙庵，今天是六月十九，前来祭拜的人络绎不绝，庵堂临江而立，览一江风景。庵堂内供奉如来，四周罗汉，四大金刚各立四角。屋内放有很多蒲团，有几位老妪静坐着手持念珠诵经。还立有玄奘、哪吒、观音、财神等木刻彩绘神像，妇女和孩子前来祭拜。两侧的厢房放有二十几寸的 TCL 彩电一台，崭新的风扇，里面的观音堂有一个道士和鼓手，一个敲锣，一个击鼓，哐当哐当很热闹。中间的观音像重叠很多个头，一手拿印章状的东西，一手拿茶壶状的法器，旁边有面容稍稍和蔼的披着白纱的观音像，还有送子观音，手持净瓶的观音，形态各异。

下午回到村里，南岳庙里的神像前多了些香火，还有烧尽的纸灰。一群妇女拿着一脸盆一脸盆的东西搬到庙里来，当地话叫"lang 老人家"，把祭品放在神位前（这一年还没有请神像），点燃香烛，分香给门前的土地，把苦茶、酒、糖水倒出。观音像前无酒，盆中装的祭品，分别为白色的醮粑、西瓜、豆腐，另外给中间神位祭肉，土地一样。有一张红名单上写着各自芳名，捐钱粮油若干，一般一元左右，和纸一起烧掉，摆放好之后，鸣放鞭炮，拿一块红布盖在小小的观音石膏像上，其中还有关公、财神像，加盖红布就是给观音过生日的意思，作揖祈愿，之后，端回食物，一同吃饭。我一开始是和年轻的一组坐着吃饭，后来被年长的拉了去……

到了 2006 年，那一年的观音会每家则出三块钱，出米，家里将小孩寄拜给观音的都要去感谢观音，妇女们在祭拜前几天就开始春米准备，做糯米粑，在祭拜活动之后，便是各家妇女聚集在某人家中，饮酒对歌，侃侃说笑，聚餐时荤素不忌，吃斋念佛之日成为村里女子联络感情的会友之日。观音会并不以团或者血缘关系来组织其人事关系，它超越地缘与血缘，仅仅出于各自喜好，情投意合便聚在一起，这一天对村里的女性而言，果真是日常中的"狂欢"。

第三节　空间仪式

仪式的目的并非把人们从现实中脱离出来，而是使某些社会关系得以明确展示，它们促使人们对自己的村落有更好的认识，借助某些仪式符号来梳理人际关系，规划村落秩序。

三门塘的推寨仪式是在村落范围内进行的，七月半仪式则在各自的家屋内进行，前者公开，后者相对隐秘，显现出公共性和个人化特征。一个群体的信念和信仰，是每个个体各种需要和愿望的表达，推寨仪式其实是村落共同体的一种集体需要，这样大家才可以在约定的时间空间范围内来共同遵循某些习俗禁忌。

一　祖先之灵与家屋

三门塘人有浓厚的祖先崇拜和宗族观念。每家的中堂神壁前均设有祖先神龛和"天地君亲师位"。每逢朔望，小行祭祖。每年农历六月初六，各姓族人集于宗祠，用三牲及糖果供品祭祖，并在那天晾晒自家的族谱。除夕日，各家在家中也用三牲及糖果隆重祭祖。

在每户住家的堂屋正中，人们都供奉"天地君亲师位"。走进任意一户村民家里，迎面就会看见堂屋正墙上挂有"天地君亲师位"的牌位。村民对牌位极为重视，即使是经济条件欠佳的家庭，家居简陋，"天地君亲师位"也要做工考究。牌位不仅要贴在家里最显眼的堂屋正中，而且装裱豪华，有的专门请人喷绘镶上金边，牌位下一般钉一个香火台，称为"神龛"，或者摆放一条长柜子，之前再摆一张八仙桌。神龛上常年摆放着香烛、果盘，逢年过节和婚丧大事都要燃香烧纸磕头跪拜。在牌位前说话做事要极其谨慎，不敢有丝毫冒失。

村民敬畏牌位，并不是牌位本身，而是书写于其上的"天地君亲师"五个大字传达的内容以及涵盖的文化意义。笔者曾向村民问及这几个字的意思，村民对笔者的提问感到诧异，在他们看来这是人人知晓的常识，也不是一个大学生该有的疑问。他们耐心地和笔者讲述每个字的意思：

> 天就是这个天啊，刮风下雨出太阳，地里面种的庄稼都靠它了，所以这个天地要放在最前面，吃的穿的不是都从那里来啊！天地是孕育滋生万物的母亲，破坏自然，违背规律，逆天而行，是要遭到报应的。君嘛，就是国家啊！在以前不就是皇帝，现在共产党管理，开发西部，希望贵州也早点开发好啊，所以要遵纪守法，社会才有秩序，生活才能安康幸福，这个肯定也要拜的。亲，就是我们老去的祖先，家里的老人家。师，就是老师嘛！到现在还不是尊师重教，以前要拜孔子，那些儒教的东西嘛，现在的小学在以前是三圣官，三圣官是个学馆都去那里拜的。

人们祭天地的自然崇拜观顺应天意，感谢造化；祭君祈求国泰民安；祭亲祭祖，包含着祖先崇拜的观念；祭师遵从儒学传统。这样样短短几个字规范了家庭伦理和社区道德，村民不知道自什么时候开始家里就挂了这样的牌位，当问及家里什么时候开始有这样的牌位时，村民答道："我们也不知道什么时候有的，应该很早很早以前就有的吧，起码清朝肯定有，我们家放在神龛上的那个香钵钵就是清朝的，以前就拿来插香用了嘛！"

在"天地君亲师位"下面安有"瑞庆夫人、下坛长生土地"："下坛土地最喜欢娃崽崽了，他会保佑家里的小孩！'天地君亲师位'和下坛土地是不可以乱碰的，那是祖先坐起的地方，受子孙信奉尊崇。人去世了就住在这里，我父亲就住在那个地方。"当问及坟地里的又是什么，他们回答说："我们对自己祖先很尊重，阴地坟墓都是和日常生活住的地方很近，山里的那些坟山是后来人多了没地方葬了，生前死后我们都是和老人家在一起的，一家人永不分开。""人有三魂七魄，只有等七月半的时候，老人家才来家一次，那个时候他们就在家里的任何地方都可以住了。"[①]平时每月的农历十五，早上晚饭前家里的主妇烧香、摆酒，祭"天地君亲师位"，再祭下坛土地，门前插香。

在三门塘建楼，先立柱，其中上梁是最重要的事。上梁前选择吉日，根据道士测算的方位，在特定的方位去别家的山林中砍一棵粗大的杉木，不能是山坳里的林木，必须是高岭上的。一般主人请四个人，双数，家中有儿子的人去砍伐。上梁时六个人上梁，炒两盘猪肝，和酒、糍粑、糖果一起吊上去，接着匠人上楼，恭贺屋主。下面两人用床单撑开，接住上面匠人扔下来的糍粑和糖果，然后六个人和匠人一起划拳、喝酒，划拳时酒语多为吉利话。然后撒糍粑和糖果，下面众人抢之。猪肝和酒不吃尽，糍粑和糖果也不撒尽，意为有余。梁木中间挖一个方形的口，放入金或银，盖好，加上黄历书，毛笔、墨、茶叶、米用红布包好，上面写"富贵双全，人才两发"，"金包柱子，银包梁"。[②]伐木、竖柱、上梁、安门、建神龛后，入宅需要选日子，立屋入宅宴请亲友。

①　2008年8月，三门塘，访谈林Z.J.所得。
②　2006年8月，三门塘高雄，王家造新房。

火塘在中堂的后宅边，灶设于房屋的东北方，不专设灶神，但有祭灶仪式，祖宗神龛设于中堂后壁。一般房屋三间以上奇数开间，在偶数间设前庭，俗称"燕窝"。底层中堂左右的前边作为客房或厢房，中堂后边的左右房作内房，楼层上的房间给儿女用，砖房属荆楚风格。屋内为传统的竹木家具，照明以前用松火、桐油，后用煤油灯。防火防盗用铁皮包厚的木板，上面钉大帽钉。

有些家庭会请道士开财门，道士拿公猪左边前蹄在堂屋做法，主人家封一个红包给道士。一般一至三年，谢土一次，以求家庭更为兴旺。堂屋内房梁上悬挂一把弓，有四支箭，为家中谢土之用，弓用竹子做成，外包红纸，一般三年谢一次土，在正月春节过后进行，请道士吹了响器之后，便向东南西北四方射箭，以保家宅平安，仪式后三天内不扫地，不可清洁地面。

从家屋中不同的居住空间可分辨不同年龄、性别以及不同成员之间的阶序关系。堂屋中最为重要的是"天地君亲师位"，是对天地、国家、祖先崇拜的集合，这一核心空间是神圣不可侵犯的。和"邪气"一样，家里的先祖之位也会根据人际的亲疏远近来选择保护或者侵害，其中对某些人的保护也便意味着对另一群体侵害的可能。当地一位二十多岁的女孩告诉笔者：

> 去别人家，要对着别人家的神龛默念一下，要和别人家过世的"老人家"说一声，"只是到你们家来坐玩，不要和我打招呼"。"老人家"也不是不好，就是想和你说话，有些人如果阳气不足，身体不好，他一和你打招呼，你就不行了啊！我小时候妈妈就和我说，去别人家里踏进门槛就要对着那个牌位说一声，要默念一下"我只是来你家看那一下，不要和我打招呼"。因为有些小孩身体不是很好，如果那家过世的老人和他说话了，就要生病。所以去别人家都要这样说一下。

堂屋作为三门塘家屋空间中的核心部分，一旦进入堂屋便具有了隔离与接纳的意义，家中的"老人家"会根据来访者与主人的亲疏关系来决定采取怎样一种态度，如果造成伤害，意味着某种区隔。在七月半，家屋内的所有空间对过世先祖开放，但是七月半主要的"上阴"仪式，则在堂屋的"天地君亲师位"前举行。

二 生者与死者的对话

七月半是人与祖先关系的一种理想表达，也是三门塘人关于现实世界与彼岸世界的仪式想象，当地人把农历的七月十五称为"七月半"，但在时间上这个节日是从农历的七月十一一直延续到七月十四。在中国别的地方也有将这个节日称为"鬼节"的，虽为鬼节，却是以活人为行为主体的节日，由活人安排"老人家"过节。在这一节日时段里，人们根据自行构建的超自然世界，有条不紊地安排好自身和"老人家"之间的各项活动。生者思想情感的表达体现在对待"老人家"的行为方式中，在七月半，祖先魂灵扮演了超自然世界中的重要角色，以交通于人鬼之间的"走阴婆"为媒介，生者与死者之间有了一段段充满人性的对话。

农历七月十一那天，三门塘人要"接老老"。人们在自家门前烧些香纸，作为给亡灵引路的标识，使得那些已过世的老人能够顺顺当当地回家来，不致迷路，以期和现世的家人共享天伦之乐。接老人回家时，为了判断老人是否回到家，有些家户会在晚上睡觉之前在入门的地方放一堆柴灰，在第二天清晨看看是否留有脚步的印痕，灰烬上的脚印会使人们相信七月半老人归家来过节的说法。村民说村里以前有过这样的实例，因此大家对此更加深信不疑。尽管访谈中，村民对这个现象的真实性仍有疑虑，但他们对此采取的态度都是宁可信其有不可信其无的。在这几天，家家户户吃饭前都要在神龛前上香，另外也要往钉在大门上的小竹筒内插上三根，然后在门前烧些纸钱。尽管做了农活的人们有些饥肠辘辘，但是对于祖先他们毕恭毕敬，盛好了香香的米饭，夹一块肉（必须带有肥肉或肉皮）放在碗里，当地人叫作"lang 一下"，丰盛的食物也要让老人先品尝。他们感激于祖先，希望和祖先一同品尝丰饶的谷物与美食，对祖先怀有感恩，对食物更为珍惜。

每月农历的初二、初七恰逢坌处赶集，这个离三门塘最近的集市，在七月十二那天买卖最红火的就要属香烛纸钱一类的东西了。村里的每家每户都在赶集的时候买好了这些东西，最重要的是，他们的过节意识浓重，热情高涨，像是过年似的备置货物，购足必需的物品和食物。最好的食物当然要放在最后一天，农历十四那天，要给"回家"的老人饯行，他们总是抱怨冰箱价格的昂贵，没有办法使食物保质保鲜，而愧欠于回家过节的老人。

三门塘人把七月半称为"过节"，是仙逝亡灵回家过节的日子，也是老人家与亲人的相聚之日，人们怀念先祖，祭奠前人，有亲缘关系的生者们相聚一堂，畅饮怀古。这对于村落中生活着的人们而言，这短短的几日是他们调剂生活的良好时机。

七月十四那天是过七月半的最后一天，晚上的十一点之前老人们必须回他们的"家"去。那天的晚餐是几日来最为丰盛的一顿，即使那次田野时正值肉价居高不下，人们对自己的祖先还是十分慷慨，无论如何都不能亏待了好不容易回家一趟的"老人家"。十一"接老老"，而到十四"送老老"，饯行更为隆重。

写"包封"是过七月半的一个重要事项，信封上填写寄信人、收信人地址。在这几天里，让家中稍有文化的人写些"包封"，过去是用毛笔写的，如今只有一些守传统的长者才用上笔墨纸砚，年轻人则用钢笔或是中性笔书写。[1] 写"包封"其实是在一个特制的信封上写上寄信人和收信人的有关信息，通过这种仪式化的书写来

---

[1] 住家的叔叔让笔者替他们家的"老人家"写了所有的包封，笔者也给过世的爷爷写了一份。

达到两个世界的互通交融。寄信人是实实在在的客体存在，而收信人却是人们在意识观念中若虚若有的意象存在，他们之间的联接在那一缕缕的青烟和飘飞的香灰中得以实现。

"包封"的式样类似于古时的信封，正面书写内容自右向左竖写如下：寄送"包封"的数量；寄送对象的姓名，如"严父某某"，"慈母某门某氏某某"等；然后署如"儿：某某"，"孙：某某"的寄送人姓名；最后标明日期。往"包封"内放入一定数额的纸钱（一定厚度的黄色纸钱），村民特别提醒笔者，要在"包封"的背面纸张的粘合处写上一个大大的"封"字，如此中途才不致损坏，老人才可以如实收到寄给他们的钱财。最后用胶水粘好封口，对此要细致，不得有半点马虎，这么做都是为了老人万无一失地收到后辈们给他们寄去的钱物。包封的样式如下：

当暮色降临，晚饭后，人们便在自家门口焚烧"包封"。人们把"包封"搭在几根树枝上点燃。有风刮过，烟灰飘扬，按当地人的说法，若是烟灰在空中转了几个圈又落回原处，就表明老人收到了寄给他的钱，物品所有权已被判定清晰，不会被其他力量掠取。当地人还说："七月半的鬼比较多，'老人家'十一来，十四晚上走，有一次在十五的早上起来看，烧掉的那些'包封'灰上，真的有脚印的啊！有时候家里有飞蛾、蛤蟆什么赶不走的话，就一定是过世的'老人家'回来看看我们。上次有一只蛤蟆在我们家的一根柱子那里就是不走，后来我们就在那里烧香，烧了些之后，它就走掉了。"

亡灵是要魂归故里的，七月十四晚上的十一点是最后时限。田野中笔者的住家随后便去请来了村里会通灵的"走阴婆"，这些交通于人鬼之间的"走阴婆"提供的劳务，在七月半往往有些供不应求。尽管村里的"走阴婆"面相有些怪异，特别是她的眼睑是红色的，在苗寨这样的女人一般被认为具有放蛊的特殊技能，村里的这个"走阴婆"在平日里倒是个十分和善的人。她在堂屋正中的四方桌上摆好木质盒状香炉，倒入一升米插上三根香，放一个红包（一般为 2.8 元或 4.8 元）在香炉上，有时有鸡或鸡蛋，会作为给"走阴婆"的报酬。"走阴婆"拿一张板凳坐下，双手拍打膝盖，随后双腿不停地上下抖动，口中念念有词，接着便开始讲鬼话。昏黄灯光下的缕缕青烟冉冉升起，"走阴婆"口中发出的声调变得越来越诡异，这便说明"老人"已经上了"走阴婆"的身，若是"走阴婆"法力有限叫不回要找的那个亡灵，家属就要把自己的贴身衣物给"走阴婆"，"走阴婆"拿着这个标识在世家属身份的衣物去唤回老人的魂灵，回家之后借助"走阴婆"的躯体来和生者对话。这个过程当地人称为"上阴"。

那天首先请的老人是村支书的母亲，对话一般以生者的关切询问开始。

"妈，你好吗？"书记的妻子问道。

"走阴婆"改变了她的惯有语调，模仿老人的说话声答道："我还好！"

"钱够不够用？"

"今天我收到了一百块，但是你爸有二百块！"

"今晚吃什么了，吃得好吗？"

"不错，有肉吃。"

随后大多都是一些家常的嘘寒问暖。

但是没想到的是，村支书的"母亲"在后来说了一些她在世时发生的事，而这些事却是不被村支书他们家人所知的，这一大堆抱怨的话说给儿子听，不知是出于一种什么样的用心。村支书说每次"请老老"回来都是要把他训斥一顿，对此他只有无奈地一笑而过，他也不知道自己哪里出了差错。为了验证请回"老老"的真实性，大家还会问一些非常实际的问题。村支书的小女儿正好刚刚去念了县城里的高中，就问村支书的"母亲"："你的孙女某某现在是在哪里读书了啊？"答道："还是在垒处啊！"大家一阵哗然，因为垒处中学是她以前上的初中，"奶奶"的认识和现世实际状况出现了时滞。"奶奶"给了一些不是那么充分的理由来辩解这个问题。大家或许认为"老人家"累了，就结束了这个"老老"的上阴。接下来又请了另外一个已过老人，同样的也要把事先用饭粒粘好的红包放在香炉上，这样一切都将奏效，仪式也需要经济驱动力。

当地人认为回家过节的"老人"，在七月十四的晚上十一点之前是必须回到他的"住家"去的，因此那晚的"上阴"到了十一点便结束了，笔者事先包好的红包也没有排上队，只好作罢，对于"走阴婆"的能力，笔者也没有办法进一步地验证。

七月半这个节日在三门塘邻近的一些苗寨，它的节日内容会略有不同。苗族人有骑马"上桃源洞"的说法，是"走阴婆"带生者去死者居住的地方去看望他，具有浓厚的神秘色彩。一个是通过"走阴婆"唤老人回家看家人，一个是家人通过"走阴婆"去阴间看老人，两者都存在时空上的转换，一个死者主动，一个生者主动，"走阴婆"则在其中扮演了同样的媒介联通功能。在这个节日中，人们按照现实生活中的逻辑来安排生者和死者的活动事项。

在当地人的观念中，死者和生者归属于不同的两个世界，物理空间上的隔离，只有在七月半这个特殊的时段才提供了互相交往的机会。这个节日是对繁忙的农业生产中人们相对单调的村落生活的一种有效调适；人们可以借此机会表达自己对已逝亲人的追思缅怀之情。通过"上阴"这一过程，达到生者与死者的共同在场。在现实世界和超自然世界间，生者与死者的对话构成了村落社会中人们必不可少的一项生活内容。

村落中的某些故事和人物事件在一定人群关系内是共享的，"走阴婆"从前人那里得到的有关村落和家庭人员的某些故事，积累下关于另一个世界的经验，进入催眠状态后，实际上进行的是记忆性知识的演绎。

对先人的祭仪给家庭提供了让家庭重新确认关系纽带的机会，定期回忆过世亲人的种种，即使那些印象已经模糊不清，却让家庭的统一感和延续感变得清晰。分散在不同家庭的七月半仪式中，村落的群体态度是一致的。每年的同一天，当大部分家庭都按照这样的习俗仪式召唤死者，邀请他们一同和生者分享食物时，虽然此时此刻人们的注意力已经转向了超自然力的世界，却在现实里构建了村落人们共同拥有的一种信仰情怀。

三　推寨

范根纳普在仪式研究的过程中发现，结构上存有转换的阶段，在三门塘的推寨仪式中，空间的象征意义也发生了转换。在时间上的斋戒，已将仪式时间与平日的时间相区隔。推寨这一村落群体仪式细化在每户人家堂屋与火塘的情节中，虽然简单，但是将象征家内不洁不吉的包符投入小船，直至放入江中，在象征意义上表示了村落内部危险与不洁的清除。

推寨是把一年的瘟、火灾从村里赶出去，推掉一年的灾，按照龙脉来推，从山上往下，就像扫地一样。在堂屋、灶边，退火用白公鸡，不能用红绳，打卦三次，看看好坏。念的句子都是汉语句子，以前用侗话，那个道士功夫不太好，文化也不太高，所以就应付应付村上的事。[①]

村里人若很重视推寨，就会请来别村的师傅来村里帮忙。在过去，推寨仪式一般在每年春耕之前举行，大家化缘，出米、出柴，现在则每家出钱五至十元。笔者在田野遇见的那次，因为恰逢南岳庙重安神像，占卜出寨上有火，所以要举办一次推寨仪式，因此推寨尽管在过去有固定的仪式时间，但是人们也会根据当下的实际需求而改变仪式的传统周期。推寨仪式的前两天，捐了钱的家户便会收到分发的斋牌，至此有了饮食的禁忌，一家人需要吃素戒荤。道士在南岳庙做法、唱佛歌，求菩萨保佑风调雨顺、五谷丰登，驱瘟避邪。

这几天，村里人去山上砍了竹子，用竹条扎成小船的形状，准备"推寨"时使用（见图7-3）。道士做法夜间也不停歇，半夜南岳庙内传来颂佛念经、锣鼓金钵的敲打声。当地人告诉笔者，推寨前在南岳庙内做法事，是要把天上的神请来，例如太上老君、福爷，还有许多他们自己也叫不上名字来的神仙，对于他们而言请神降临村寨，便可以把寨上不好的东西驱逐出去。他们使用的祭文如下：

伏　以
大中国贵州省天柱县垄处村三门塘寨居住　奉教设供
右领合村各家人等即日上干　圣造意者伏为言念合村人等名下叨生盛世幸处中华日往月来
深沐春泽之降年移岁换末展秋毫之酬若非处诚修奉
曷双老幼康宁由是卜取今月吉日良旦伏善于一心修建无上正教
燎燃香烛一堂三十六分位　延奉
碧络香霭青霄

[①] 2006年8月，三门塘，访谈刘J.C.所得。

法驾光临来格频敏之菲供烛光彩开敷花朵之园融列

命星亨满室福至老幼各臻福寿或男女共纳于祯祥耕读均享

财物丰泰凡在光中全叨

恩佑　须至疏者

南无天宫教主万德慈尊本师释迦摩尼佛莲座下

恭望

圣慈洞回

昭格谨疏

以　闻

天运丙成年七月吉日秉教叨行法事小兆臣王演德俯拜具疏

推寨的日子到了，当天的早饭依旧从素，因为正好遇上七月半，饭前还是要给回家来的"老人家"lang酒、饭菜，焚香烧纸。推寨的人员从南岳庙出来之后，经过大草坪—大兴团—小寨—刘家—谢家—

图7-3　推寨用的小船

256

大坪，这样一个路线将村落空间基本涵盖其中。推寨的人员分别为钵锣三人（男性），扛船二人（男性），派发符一人（女性），收酒米二人（女性），抱白公鸡一人（男性），青松洒水一人（男性），占卦一人（男性），道士木剑一人（男性）。

在家屋内，人们将前两天发的斋牌、一杯酒、一杯米、一碗水放在火塘边。推寨人等进屋之后，在火塘边将水洒掉，将碗反扑；将酒米倒入收集的容器，酒杯反扑。人们把事先准备的包有柴灰，蚂蚁、蜘蛛之类的家虫，一些米的一个小包放入船内，他们认为这样就把家中的不好甩出去了。随后道士舞剑，用松枝洒水，在门前占卦，最后将门关阖。到了下午两点多，推寨仪式接近尾声，人们在快到小学的一个河滩上摆开了场面，一张四方桌上摆好做法的器皿、供品，道士念诵经文，随后将小船包包放入江中，公鸡血淋小船，最后将小船推入江中，任其顺江而下。此时大雨滂沱，鞭炮声乍起。仪式完毕后，仪式成员到每家发符鸡煞，各家将符贴在大门前、堂屋内的每个门前，挡鬼驱鬼。

在整个仪式过程中，除了派发符和收酒、米的女性，在其他重要的仪式场景下女性是禁止在场的。当地人说因为之前笔者中过邪，所以他们不让笔者靠近这些肮脏之物，其实在背后是一套仪式对女性的禁忌。当地俗话说"男人不打三朝，女人不进道场"，女性被禁止进入仪式现场，否则被视为不吉。那天推寨快要结束时，正好下起了滂沱大雨，村里人告诉笔者推寨把村子里瘟神、火神不好的东西全都赶走了，大雨也把村子洗刷得无比洁净。

与七月半的仪式相比，推寨仪式的封闭性较高，场景之外的人们充当了观众的角色，不像七月半"生者与死者对话"具有很强的参与性。在推寨仪式中，平日里的柴灰、蚂蚁、蟑螂之类具有了危险的力量，具有代表家中污秽不洁的象征意义，人们通过推寨之前的吃素戒律来达到与日常生活的一种区别，成为仪式过程中的阈限。

推寨历时三天，前两天的时间均由道士在南岳庙内祈神降临，让整个村寨具有驱赶不洁的神力；一般这是整个村落参与进来的仪式，至此家家户户进入了仪式时间，在家屋内的神圣位置即"天地君亲师位"神龛处摆放斋牌。在推寨仪式过程中，南岳庙这一庙宇空间所拥有的力量将扩散到推寨到达的每个角落，村落空间至此具有了洁净的能力。最后把装有污物小包的小船投入江中，这便意味着整个村落空间内的瘟、火、邪、不洁都已远离村寨。

仪式是相对稳定的，建立在物质性操作基础之上。仪式不是在重复过去，而是借助传承的物品、仪式经文和习俗传统，根据当下村落人们的心理需求来进行重构。三门塘多为木质房屋，容易引发火灾，在 2010 年正月初一，谢家团遭受了火灾，烧了 24 家，殃及 101 人，整个谢家团被夷为平地，所以村里商量计划在 3 月 28 日，农历二月十三进行一次推寨仪式。在日常生活中，人们以有形的空间聚落与外部相区别，推寨仪式的目的便是将人们认为对他们造成危害的瘟、火、病、害等一切不吉的力量象征性地驱除出寨。

四　寄拜

在清水江一带的某些地方，寄拜是依托某人，用认干亲的方式，使自己的孩子与别人结为亲属。在三门塘往往是将初生的小孩寄拜给某物，也便将自家的孩子与某一对象联结为具有象征意义的某种关联，以求吉祥、佑平安，消灾免祸，让小孩易于养活，健康成长。

在三门塘，小孩出生之后，家里人会找人推算，根据生辰八字如果推算犯煞，孩子的父母就要找相应的事物进行寄拜。一般人们找村里的渡船、古树、古井、石碑，甚至牛圈、猪圈。当地人将村寨旁边的大树奇石视为村落的保护神，不准任何人砍伐、破坏，逢年过节都祭以香火纸钱（见图 7 - 4）。

图 7-4　粘在树上的红纸寄拜文

　　人们希望从古老的事物中获得力量给予初生的生命，此时古碑、古树、古井因为它们本身所具备的自然属性而成为寄拜的对象，父母和孩子的血亲关系淡化，而建构出人与物之间超越家族血缘的一种关联。寄拜给石碑，将孩子的生命和死去的祖先构建出一个无时间的世界，人们认为做好事修功德的"老人家"会保佑自己的孩子，村口碑亭里的石碑上长年贴有小孩寄拜的红纸，例如"信士某某生一儿或一女，命犯关煞，特投寄万年石碑保佑，凶煞退避，小孩易养成人"。另外，这些人也希望家中的孩子可以像石碑一样结实安稳，长长久久。若要让小孩会说话，就去一些分岔路口安指路碑；不会走路，就在路旁安凳子。"指路碑告诉别人在路口分岔这边去到哪里，那边去到哪里，所以小孩子好说话。凳子不是有脚，走路的人累了就可以坐着歇脚，这样孩子就好走路了。"人们所选择的寄拜对象所拥有的特性正好可以弥补孩子缺失的那一方面。

以下是村中一小女孩寄拜给渡船的寄拜文：

> 沐恩信士潘 Z. Z. 同缘郎生一女，名唤潘 T.，推算命犯关煞，寄渡船位前。保佑凶星退位，吉宿临福，长命富贵，易养成人。
>
> 公元二〇〇六年五月二十五日　寄

寄拜将生命与坐落在不同空间位置的物联系起来，成为人们认识他们生活空间的一种途径。

另有一个与空间、孩子生病有关的概念"走寨"，侗话"gang tong"，即跑出去玩的意思。这个时候，孩子虽然在身边，但是身体十分虚弱，当地人认为孩子的灵魂跑出去玩了，脱离了他的日常生活空间，所以要把小孩子唤回来。当地的妇女就会把孩子的脖子上、脚上都系着红绳，红绳上缠绕着头发，一般用家中年长女性的头发，或者母亲的头发剪下一些，放在小竹筒里或者布袋里，挂在小孩的颈脖上，从而保护孩子，使其健康平安。在这里，与孩子亲近的女性亲属成为保佑孩子的力量来源，对抗来自另一空间侵犯孩子的负面力量。

小　结

本章通过三门塘地方性知识中"团"的概念，来讨论与其相关的村落组织、仪式及两性关系。随着村内姓氏人群结构的变化，地缘与血缘一起成为村落社会的构成原则，也成为不同空间内人群组织活动的基础。从家族仪式的七月半、招龙谢土、生命礼仪寄拜、"打三朝"到村落仪式推寨，人们在村落仪式中享有共同的象征，作为村落知识与历史记忆的操演与传承的一种方式，在各自的活动中表达出不同的个体经验与意义。

三门塘作为一个聚落空间，由不同人群聚居的单位所组成，这些小范围的空间名字，一类与血缘姓氏相关，一类与自然地貌相连。这些血缘与地缘的特征，也构成乡村社会中人们处理日常生活、组织公共活动的原则基础。"团"作为三门塘人的本土观念中的核心概念，它过去以血缘姓氏聚居形成的不同空间范围，随着社会环境的变动，形成如今以大姓为主、小姓杂居其中的格局。当地人"住在一块土，是那一家人"的说法，形象地表达出"团"这个血土交融的空间概念。"团"给人的"不是亲戚，又是亲戚"的情感状态落实到人们平日里的聚拢饭、"打三朝"、婚宴等日常情境中，则表现出它的多样变动性。

三门塘以"团"为划分依据的"老人会"，实则延续了以宗族为核心起主导作用的运行机制，在"老人会"的实际运作中则结合了地缘关系和姓氏血缘。以男性家长为家户代表参与的"老人会"，体现了男性在村落权力中的主导地位，相比之下，缺乏制度化运作的女性组织观音会，则超越了血缘、地缘的限制，以情感表述的方式，为平日里活动空间有所局限的女性发出了日常中的"狂欢之声"，然而背后的生养生育观念，实则仍服务于男权主导的浓厚宗族观念。

作为日常生活的居住空间——家屋，"天地君亲师位"所在的堂屋成为家屋中产生凝聚力的神圣位置，它也是七月半"生者与死者对话"的祭仪场所，其中包含着有关家族、村落记忆性知识的演绎。作为村落共同体的一种集体需要，推寨仪式让大家在约定的时空范围内来共同遵循某些习俗禁忌，空间的象征意义随之发生转换，时间上的斋戒、堂屋与火塘的仪式、收纳象征家内不洁包符的小船，直至最终将小船投放江中，这一切象征着村寨内部危险与不洁的终结，空间的洁净与安全降临村寨。

第八章　是侗非侗

　　长期以来，三门塘的村寨聚落形成与家族发展密切相关，各家族之间的互动不仅体现在村落物质空间的建造上，也体现在对象征空间共同的信仰与禁忌中，而在具体的日常生活实践中，他们遵循的时间制度不仅和天然的农耕周期相关，也受到自身家族历史脉络的影响从而选择举行不同的节日。旅游开发之后，人们强化村落空间的历史价值，并赋予它新的意义。人们的日常饮食、村落中的建筑、节日传达的信息、女性为主体的民族文化展示、区域性的歌场集会都成为三门塘人所指涉的"北侗"文化。他们是如何通过记忆来诠释传统的村落空间的，在到访村寨的他者眼中构筑了一个"北侗第一寨"的三门塘，而在这背后隐藏着他们"是侗非侗"的模糊情感认同。

第一节　空间里的时间

　　三门塘人的时间观念以农耕周期为基础，具有"八山一水一分田"的林区农业特征。随着四季的更替，从事不同的农事活动，在不同时间的节日中，处理着村落内部不同人群之间的关系，村落空间内的时间安排不仅仅是围绕农业劳作而进行的，也是不同家族有关生存状态的仪式性表述（见表 8 - 1）。

　　三门塘人热情好客，在一进寨门的拦门酒中，便让客人未饮先醉了；精心制作的侗家油茶，让远道而来的客人解渴充饥；送别时，难舍贵客的歌声回荡江畔。在过去，或许就是在这豪饮祝颂中做成了一桩桩木材生意，三门塘人的好客民风一直流传至今。三门塘的饮食口味原偏重辣味，但是木材经济发展起来后，长江中下游各省甜味地区的木商会聚至此，当地的饮食风味也受到影响，形成了别具一格的饮食风味，适于甜辣两种口味的人，俗称"河边风味"。为了区别外地汉人、本地商坞、本地侗家三种风味的筵席，人们分别称为客边席、河边席、土席。当地的腌制食品种类繁多，生熟可吃。他们认为迎宾、送客、品茶、劝酒、猜拳之类的生活礼仪都是以前从汉族地区传入的。[①]　如今三门塘的食物口味以辣为主，香酸其次，甜味较少。

表 8 - 1　三门塘村一年主要农事活动

月份（农历）	主要农事活动
一月	"挖老沙",过去栽杉树,现在栽果树,栽杨梅、板栗、柑橘
二月	砍柴、犁田、栽奈李子、除杂草
三月	撒秧（播种）,种玉米、红薯、四季豆,下辣椒秧,种瓜（冬瓜、南瓜、西瓜、白瓜、茄瓜）
四月	犁田、插秧,加固田埂,种黄豆、豇豆
五月	摘红薯、除杂草、薅豆子
六月	收李子、梨、西瓜,除红薯草,晒田,抽穗,收玉米、打玉米
七月	放水灌溉,除田边杂草
八月	晒谷子、榨油菜籽,打谷子,收黄豆,收稻草
九月	种麦子、萝卜菜、油菜、冬土豆
十月	种白菜
十一月	砍柴,过年准备
十二月	打粑粑,杀鸡鸭

资料来源：访谈所得。

在三门塘的许多节日中，当地的妇女都会用不同时令的原料来进行粑粑的制作，这些形状各异、色彩不同的粑粑，在某种程度上

---

① 2004 年 2 月，三门塘，访谈王 C. Y. 所得。

体现了村落生活的社会节奏。在自然时间之外，当地人塑造了另一套与食物相关的时间观念，这些特殊的日子与食物的结合，则被当地人看作他们民族文化的一部分（见表 8 - 2）。

表 8 - 2　三门塘的节日与粑粑

节日时间（农历）	名称	原料	颜色	形状
三月三	甜藤粑	甜藤、糯米	绿色	扁状
五月五	粽子（裹裹粑）	糯米	金黄色	扁状、三角
六月十九	醮粑	粳米、糯米	白色	圆形、无叶
八月十五	马打滚	米粉、黄豆粉	金黄色	球状、无叶
九月九	包芯粑	茶豆、黄豆、花生、芝麻、肉、糯米	白色/深土黄色	扁状
十月十	斋粑	糯米	乳白色	四方、三角状无叶
十二月 - 除夕	年粑（糍粑）	糯米	白色	圆形

资料来源：访谈所得。

有关村落的时间，一方面生产时间建立在四季交替的自然变换与作物生长周期的基础之上，另一方面以不同节日制作不同的粑粑为主轴，而呈现季节、生产与社会活动之关联。

三月三，祭田神，要用五谷杂粮、豌豆、肉食、豆腐之类，以求田神保佑丰收。甜藤粑的制作方法为先将米打成粉，去山里采来青藤、泡水打烂之后，用纱布过滤，剩下的汁用来和面，用菜油揉，揉实之后，捏成一团一团，最后变成油光发亮的面饼，然后用事先洗好晒干的粑叶包粑粑，最后用稻草扎好，为了美观剪去多出的粽叶尖。蒸煮时，竖放紧挨着，这样便芳香四溢了。

五月五，当地人称"端阳节"，要祭河神，做粽子，以糯米包粽粑丢下河里给鱼虾，纪念爱国诗人屈原。

新禾抽穗的季节，在每逢农历五月小暑的第一个卯日，侗家人过"尝新节"。① 各地有关尝新节的时间和叫法都有差异,三门塘刘姓族人在每年的农历六月六过尝新节。刘家人说因为他们住在寨头,在船头,② 所以要一马当先地尝新。当地人在尝新节开塘放鱼,扯谷穗祭田神,宴亲友,歌颂丰收。在三门塘也是刘家亲戚之间聚餐的日子,田头出了新嫩的稻谷,要去采摘刚抽出来的新谷子,谷子还是青绿色,咀嚼起来会有甘甜的味道。拿回家来,将新米和糯米一起煮,男方女方的亲戚都可以来,走的时候包一团新米饭带走。

八月十五中秋团圆节,做成圆圆的马打滚,以示团圆。

九月九重阳节,三门塘人认为汉族人"重九登高",但在三门塘,却是女儿回娘家的重大节日。男女相爱后,不经六礼,女到男家,于此日回娘家认亲。沿袭出嫁女回家拜年的习俗,嫁出去的姑娘回娘家,脚打反岔(走得很快)。那天也是吃鸭肉的盛节,人们都说重阳节的鸭肉最鲜美,重阳节的包芯粑也颇具特色。

村中长者说斋粑节是古老的侗年习俗,时间为农历十一月十五,又有说十月初十的,历时三天。由谢、王、吴三家轮流,每年选出两三家来做斋粑。谢、王、吴三家过斋粑节,刘家不参与。第一天,派人在寨上敲锣喊:"奔里么,堆里偶,堆里昂,委丝斋哟!"第二天喊:"奔里么,洒里偶,委丝斋哟!"第三天喊:"奔里么,招里偶,龚丝斋哟!"翻译过来是"明天糯米上炕,准备过年了!"第一天晚上这样喊,第二年就没有瘟气了。第二晚喊:"明天出糯米了,准备过年了!"第三晚喊:"明天打粑粑,过年了!"这是一种象征性的仪式化展演,其实,人们早就舂好了糯米,并浸泡两天。制作斋粑时不能沾荤腥,家家都认真遵守禁忌,用木槽捶打出粑粑来,每家要做三五斗送客、自食。

---

① 贵州省编辑组编《侗族社会历史调查》,第 196 页。
② 三门塘寨貌似船形,刘家住于寨头。第四章"船形隐喻"部分有详细论述。

斋粑的制作方法为，先对舂糯米，扯成门板样的一大块，撒上面粉，不致粘黏，切割成快，当天祭祖纯素，就餐时不论荤素。农历十一月十五那天，家家带斋粑、豆腐、蔬菜等素食去庙里祭祀祖宗，仪礼恭诚，燃放爆竹，如过大年。晚餐，当地人习惯地称为吃年饭，不忌荤腥，鸡鸭鱼肉尽有，极其丰盛，但不能少干笋、干蕨两道菜，而且人人都要吃。在三门塘，唯独这个节日，丈老、舅父们于这天来吃斋粑，不喊房族陪客，第二天，带些斋粑回去。在年节过后，女婿、外甥们都要提篮到丈老、母舅家拜年（拜节），一去三两天，房族爷崽来陪，划拳、喝酒、唱歌，十分热闹。

斋粑节或许和谢、王、吴三家共建南岳庙有关，素食斋戒均属佛教禁忌，刘家在该节日和修建南岳庙中的缺席也是有一定原因的。刘氏不参与过侗年，与村落侗族身份的整体认同产生分歧，谢、王、吴三家为结拜兄弟，有着共同的族源地（已在第二章中详述），都是由湖南一带迁入三门塘的；刘家从山东自锦屏铜鼓卫入迁三门塘，而尝新节是锦屏一带普遍重视的节日，不同的族源成为几大姓氏过节产生分化的原因。

六月六的尝新节，三门塘人把更多的精力放在了晒谱活动上。这一追宗念祖的仪式化行为，并非侗族文化习俗带来的差异，而是杂糅了宗族观念在这一节日外壳之内。过去木材贸易的兴盛，给这个村落带来物质富庶的同时，不同姓氏的家族凭借各自的经商能力，不断扩充家族势力，而寻求在村落社会中占有一席之地。村中几大家族随着经济实力的积累，也不断寻求村落生活中彰显自我意识的象征意义。不同姓氏、家庭之间建立的关系，使得风俗和信念在一个村落空间内产生并传播。

另外，三门塘人觉得具有侗族特色的食物还有酒、油茶和米豆腐。村里每家都有家酿米酒、甜酒、泡酒几种，蒸酒时，先煮二十五斤米，放入酒曲，发酵六天，蒸发冷却成酒。油茶历史悠久，制作简便（见图8-1），煮油茶的原料有：糯米（用甑子蒸热晒

图 8 - 1　三门塘侗家油茶

干），泡茶，大米，结骨茶，玉米粒，粑粉（糯米粉）。准备好泡茶，炒米至发黄，下黄豆、茶豆、结骨茶，炒熟之后放水煮，放桂皮、生姜、盐、油、味精等佐料，然后搓粑粑呈汤圆状，下锅煮，最后盛碗，放入葱、辣椒。油茶清香可口，营养丰富，老少皆宜。每逢寨中来客，左邻右舍，家家煮油茶，开甜酒。甜酒制作方法为：糯米煮熟，放入酒曲，发酵即可，饮用时掺入井水，甘醇清口。

　　米豆腐，当地有一种叫作"泥湾米"的品种，浸泡一夜之后，打成米浆，倒入锅内烧热，加入石灰水，边倒边搅，沸腾后盛入盘中，待其冷却凝结，食用时就像切豆腐一样切成小块，拌入辣椒、葱、酱油、味精、酸豆角、肉哨子、番茄汤。①

　　对于三门塘人来说，一年当中的不同节日，都是受汉文化影响的，但是其内容与形式又显现出本地特色，这便成为他们心目中北侗文化的一部分。三门塘人的日常节奏，遵循着四季自然、农事劳

---

① 2004 年 8 月 25 日，访谈吴 Y. J.、刘 X. H. 所得。

作与富有文化内涵的节日安排展开，村落生活也便如此进行世代的交替与延续。

第二节　空间里的声音

一　七夕歌场

树木掩映的村寨内，时常可以听见虫鸣鸟啼的自然之声，住在木楼里的三门塘人，夜深人静的时候也可以听见邻家木门的吱呀开合声。缓缓流淌的清水江，带走逝去的岁月，也带走人们回忆中曾经村落的喧嚣，偶尔来访的游客、官员带来走踏在石板花街上的声响，静谧的村寨在每年七月七的节日里充满活力，来自不同村寨的人们会聚于此，充盈在村落空间内的歌声，成为三门塘人向外展示民族文化的旋律。

第一章中已提到的"四十八寨"的"款"组织，历经千年沧桑依旧存在，如今"四十八寨"的久远文化以民俗的形式保留和展现出来，人们更多地将"四十八寨"和歌场集会相连。歌场起于何时？歌场白话里叙述歌场根古说："古月古日吃牯脏。三十三秋开茶房，先开平茶四乡所，后开靖州花鼓楼。一年四季四大戊，四大土王赶歌场。"也有的说"五月五日吃牯脏""鼓一鼓二吃牯脏"，不过都无从考证年代。至于"雍正一年拔一里，雍正二年拔钱粮，雍正三年拔三里，雍正四年拔完成"，无非是叙述天柱从湖南拔到贵州的事，也难以说明歌场的起缘。

在过去，"四十八寨"的年轻男女在山上对歌，更多的通过"玩山"这一方式来相识爱恋。林中小路、山涧溪头，隐约传来婉悠的歌声，玩山的时间、地点，可以在歌场上约定，也可以在赶场天（赶集的日子）约定，还可以在上一次花园分别时确定。时间一旦确定，无论刮风下雨，均得赴约，先到的在路边拿把芭茅草扎成一个"表"，表示一方已到，一旦歌场响起，便出来相会。山歌包括游洋歌、寻芳歌、情歌等，其中情歌是山歌的主体，主要有"初相会""新的伴""久的伴"等层次，随着交往次数的增加依次渐进，歌声含蓄甜美，如泣如诉，委婉动人。虽然说山歌是未婚青年男女的"专利"，但是到了寨子里，歌声也无处不在，一般有关亲歌、酒歌、生日歌、造房起屋歌、三朝歌等，这些歌老少皆宜，与山歌相比，这些歌音调更加婉约纤柔，语句更加耐人寻味。

"四十八寨"世代相传的《流离歌》中载，歌场集会习俗始于部落首领杨武王时期，中寨四方坡、竹林龙凤山、茶亭四乡所、靖州四鼓楼年代最为久远。现在的歌场一般为：三月初一天华山，三月初三石榴界，五月初五细草坪，五月十五两头坳，六月土王赶平茫，六月十五龙凤山，七月初五赶麻阳，七月十五阿婆坳，七月二十赶岩湾，九月土王十八关。每个歌场每年赶一次，每到歌场集会时间，山坡上人山人海，歌声此起彼伏，遥相呼应。情意绵绵的山歌对唱，比口才、"肚才"的侃歌场，或婉转细腻，或高亢激越。

在对过去古歌场的口述访谈中，人们并没有提及三门塘。1999年金山笔会之后，便有了每年农历七月初七到三门塘赶歌场的习俗。在大搞旅游开发，提高村寨福利的今天，三门塘人利用传统民族文化安排出这样一套民俗事项。三门塘人说："侗族人以饭养身，以歌养心，我们唱歌就是学调调，学会了调调我们就可以自己填词，就像你们写文章一样，可以自由发挥，看一个人的文采怎么样了。唱歌，唱着开心啊，心情很舒畅，没得烦恼嘛！"

七夕歌会的前几天，家家户户便开始准备甜酒、米豆腐、米粉等招待客人的食物，像是过年一样。"天上佳期牛郎织女一年一度会鹊桥，人间美景山歌自话七月七聚江边。"[①] 江上的马达声未曾停息，来来回回，接送渡口来的客人，寨门口贴着刚写的对联，三

---

① 七夕歌场材料均为2006年农历七月初七，三门塘歌会田野所得。

门塘人摘了一种叫"猴子草"的植物把寨门装点了一番，下码头去的道路经过整修打扫得干干净净。

上午九点半的三门塘依旧被晨雾笼罩，村里的几个小商贩从店里搬出了凳子、椅子、冰柜，搭起木板，扯线搭棚，准备一天的生意。腰鼓队穿着红艳的服装，排成两队，咚咚咚地敲击腰鼓迎接客人，木槌尾端绑着的丝带在空中舞动。

从外面村寨来的客人陆陆续续地到来，渡船的马达"哒哒"响个不停。对岸几个穿着传统侗族服装的姑娘下了渡口，在河边穿戴起银饰来。这边岸上的人们期待地看着这几位盛装的女子，注视着她们的一举一动。等待她们下船来，她们头上的银饰跟着绣花鞋的脚步发出细碎的金属声响，她们纯真的笑容，感染了每一个人（见图8-2）。

图8-2　三门塘七夕歌会

阳光洒在江面上，波光粼粼。村里的大喇叭播放着县里民歌比赛的带子，歌声传到村子里的每个角落，有着让你无处躲藏的穿透力。到了正午，江边挤满了人，别处来的商贩沿街摆摊，卖米豆腐、凉粉、冰棒，杨公庙前还有卖狗肉、卖鱼、卖鸭子的。村里的广播停了，有人开始唱起来，那是邀请别人前来对歌。那几个盛装打扮的姑娘，已被人们团团围住，和她们对歌的是两个中年男子，你一句我一句，一问一答，比口才，比"肚才"。围观的听众一听就能听出谁好谁坏。别处三三两两的也开始对唱起来，或站或坐，有的撑伞，有的扇扇子，抑扬顿挫的歌声和五颜六色的扇子此起彼伏。一路过去，走不出五步就有一个小歌场，前一个余音袅袅，下一个又兴起。闭上双眼，仿佛置身歌海，歌声如大江滔滔，高峦林海，又如小桥流水，山涧溪泉，轻拂心灵。

歌场对歌称为"侃歌场"，当地叫"侃塘仲"。"侃歌场"是一个表现才华的机会，内容依据当时情境需要，由双方"侃古"，如唱《开天辟地歌》《洛阳桥》《盘花园》《盘根歌》《侃三国》等。咏歌并举，佳句迭出，妙语连珠。腔调上可分为高坡腔、河边腔，高坡腔高亢激越，有如绵延之山峦，高山之林涛，气势恢宏；河边腔婉转悠扬，有如小桥流水，碧波荡漾，细腻缠绵。

"侃"，以咏、唱为主。咏，叙述内容，唱，概括主题、阐明观点、升华感情。"侃"的语言表达形式独特，侗语、苗语、汉语可以交叉使用，用得适到好处，妙趣横生。"侃古"时，人物情节，不得张冠李戴，不能出半点差错，否则会被人笑话。

"侃歌场"往往一寨一伙，不会"侃"的在一旁听、学，哪伙侃得最好，哪里的观众就最多。主侃者称为"歌墩"，陪唱者称为"帮腔"。歌声沉稳，调子各异，相得益彰。遣词造句有诗句的韵律，内容纵横古今。"侃歌场"的过程主要有：游场找伴，在歌场上，要以讲唱方式寻求对歌者；喜相逢，有人接歌，双方要侃几篇"萍水相逢是缘分"的话；谦虚话，侃过庆幸相逢之后，互相谦虚地阐明要向对方学口才；褒赞语，讲些自己愚蠢笨拙，家寒失学，孤陋寡闻，特来歌场学习之类的谦虚话；互相询问，侃了上述的一些套言之后，便转入正式互相询问；最后散场套言。三门塘笔者田

271

野这一年有三十二伙（小歌场），唱累了就歇一歇，走到寨上哪一家，无论生熟，主人会热情邀请招呼客人，拿出家中备好的米豆腐、甜酒来招待。

到了下午六点，歌场开始散去。人们边走边唱，船驶离渡口，歌声如江面上划开的涟漪层层扩散开去。上了岸，歌声未绝，往来的车也因歌声而放慢了速度。上了车将要离去的人还在唱着，那歌声似乎在诉说不尽的离愁，恋恋不舍的倾诉，美好的祝福。歌声如江水般绵延，割不断的天籁。许久，寨头那条路恢复了往日的平静，空荡荡的石子路上，拴着铃铛的牛儿慢慢走过，江水拍岸，这个曾经一度繁华的江边聚落，和涛声依旧的清江两两相望，其中有一段段我们怀想述说着的历史。

晚饭过后，大晒坝篮球场上，橘黄的灯光亮了起来，人们摆了长凳开始唱起来，那夜很多都是枕着歌声入眠的，他们一直唱到凌晨。村里人说，这一次是有三四千人，在 2000 年的时候来了上万人，热闹的话，晚上会一直唱到启明星亮起来。第二天，主人准备了丰盛的早餐，有的人家从早上九点一直吃到下午三四点，走的时候放炮送别，唱歌一直唱到渡口，主人也会回赠客人一些小礼物，互相祝福。

一年一度的歌场，给人们提供了一个以歌会友、走亲访友的机会，在村里留宿的客人大都是路途较远、平日里不便走访的亲戚或是朋友。歌场一方面是大家娱乐，弘扬民族文化，施展个人才华的平台，另一方面是加强联络，巩固人群关系纽带的手段。古歌场中，三门塘并没有列在其中，歌场是他们在旅游开发情势之下可供利用的民俗资源，七夕歌会也成为他们节日中民族文化的展演。

二　女性的声音

1. 服饰

在三门塘，传统的女性发式有讲究：未婚女子，前额蓄刘海儿，后梳长辫；已婚女子未生育者，去刘海儿梳长辫；已婚且生育

272

的，后脑挽垂髻，插银簪，呈长脚汤勺形。现在村里的女性对发式已经没有过去那么多的规定，当外出打工的子女烫发、染发回家来时，父母说上几句，也便无奈地接受了现状。近几年来，随着游客的增多，村中女性也开始追赶潮流。

在当地老人看来，汉族女孩涂脂抹粉，侗家女孩不敷粉抹红，只把眉毛修成半圆形线条。男女服装各有特色，男装较简朴，演变较早，衣有大襟、长袍，马褂是传入的服装，原有腰带、头带、绑腿，之后便穿汉装。妇女服装，大体沿袭古装，只是在做工上更为精细。如今村里的妇女基本穿汉装，只有在节庆时才穿上她们的民族服装，妇女的侗衣可分为简装、盛装，服装随季节变化而变。简装是生活劳动的粗布衣服，不绣花，不佩戴金银饰品，盛装用缎子刺绣夹衣，头、手、衣上配有金银饰品，在刺绣上引进湘绣七彩，只是花边保留侗帕的十字针脚，服色也有变化，以简装为例，各季节的服色见表 8-3。

表 8-3 各季节三门塘女性服色

季节	上身外衣	上身内衣	下身外裤	腰带
春末三月天	老蓝色	月白色	玄黑、藏青	藏青、玄黑
初夏到五月上旬	士林蓝	漂白	老蓝、标准布	藏青、老蓝
盛夏五六月	浅色夏布淡色纺绸	漂白假领	平江布、学生蓝、色纺绸毛蓝府绸	月白、丝织裙带
盛夏七八月	浅蓝府绸浅蓝纺绸	漂白假领	比上衣色略深的府绸或纺绸	毛蓝府绸丝织裙带
冬令	老蓝、藏青	月白	藏青、玄黑	藏青、玄黑

资料来源：访谈所得。

衣裤带的颜色忌色调相同，应上轻下重；带子在中，最忌与衣同色。妇女服装，最忌露肉，即使酷暑，仍是紧拴领扣，长袖长裤。捆扎腰带，既有对曲线美的追求，又可防止乳房和臀背的外形显现，故腰带可把上衣略向上提，使腰以上的衣服宽松。裤子要长裆宽裆，外罩长衣，虽扎腰带，有腰下曲线，但臀部轮廓不显示。村内长者说现在有些新设计的侗装，袒胸露臂，与传统款式大相径庭，这是民族气质和审美观念的根本问题，他们觉得民族文化被更改，背离了传统。

古老的侗家，种棉、纺纱、织布，自己用机器织出来又粗又厚的棉布，称为侗布，因传来的外地布称为客布、细布，侗布遂称家机布。当地有一种染料植物，叫蓝靛，可把侗布染成毛蓝、深蓝、元青等颜色。随着商品流通的加速，现在的三门塘人不再自产侗布，日常穿着和汉人并无差异。

银饰是侗族妇女重要的装饰物，银饰轻巧精致，头饰最为讲究，花饰颤动，镶珠嵌玉。手镯有四方手镯和梅花手镯，耳环为茶叶形。女性戴纯属装饰，男性佩戴则是为了消灾解厄。男性有脚镯，为四方或圆柱形。

一次去远口镇赶集，住家女孩从红纸包里取出一块老银，是祖母留下来的一些碎片，小小的银匠店里挤满了人，氢氧焰不断地吞吐，抛光打磨一刻不停。远口镇上的杨银匠告诉笔者，他们祖上都是做银匠活的，以前远口镇上有七八家打银店，都来不及做，供不应求，而现在就只剩了他一家，他说十年前他还打老式的银饰，现在都做简单的了。"我感觉很惭愧，觉得有愧于先祖和手艺，以前老百姓就算家里没钱，也要打银饰给女儿出嫁用的。做头饰、手镯、项圈一套下来要花好几个月的时间，现在的人是没这个经济实力，时尚也不流行这个了。现在打磨用模子就可以了，现代经济讲效率。"柜台上的参照书，都是当下流行的时髦金银饰品样式，高温下熔化的不仅仅是锈迹斑斑的老银，更是几代匠人的才华，是蕴含民族文化极具审美价值的工艺品，最后剩下的是一堆平常的戒指、耳环。

过去在三门塘，女性有绣花鞋，卷云图案，钉鞋有平钉，好走花街路。快钉可以在木排上用，防滑。三门塘的女性绣鞋垫，钩毛线鞋，每次田野结束离开她们，她们都会把新绣的鞋垫递到笔者的手里，"鞋垫，鞋垫就是把你惦记在心里了"。当地女孩出嫁，若是对男方有意，就送鞋垫给对方，而从中男方家庭也可看出姑娘是否心灵手巧，所以在她们的传统工艺里，鞋垫可以寄托她们的很多情感，它是一种手艺，更是一种传递情感的物品。

2. 结婚

在过去，通过凉月、歌场等方式，男女相悦后，女方就跟着男方同居，然后男方再向女方家认亲，改土归流之后，改成汉家六礼：意愿、媒说、求庚、行聘、婚嫁等。择黄道吉日婚嫁，男方关系客（接新人）抬花轿、新娘轿、伴娘轿，顶彩旗，端礼盒至女方家迎亲。入女方家要男方送开门礼，唱开门歌，进屋后唱关亲歌。新娘出嫁前择吉日做嫁衣、嫁鞋。出阁前与母亲、女伴在闺房唱哭嫁歌，在堂屋前唱关亲歌。出阁前有梳妆礼、上轿礼，出阁时穿嫁衣、嫁鞋，由兄长背负上轿，红伞遮头，火把照路，沿路撒花米酒，用火把熏轿脚，花米酒净轿内，再入轿。这是三门塘过去传统的结婚习俗，现在当地人结婚的相关仪式已经简化。

到了临近结婚的日子，团内家中有女孩的都要来陪着即将出嫁的姑娘，当地人称为"沤糯米"，沤糯米主要是哭嫁，感谢父母养育之恩，兄弟姐妹的手足之情，述说即将离别的依依愁绪。在过去，有的一个月前开始，有的则在婚前三日开哭，直到离开家门为止。女伴们每晚来到闺房，陪着即将出嫁的姑娘。哭表示一种礼节，"哭嫁"并非真哭，其具有很强的表演性质，新娘本人要哭，她的女伴也要哭，这或许是当地女性情绪的一种集体展演，"哭嫁"对于平日里默默无闻的女性而言是展现她们自我的仪式空间。

在2008年12月，笔者参加的一个婚礼中，"沤糯米"已经简化。结婚前一天早晨，团内的人过来帮忙杀猪、准备宴客的食物，当地人称"做好事"。主人家去县城买了很多鸡鸭鱼等，母亲和一些女性长辈准备新被褥，绣着龙凤图案的红被单。到了晚上，主人家请来了附近有女儿家的女性，通宵达旦地陪着出嫁的姑娘，其实这是"哭嫁"习俗的遗风，但是那晚过了半夜新娘还是忍不住靠着床沿睡着了。第二天一早，过来帮忙的人就要去别家喊"吃油茶"，这是在一定村落空间内信息传递的一种方式，告知大家哪家有女儿要出嫁了。到了下午，笔者便陪着女孩去镇上盘头发，与此同时，我们也接到了从贵阳来的新郎。回到村里，人们已在门前摆了几张长凳，拦门向新郎讨红包。经过这一过程，到了晚上就只有自家的亲戚朋友一起吃饭，他们告诉笔者三门塘人爱讲排场，结婚宴请都和城里的差不多了，摆上十几二十桌。那晚女性围坐在火塘边，唱起了"姊妹歌"。第二天一早，吃过早饭，新郎便带着新娘前往贵阳，新娘出门由兄长背着上车，红伞遮头的习俗依旧沿袭，鞭炮声中，作为伴娘的笔者和他们一同离开了村寨。女性的出嫁意味着与这个村落空间的脱离，同时也进入了另一个身份角色。

婚后，女性的另一个重要角色就是成为母亲，当地称孕妇为"四眼婆"，孕妇忌吃韭菜，不能同别家酿造喜庆物件相接触，少在街头巷尾与外出求财、渔猎、迎新人的人照面，以免别人忌讳。孕妇房中床柜等物不能随意移动，家中不做装修、产生响声之事，以免流产。

接生要选择年老有经验的拣生娘，还要于三朝、满月、周岁庆典时宴请答谢。接生时于内房分娩，用瓷片割断脐带，遇难产者，用祖传土方催产。初生儿扎紧脐带，用百草霜洗澡，周月内忌剃胎毛，母子不出家门，万一外出必须打伞，满月以后用红绳扎手臂。孩子出生一个月内，产妇和孩子不能出门，与外界的隔绝，并非由于不净，而是产妇和孩子格外脆弱，更需要高度的保护与关照。但是例外的情况是，即使不是自己家，只要在同一根梁下面的话，也是可以走动的。因此在家屋空间中，堂屋的那根梁界定了内外的空间概念，是家屋空间的核心所在。

3. 改嫁

中青年妇女亡夫后，不论是否有小孩均可再嫁，那种没有实行转房或填房的年轻未生子女的寡妇，一般自夫亡之后就回娘家居住，多自行改嫁，亡夫家不干涉。有子女而亡夫家没人抚养的，子女多随母改嫁，男孩长大后可回生父家继承遗产，女孩可以在继父家出嫁。寡妇从亡夫家改嫁时，必须在夜间从后门出去，凡改嫁的寡妇，一经改嫁，便永远不能再登亡夫家门，甚至连亡夫家族的门都不能进入，如需办事，只能在门外吃住。笔者田野中，在喇赖谢家看见两张咸丰年间有关婚配方面的文书，摘录如下：

> 立清白字人保长彭裕发、乡导彭景山、相球、杨洪泰等，情因彭学商之姐彭氏桥鸾先年嫁喇赖谢秉益为妻，所生一女名焕大娥，年已及笄，本年四月初四，彭如兰备礼上门欲求为媳，谢姓不允，彼此吵闹，以致讼之远口司陈立案下。我等不忍坐视，邀恩和息，二比俱愿无事，因劝谢姓出舅公礼与亲舅彭学商收领。自和之后，谢女任从谢姓四方许配，彭姓房族人等不得阻拦。今凭我等立请白一张□谢姓为据。

行太

凭房亲　彭大政

丁周

景山

凭保长　彭裕发

相球

乡导笔　杨洪泰

咸丰六年五月十八日

　　清水江一带传统上是母权及舅权的社会，文中未提及舅公礼数目，但谢秉益不得不出这笔钱，自清乾隆以来清水江下游地区的婚俗改革，其实是对舅权的某种限制，看来落实到地方村寨并非一蹴而就。

277

　　　　立婚字人琴坪寨杨孟生，情因先年娶到龙必恒之女为妻名唤玉梅，过门数载，奈命不辰，因夫亡守节无靠，思行改嫁，幸地名喇赖寨谢俊标名下，请媒人中讲娶改嫁为室。今凭媒证议定聘金钱，主婚人一并领清，此系二比情愿，并无压逼等情。自嫁之后，杨姓房族人等不得翻悔异言，若有此情，任主婚人是问。今幸有凭，立此字付于谢姓为据。

　　主婚　　杨顺理

　　房亲　　杨昌海

　　　　　　昌敏

　　媒证　　王通礼

　　　　　　吴大荣

　　代笔　　杨昌礼

　　咸丰七年五月十四日　　立

　　从文书中看来，这两单婚姻中的问题随着经济上的交易完成，婚姻关系便得以确立，通过婚姻建立起的不同姓氏之间的关系也变得简单。或许这也与咸丰、同治年间的地方动乱有关，但是作为两性婚姻，男性具有相当的操控力。

　　三门塘的许多仪式空间是将女性排除在外的，身为女性受访者的她们大都也受重男轻女观念的影响，生育特别是生养男孩对一个女性在家庭中、村落中的身份地位影响甚大，因此一系列与生育相关的超自然信仰机制实则服务于男性宗族观念。在如今的旅游开发中，女性成为民族文化展示的主体，但是她们认为自己与汉族已经没有太大差别，以下为村中某位女性说的一段话：

　　　　我们都已经很汉化了，平时穿的衣服和你们差不多，只有在领导来，或者重要客人到村里来的时候，才会打扮，我们现在看起来也和别人差不多。女孩子的侗装是妈妈留下来的，以前的镯子还是挺好看的，都是老银，现在都打不出那种花了。现在去打，怕店里的银子掺了东西，自己家里如果有大洋，就拿那个去化了，照书上的打，打出时髦一点的那种样式。侗话听得懂，但是我已经不会说了。

在三门塘，传统的侗族服装发式只有在村中女性身上可见，平日里她们的装束和汉人无异，随着外出打工人员的增多，村中女性的形象也被当下的流行时尚所影响。当游客要求女性演唱传统侗歌，观看传统服饰时，传统侗族的女性形象便因观看需要而被塑造出来，具有民族特色与现代时尚的侗族女孩形象便在男性视角下展现。从古至今，村落里女性的声音都被框入了男性的权力话语之下。

第三节　吊脚楼的演变

清朝，自雍正开辟"新疆"之后，被中央王朝权势逐渐渗透的这片土地，一度富庶起来。清水江承载的不仅是木材、商品的流通交换，同时伴随着不同人群间的互动，以及精神文化层面的交融。几百年来，三门塘作为清水江流域的一个木材外销商埠，经历了多种文化的冲击。抱着良好经济预期的下游客商纷至沓来，打破了这片林间小村的闭塞与宁静。从清贫到富庶，从农业到商业，它既传承传统的本地文化，又吸收着外来文化丰富提升自己。当它由一个农耕村落转变为一个木材贸易口岸，多数村民由农民向木商和木行工人的身份转变时，它原有的地方文化也开始蜕变。经过长期的发展，如今的三门塘文化是在原有文化基础之上汲取了多元文化整合而成的，三门塘这个侗家村寨便是这独具一格文化的物质载体。旅游开发的火热形势，更加强化了三门塘人所认同的"北侗文化"，民居建筑便是其中重要的一部分。

　　三门塘人认为，"吊脚楼"式的木结构房屋是他们的传统居住建筑，楼下养家畜，楼上住人，防潮防蛇。吊脚楼一般都建在开阔、向阳的地基上，吊脚半边楼，则是建在坡度较大的斜坡上，一面竖较短的柱子，使得前面的楼板与后半间的地基平行，形成半边楼。无论是平房还是楼房，均以瓦盖顶，没有条件的地方以杉树皮或者茅草盖顶。

　　三门塘有一种独特的砖房，即在木房周围砖砌围墙以防火防盗，外砖内木，俗称"窨子屋"（见图8-3）。三门塘依山傍水，聚族而居，在居住点旁的山弯处凿井而饮，宅前道路弯环，尽量按照风水之说取长生延年定门路。选址请地理先生择地定向。用杉木青砖，青瓦石灰，青石板为主料。杉木可就地取材，青石板则从上游三十公里的打岩塘购进，房屋为纯木结构，木房外围砌防火防盗墙。在过去，按照《江规》，外商来到三门塘，便将全部预付银两交给主家，由主家进入内江分批零星采购木材，打盖主家斧印，运到三门

图8-3　三门塘的吊脚楼和窨子屋

280

塘水坞加工整修成标准材，成批交给客商，加盖客商斧印，才与客商结算。买卖周期有几个月的，也有几年的。"客进旺家门"，"当江"的主家，长年保管大量的银两，所以要建造防火防盗的砖房。窨子屋都有高墙窄窗、巷道深邃、曲折迂回，门墙牢固，易守难攻的特点。屋内有地下金库、暗室暗道，如被强行攻破，屋里的人也可以安全遁逃。窨子屋里面的木质结构和木屋一样，造好之后外面用砖围造起来，用长形的墙扣将砖与木柱相接合，固定柱子。

在街巷中，随便拐进一扇厚重的大门，就会进入另一番天地。进门是高大幽深狭长的天井，吸纳阳光和空气。天井中一般放有一口"太平缸"，这些由大块青石板拼合而成的水缸，雕刻着各种精致的图案和吉祥的文字。窨子屋的建筑格局为：一底一楼式，横向三开间或五开间，偶有四、六开间者，侧边一间的屋面必须升高或降低。正中一间设庭堂（俗称燕窝），庭前设天井，天井两旁设厢房，上述的正屋、天井、厢房，构成一个单元，一般多为一个单元。由于当时建造窨子屋的工匠多来自湖南宝庆府，所以建筑风格近似湘楚。

砖房的墙高过屋脊，墙头平翘，为多级卷云马头墙，墙头下粉刷边带，描绘山水花草虫鱼。和传统的吊脚楼相比，窨子屋的建筑是人畜分离的，在住宅外边专建牲口屋，及堆放柴草。窨子屋虽然颇似徽州风格，但是也有三门塘自身的特点，当地人称为"财门义路"，即歪向开门，斜角开路，这样不利于匪盗撞门。砖墙和木房间隔 60~80 厘米，利于通风、防潮、防腐，冬暖夏凉，另外它也可作临时暗道。三门塘的民居大门都是上宽下窄，以利财喜进屋、产妇分娩；大门的门槛高于房内门槛，以求富进不出；大门上方的"打门槌"外侧刻成乾坤八卦状，内侧为水牛角状，隐喻福寿康宁。窨子屋是融汉家豪宅与侗家住宅风格为一体的应木材贸易而产生的一种建筑，生意与生活融于一室。现今，三门塘的木屋也仿砖房风格，依旧"财门义路"，另建木房于宅外，关养家畜。古窨子屋的门窗多有雕花画梁，其门楣、楹柱、窗格、家具均饰有龙游凤翔、云纹动物图案。

　　家屋内的住居安排没有固定模式，但是一般进门为堂屋，设神龛，供"天地君亲师位"。无论是传统吊脚楼还是窨子屋，作为一个家庭的居住空间，堂屋是其中最重要的部分，堂屋两侧加柱，加厚楼板，在对着大门的板壁上安放"天地君亲师位"。如图 8－4 所示，堂屋是家庭的主要活动空间，堂屋两侧，加盖房屋，小户人家一般长三间，大户人家则有长五间、七间的。右侧一般为火塘，火塘周围用青石板隔开，中间架三脚架，用鼎罐煮饭，屋内有从楼上吊下的木架子，可供烘烤腊肉、熏肉。C 为卧室（客房），A、B 为家人居住的卧室。二楼一般存放粮食和种子，以及家中人多时备用的客房。这样的一种空间组合，以"天地君亲师位"所在堂屋为核心而产生凝聚力。

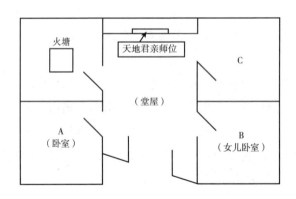

图 8－4　三门塘民居内部空间示意

　　当地人根据风水决定房屋的朝向，笔者田野的住户那家大门便是斜开的，村里懂一些风水的老先生告诉笔者："坐山向山的向可以看出犯煞，根据罗盘重新定位，他们家是坐艮向坤，犯房前煞，就是正好碰上了阴间走的路，这样就会家宅不宁，所以要改为坤申向，这样也好旺财。村中名画家王泽寰家的大门是八字外开的，小寨的门都是朝对河开，三门塘下面这块都是斜对河开的，这些都是按照龙脉走势来确定。"

家屋中的床不可以对着门，而必须垂直于门与"天地君亲师位"所在直线，只有老人过世的时候可以对着，也就是生者平日床是要和房梁的走向一致。就餐时，长辈背对牌位，主人坐对面，客人坐两侧，都坐矮脚凳。外人不可以在正房留宿，自家的女婿都有忌讳，而堂屋两侧，三间房子之外可以。一根梁管三间房，除那个以外的拿来建屋，就没有关系。如今旅游开发，村中农户搞农家乐，夫妻家庭在此留宿便不可男女同房，当时县里领导说村民应该解放思想，但是在当地人看来外来的男女在家屋中同房留宿的禁忌是不可打破的，因此他们就在家屋的总梁之外建造房屋，以便游客留宿。

由此看来，"天地君亲师位"所在的堂屋，在整个家屋建筑中居于核心地位，决定了不同人群的居住空间，同一根梁下只可容纳自家的男性夫妻同房居住，连自己的女儿带女婿回娘家也不可同房，这种空间配置的背后，是强大的宗族观念，当地人说，那样会被外人分了自家的香火。房梁的作用在于调节家庭成员与非家庭成员之间的关系，女性一旦出嫁也便脱离了家屋空间，分香火的禁忌一直延续至今。

三门塘虽属侗族村寨，和南侗村寨相比，却没有鼓楼伫立、风雨桥横卧。村中长者对此有自己的看法：

> 在侗族有些村寨是一个姓氏一个鼓楼，以前男女恋爱是以凉月、跳月的方式进行的，十分自由，鼓楼也成为男女恋爱的场所。我们北侗这边开发较早，万历二十五年天柱第一个县令朱梓制订了十四个条款，其中有一条就是取消了原来的婚姻习俗，说以前的婚姻是不文明的，必须按照"六礼"，所以男女到山上恋爱，改为白天去，因此出现了"玩山"的形式，"玩山"是侗语，汉语应是"山玩"，即山上玩耍。乘凉楼碑记中

有记述，嘉庆年间用汉语就说成了乘凉楼，在康熙年间复修，碑记中记载全是王氏所出银两，所以可以推测一个姓氏一个鼓楼，正好又在王氏码头的位置。①

村民认为曾经建于王家码头的一个乘凉楼是和鼓楼有着类似功能的村落公共建筑。《王氏族谱》中载：

图 8-5　乘凉楼碑

> 明季，王家码头建有古楼，年久失修，于乾隆四十一年（1776），变卖楼檩瓦片，得银八两二钱以生放，迨至嘉庆三年（1798），以其本利二十八两七钱并我王姓族人一百二十五户捐资，重建乘凉楼及码头大门。楼在门右临江崖上，层瓦辉碧，典雅古朴，俯瞰商船出进，环顾木排横江，风轻月朗，笑语飞歌，山川灵秀，独钟此楼。②

乘凉楼于咸同年间被兵燹毁坏之后，再未修复。今日，唯独这块立于路旁的石碑（见图 8-5）告诉人们，三门塘有过类似于南侗的鼓楼建筑。在南侗地区的侗寨建筑都是以鼓楼为中心展开的村落场景，如今它在旅游开发中已被视为侗乡特有的文化风景，三门塘人将王姓建造的乘凉楼与鼓楼相提

---

① 2004 年 2 月，访谈王 C. Y. 所得。
② 《王氏族谱》第九一号第一册，彦荣后裔承炎。"乘凉楼碑"立于嘉庆六年，今立于三门塘王家街旁。

并论，弥补了这一具有强烈视觉意义的景观物在北侗村落的缺席。

　　在有关文献资料的记载中对三门塘一带人们的族群身份有过"苗"①"汉"②的描述。三门塘村被赋予的不同族群身份，是不同时期"国家话语"在地方社会的不同表达，也是当地人回应的一种策略性选择。三门塘人对不同族群身份的强烈诉求，是在具体情境下做出的工具理性行为，在正统合法身份符号保护之下来寻求自身利益最大化的实现。如今，人们将乘凉楼与鼓楼相提并论，是基于目前的旅游开发，为增加民俗村寨的侗族特色而添附的一种解释。因为天柱县内的大片地区在明、清时期都较早地被纳入了王化之地，而以宗祠这一建筑形式取代了鼓楼来充当村落的集会议事之所。三门塘的乘凉楼或许只能作为村落木材商贸繁盛发展之后的一种建筑形式加以看待。如论如何，三门塘村落中现存的窨子屋，这些飞檐翘角、白墙青瓦，气势恢宏的民居建筑显示着昔日的鼎盛和辉煌。建筑的演变我们可以在现象层面把握，现象背后的原因则需要我们对当事者的文化心理以及社会历史背景做准确的分析。

第四节　传统再造

一　"北侗第一寨"

　　在当今旅游开发的形势下，"三门塘"已具有不少传媒效应的名称，如："北侗第一寨""清江明珠""清江小上海""心灵栖息地""独具特色的北侗民族村寨""一个让人惊叹不已的侗寨，一个让人探幽访古的部落，一个让人放逐心情的家园"。过去的漫长

---

①　瞿九思：《万历武功录》卷2《湖广》之《坌处刘堂艮、草坪石篡录》。《续修四库全书》第436册，第192页，讲道"坌处诸苗寨"。

②　檀萃《说蛮》有云："峒人今称峒家，衣冠如汉人，亦自讳其峒人也。习汉俗者久。"

岁月在三门塘留下的历史痕迹，无疑在今日给它带来了可供利用的文化民俗资源。三门塘人利用村落中可见的建筑物，发挥他们的想象，述说和村落景观相关的历史事件、人物故事。石桥、石碑、宗祠、庙宇、构成了村落的物质遗存，营造着生活在其中的人们追宗念祖、寻古探幽的表象意识，先祖的遗留让活在当下的人们持久地感受着一种潜移默化的怀古情绪。过去的"外三江"，一个繁华的贸易商埠今日已成为一个颇具旅游价值的民俗村寨。

清代逸士杨有标咏《清江水》中写道："三门塘峙五溪开，一线澄江上下回。渔网暗从岩畔出，仙槎遥向日边来。水哉何取真堪悟，逝者如斯且莫哀。想像濯缨人去后，问谁饮犊傍山隈。"如此一幅清江画卷，无疑给到访村寨的人们一种重归田园的感受，为他们提供了一个心灵休憩的场所。

清水江一带，三门塘周边的一些村寨也有一些宗祠、庙宇、碑刻的遗迹，但像三门塘保存如此完好的很少，问及原因时，当地一位小学老师告诉笔者：

> 三门塘人受很重的忠孝观念的影响，忠孝廉耻深入人心，对于祖辈留下的东西都要好好保存，传下来的有利的精华都要好好接受。"文革"的时候，刘氏宗祠做了生产一队的仓库，当时远口中学的四个学生来叫同伴上学，看到了刘氏宗祠上的雕塑，说要"破四旧"，住在宗祠前面的潘诚义是生产大队的副队长，就问："干什么？"，对方答："破四旧！""谁让你们做的？""毛主席说的！""这是我们的仓库。"双方一阵争执，越闹越僵，后来村里人多，他们也就作罢了，现在看到的龙翔凤舞的门牌也就这样幸存下来了。

> 宗祠上面那个骑马的小人，那个头正好被人砸了，要不然你走在那个地方，就会觉得他在看你，雕得很好啊！所以一方面是出于对先人的尊重，另一方面是珍爱艺术美感。现在的碑

还有人去寄拜，那些都是前人为后人做的好事，后人景仰尊崇，去上香烧纸钱要求得先人的保护、保佑。另外这些碑上的都是"有功德的，名垂千古"的好人，将小孩寄拜给这些好人，不是说好人一生平安吗，所以孩子也会平平安安，健健康康的。

这些石碑也是让后人看啊，祖先都做了那么多公益事业，我们后人也要模仿着去做，这种公共意识就会流传下去。寨口零二年刚立的碑，就是对这种碑石文化的一种传承吧，捐款芳名对寨内的人来说有一种激励作用。[1]

三门塘人对于村中古碑古树古建筑的保护，用他们的话说，这是出于对祖先造福后人所做益事的感激与尊崇，同时以求得到他们的荫庇。在现实世界和超自然世界间，生者与死者的对话中，构成了村落社会中人们习以为常的生活常态。如今三门塘村民集众修建渡口道路，也仿效他们的先人立碑记事。如2000年，为了迎接天柱县的"99金山笔会"，而将码头和进寨的道路铺砌一新，就竖起了一块题名《勒碑刊铭》[2]的石碑。这块石碑的选材和镌刻工艺，都雷同于在它一旁有着历史沧桑感的石刻碑林。碑文一开头就给村寨定位，提及他们那段辉煌却又远逝了的历史："三门塘侗家古寨也。扼三江九溪众流，为内外江木材交易之门户。清初捐资置产以办义学、建桥、修路诸义举乃兴焉。……寨外通道山径皆铺石板或鹅卵，寨内街巷皆铺以石板花街。侗寨两百年来，屡遭大火，石板破碎，路面坍塌。近来村民共议小康齐怀修建家园之志。杨树芳、王名钢等启整修之念，作继书之谋，一倡百应。全寨男女慷慨解囊，策群力未一月而工竣，街道维新，渡口无复坎

---

[1]　2006年8月，访谈刘S. C.所得。

[2]　今立于三门塘村口碑林。

坷、泥泞。正当鹊渡佳期，两百多位省内外名流莅临视察，竟览善功，如斯美举能不勒石耶。"字里行间流露出对往昔先人对村落公共事务所做贡献的缅怀，这激发了如今人们对村落集体事务积极的参与意识。

正是三门塘人对先人遗留物的尊重和爱护，对过去清水江木材贸易中那段辉煌历史的念念不忘，使得这些实物没有遭受毁灭性的破坏，留存至今，这恰恰成为在木材经济衰竭之后可以给村寨带来重振经济的宝贵财富。这些反观性的行为，促成了村落内部共同价值的延续与发展，集体文本的象征性表达，激发着人们重新置于那段历史脉络中的怀古情绪，给予人们一种历史的延续感和稳定感。随着如今社会经济竞争性的不断加强，他们对于自身更感到惶恐不安，历史却给了他们面对和把握未来的信心。

二 村落景观新译

村里人说，三门塘的早期歌场，设在村东北部的大草坪，如今的七夕歌场改在渡口江边，对此他们有一个有关坚贞爱情的美丽传说，① 三门塘渡口的硐宝岩、滂浦岩，便是他们执着忠贞爱情的象征，人们敬佩他们，便把歌场迁到了渡口。这样的主题与歌场的日子十分契合，七夕本来就是牛郎织女的相会之日，故事为村落景观增添了不少浪漫气息。

---

① 相传有一位美丽善良的侗家姑娘嫦姑，到歌场向情郎侗保边唱边哭诉，她的母舅将要行使"还娘头"的特权，定在八月十五接她去做媳妇。侗保一听，半天作声不得。在过去，侗族古老的婚姻习俗是男女双方自愿结合，这种婚姻习俗是不受父母制约的，但是女方的母舅，有"还娘头"特权，所谓"天上雷公大，地上舅爷强"，真是苦煞了这对有情人。面对畅快欢乐的场面，二人无心歌唱，悄然离开歌场，来到渡口水边，望着滔滔江水，无限悲怨。情痴心更痴，两相倾诉，不觉日西沉，月东升；不知风吹衣，雨洗鬓；也不知时已过、境已迁。不知不觉，这对痴情男女竟化作两块巨大的岩石，蹲在江边，任凭清澈的江水浸润全身，混浊的洪水再也不能拆散他俩，他们的爱情真正达到了天长地久，海枯石烂，此情不渝。

村头江边的这两块岩石，也有说是锁住三门塘这艘小船的两把锁，也有说是洞庭湖上来的两头仙牛，一公一母，金锁银锁，招来财宝。这两块岩石，又称小孩寄拜岩，有故事说：

> 某天下午山洪暴发，从山里冲过来一团岩石，很多小孩就在旁边玩。天黑了，只有一个小孩子没回来，他妈妈就找啊找啊，看见远处有个姑娘把儿子引走了，加快脚步赶上去，但转眼就不见了。母亲哭喊着，碰见一个白胡子老头，老人问她怎么了，她说孩子不知道去哪里了。老人说去看一看。发现是个青衣姑娘，老者把那姑娘给捉了，把小孩带了回来，老头往姑娘的胸口踩了一脚，顿时吐出一颗珠子来。母亲拿着珠子走过复兴桥，这颗珠子从母亲的手中滑落掉到了河里去了。第二天，这个地方就长出来了一棵白果树，长得很快，瞬间就开花结果了。如今寨口的复兴桥边就有这么一棵高大葱郁的白果树。①

村里人借用不同的人物、情节、故事对村内的景观物进行着他们的诠释，所处的物理场景，引发他们的记忆。以前码头一直通到寨子里的石板街道，下河去的路上留下深浅不一的脚印，都成为他们怀念往昔繁荣的介质。

> 太原祠前的荷花池很漂亮，在小寨那边凭栏一望，很美啊！木行老板在石栏杆上歇凉，河边都是树，江边人很多，都是扎木排的，那个时候村里很漂亮。本来寨口水塘那里是可以修更宽的石板路的，方便倒是方便，但是那样把水塘填了修路，万一起火了，就很不安全，所以还是留着水塘，有个自然

---

① 2008 年 7 月，三门塘，访谈刘 Z. C. 所得。

的隔离带。这样我们就可以自然和谐地住在这里，享受宁静的生活。刘氏宗祠在清水江边，前有复兴桥石牌群，与三门溪隔河相望。左边绿树掩映，右有曲径环绕，背有三圣宫。远看如西方罗马教堂，近观似东方皇宫宝殿，它是清水江岸边一颗璀璨的明珠！它是三门塘村一道亮丽的风景线！

图8-6　三门塘刘氏宗祠英文
对联与时钟

这座白色尖顶的哥特式建筑，[①] 从河的对岸望过来，很容易被人误认为教堂，很多游人就是惊异于这少数民族聚居的边塞之地怎么会出现一座欧式教堂，于是带着疑惑与好奇来到寨子。三门塘人也充分发挥想象力，制作出旅游开发中许多引人探究的故事，当地人对外宣传时说三门塘有三个待解之谜（见图8-6）。

（1）迷之一。在造型别致，精美奇特的"刘氏宗祠"牌楼两侧第二砖柱上方，以对联的形式镶有以下两行凸起字母，左侧为HN、OA、CK、PR、ON、NC、FL、TY、EL、VH、UA；右侧为UA、PR、TN、BL、CV、HO、UT、NA、VL、EO、CH，每行十一组。在两侧山墙上方亦有两行，左侧为 TH、UN、AP、OV、IL 五组；右侧为 HU、NA、PR、OV、IC、BL、KE 七组。这座始建于清朝乾隆年间的古建筑上方四行字母字义何解，其中奥秘，至今尚未有人知晓。

① 当地人已把刘氏宗祠定义为哥特式建筑，其实并不完全为哥特式建筑风格。

　　三门塘刘家建造了不同于那一片区域的普遍建筑风格的祠堂，不仅在技术工艺上高于他人，展露于外的美感也给人强烈的视觉冲击。2003 年旅居美国的天柱人张 G. P. 教授，参观三门塘之后认为是美国五十个州州名的英文字母的缩写，他只拣选了某些州名单词中的字母，还说设计者去过美国，不过他的说法很难成立。2006 年，当时一位从湖南来的游客看了字母对联之后发现，实际其中蕴含着的是"深谋远播富庶一方三门塘，舟楫通航水木交映清水江"的诗句，但仔细对照之后发现，其中还是有所偏差。到三门塘破解刘氏宗祠英文字母之谜的观光者，其实均受其个人经历的影响。迷被解开就不再是迷，这一宗祠建筑上的奇特英文符号，给三门塘的村落景观物增添了许多神秘色彩。

　　前几章中提到，当地刘氏族谱记载，昭勇将军为明代跟随朱元璋南北征讨、屡建奇功的战将刘旺，担任永清左卫指挥使等职，坐镇贵州锦屏铜鼓。明永乐八年再封诰为昭勇将军。永乐十五年刘旺病故，皇上加封其世袭后裔刘源等十代子孙为指挥吏，钦调镇守锦屏铜鼓卫。直至成化十五年铜鼓刘氏五世孙从铜鼓迁三门塘居住，后又率儿孙修建"刘氏宗祠"，纪念昭勇将军，弘扬刘氏家风，并于祠内祭供列祖列宗。

　　根据昭勇将军的故事，三门塘人说刘氏宗祠从背后看上去就像一把威严的将军椅。由刘姓族人撰写的文字简要介绍了先祖昭勇将军英勇善战的一生，记录了他不同历史时期重要的军事活动，评价他为一个忠于国家的功勋人物。关于昭勇将军的传说，实现了其身份由"地方"进入"国家"的合法性，刘氏祠堂的修建又将这一人物符号由"国家"还原至"地方"。在旅游开发之后，鉴于刘氏宗祠中西合璧的建筑风格，人们又试图将这一地方化的品质向国际化方向发展。

　　作为祖先血缘符号的"昭勇将军"借助村落空间中的刘氏宗祠，达成一种人与空间的关联性。对于历史人物的文本创造与再记忆投射在一定的村落空间上，创造了三门塘传统意义上的文化资源。也可以说，人们将"昭勇将军"这个记忆符号置入特定的有形空间内，其叙事和历史的真实性得到了进一步的确立，而成为如今三门塘的传统文化与在旅游开发中带来价值增殖的文化资本。

（2）谜之二。同在"刘氏宗祠"牌楼上部两侧浮雕中，每侧各有一个脸盘大小的彩绘时钟，左侧时钟内正上方及正下方又各有一小时钟，小时钟之上有两行"岭南 顺全障洋行"字样。两个大时钟的时针均定格在九点至十点中间，应是九点三十分位置，右侧时钟的分针固定在五十分钟之处，左侧时钟的分针则固定在三分处。时针与分针严重不符，是艺人的疏忽吗？依其宗祠的精良工艺及彩绘的水平来推理，这种差错几乎不可能。是有意出错，还是另藏玄机？说法不一。

三门塘村的王 Y. Q. 先生认为钟之谜和周易有关。钟谐音"忠"，取忠诚、忠心之意。宗祠坐向右侧的钟，时针大致指在九点三十分的位置，九，易理之大成数，谐音"久"，含吉美之意。分针接近十二点的位置，十二点乃是地支中的午时，晌午，谐音"赏武"，指刘氏先祖昭勇将军因功受赏。

左侧的钟，时针指向九点五十分，分针在十二点过二分的位置，易经里说驱三避五，时针不指九点整，分针不指十二点（正午），九五之尊为帝王，出于对皇帝的避讳，所以时针分针正指九或者十二都是不宜的，虽然刘氏先祖随明朝皇帝御驾亲征，功勋赫赫，立祠纪念，也要把握分寸，想表达昭勇将军后裔忠心耿耿，永葆文治武功。中西结合的建筑风格，说明放眼世界的心胸和情怀。随着旅游开发，刘姓族人之外的村里人，也会运用自身掌握的知识对受人关注的村中建筑进行文化建构，对村落空间的解释也变得自主与多样。

（3）谜之三。始建于清康熙末年的三门塘王氏宗祠，又称

"太原祠"，以其奇特的浮雕和彩画而著称。在牌楼正上方屋顶下整齐地塑有五棵大白菜，大门上方两侧亦各塑有两棵大白菜。这九棵大白菜上青下白，包卷有致，形象逼真，非常醒目。大凡宗祠之上的浮雕彩画，多取材于名花异草奇树、吉祥动物或家族中的名人故事。过去王姓族人却将人们司空见惯、普通平常的大白菜雕塑于神圣家祠的重要位置，其象征什么，众人难解。到访三门塘的一位文物专家认为是取大白菜洁净无瑕之意，以昭王氏清白家风。道理固有，尚待论证。

当地人认为白菜的象征意义是太原王氏开族始祖是周灵王太子晋，以直谏被废为庶人后，素食求仙。后来，浮丘公引度上嵩山，又三十年的七月初七日，乘白鹤立于缑氏山巅，可望而不可即，挥手向世人招示，数日乃去。据此认为在素食的蔬菜里，唯白菜最能体现洁净、无邪、明心、澈悟，故立白菜于祠顶，犹如图腾，既明祖典，又昭祖德。白菜下方，遂有跨鹤浮游云表的塑绘相兼的巨幅画面，牌楼上的八幅胶泥浮雕，均有四字标题如印记款跋，即王子求仙、王翦拜将、王霸归隐、王浑受降、王维作画、王佑种槐、荆公视农。整座牌楼，古朴典雅，庄重肃穆，一字一画，无不蕴含太原王氏典故。

村中的王 Y. Q. 则认为这样一个普通的蔬菜和王姓中一个叫王密的有关。东汉时期，太守杨震为人正直，清正廉洁，从来不收受别人的贿赂，受他举荐的昌邑县令王密趁着夜色，给他送去 10 斤黄金，杨震十分不高兴，王密说夜深人静没人知晓的，杨震说："天知、地知、你知、我知，我不能收这不义之财。"所以王氏塑立栩栩如生的白菜在家祠的牌楼之上，以这样的清白之物来警示后人，作为澄明家风的象征之物。

这两座宗祠的建造年代，有的说在康熙年间，也有的说在乾隆年间，在族谱中则又说在光绪年间，但目前可以见得刘氏宗祠是在民国 22 年，刘节后裔宋、富、金、银、贵五台公进行重修，并请游历宽广、画技精湛的画师王泽寰①设计绘图，请湖南靖州建筑师李应芳承建施工，历经两年告竣，成为清水江建筑之奇观。

村里人说，清代清水江沿岸木材丰富，水运畅通，木商云集，三门塘逐渐成为繁华重镇。江边的坞子很红火，人们从早到晚地忙碌着，外地人过来村里找哪家住都会被热情招待，村内那些漂亮的房子，原来都是商家，靠外的房间都是供水客住宿的。刘氏宗祠与王氏宗祠也被人们说成不仅仅是一个姓氏家族祭祖的地方，也是各木商报到的地方，宗祠是否成了商业活动的重要场所，我们不得而知，但不论是在过去商业繁华的年代，还是在旅游开发的今天，它都成为重要的村落景观建筑。

村里人对自身所居住的村落环境，受过去流传下来风水观念影响，也受当前旅游驱动下进行景观改造影响，追求的都是村落空间的整体和谐。虽然不同的家族有着不同的族源地，却都是到了三门塘安家落户，即使有着模糊的民族身份认同，也对村落有着清晰稳固的归属感。村里的老人说：

---

① 刘氏宗祠的设计者王泽寰（1900—1957），字济民，三门塘村小寨人，精于书画，书仿郑燮体，行草自成一家，尤精炭精画、油画及雕刻，名扬省内外，民国16年，王天培将军被害，王泽寰返乡，途经广西桂林，得一炭精画师垂青，被收为徒。善乐器，他的房间墙壁上挂满了二胡，"文革"的时候都失散了。他出门旅行也随身携带二胡，一次在天柱旅馆住，独自在三楼房内拉起二胡。窗户临街，楼下行人驻足，有些住户搬来小凳坐着听。得炭精画师垂青，被收为弟子后，业精于勤，终获成功，还学得画后特殊处理技艺，永不褪色。他受恩不忘，以银圆为料，请银匠制成一桌碗筷杯盘，以酬谢恩师。返黔后转任贵州省卫护营第五营营长，常住贵阳，公余以画像为戏。抗日期间，曾给省长吴鼎昌画全家巨幅肖像，大受称赞，获酬金60块银圆，蜚声筑城。解放后，1950年元宵节，三门塘舞龙灯庆解放，他以何干忱区长的日记本扉页上的领袖像为蓝本，放大画成二尺八寸黑白像，群众举着庆游邻村，万目瞻仰，称赞不绝。农协成立后，画有毛主席像悬挂于农会，现仍存于镇政府。一次他逗猫嬉戏，触发灵感，即以炭精画猫，嵌于玻璃框内，框边上漆，晾于天井，活猫见之，与之扑斗。可见他的画艺登峰造极，但其作品多存于达官贵人之家，鲜见于民间。

一个寨，村头村尾要有风水装饰。我们祖先在山东，原来信什么也不知道，到了这里就和当地的民族风俗变了，现在就和侗族差不多。谢家也是黔阳搬来的，王家也是啊，所以原来都是汉族，到了这里都变侗族了。吴家大坪和我们这边说的侗话也不一样，上寨和下寨说的不一样，现在大家都习惯了，也不知道什么族什么族。

刘 Z. C. 曾经任祠长，热衷于家族的公益事业，县政府对刘氏宗祠的迟迟不维修表示很不满，他倡导过多次集资活动。杨公庙在1999年重修，已是第三次维修，其他的家族拒绝参与，谢家有人说这是刘家和潘家的庙，不应该让他们出钱。但是这个在寨头的杨公庙，是全村人都来祭拜的公共场所，平日里其他姓氏的人也前来祭拜，但是捐资出钱时就拒绝了。

问及在过去以姓氏修筑街道是否也存在这样的情况时，老人回答道："各个家族去修道路码头，就和包干到户差不多啊，修这些街道有意还是无意也不重要，修了路就是好走路，我们后人也可以在碑上看到先人的行善功德，是做好事。"虽然在访谈中，也有村民说那些以姓氏命名的街道，在过去只供那个姓氏的人行走交通，但在今天十八个姓氏聚集的村落内，大部分人认为这是无稽之谈，那些青石板铺砌的江边小路，如今成为人们怀想家族历史、畅怀记忆、见证繁华的村落景观物之一。

村内另一处平日导游会领游客观看的是小寨的石栏杆，这些石板石条都是从锦屏卦治的打岩塘购进的，人们说这是摆阔，以前外地的贫穷人家来这里讨米，见小寨这边房子好，古树多，就往石栏杆这里来。人们平日里闲着无事，就会坐在石条上打牌，谈天说笑，在夏季的晚上，坐在青石板上很凉爽，小孩贪坐经常挨大人的骂。夏秋相交的时候，石栏杆下怕痒树盛开嫣红的花，特别漂亮；冬天下雪时，雪水浸润的石栏杆呈现的黑色和皑皑的白雪交相辉映。

坐在石板上的凉爽与闲适、不同季节的色彩、偶尔飘逸的花香，这些细微的感觉都在缓慢酝酿着三门塘人对自己村落的归属感。

当笔者第一次田野快要结束的时候，县里决议坌处镇新集镇镇址将落在三门塘，三门塘自"99金山笔会"以来，一直都在为脱贫脱困而努力，新集镇选在三门塘，无疑给这个村落带来大家企盼已久的指向现代新生活的希望。这个令人振奋的消息一传到三门塘，大家欢呼雀跃，那天晚上，大家以酒助兴，唱了很久的侗歌。"三千年天运循环圣道复将兴矣，亿万世人心保障真神其在斯乎"，[①] 村民认为这是先人的预言，可以时来运转，在人们记忆中的辉煌似乎离他们越来越近，仰望澄澈的星空，仿佛看见了那颗清江明珠。

小　结

三门塘人遵循着四季更替的自然节律，与富有文化内涵及家族历史的节日开展他们当下的日常生活，循环往复构成村落世代的交替与延续。近些年来的旅游开发，使得人们开始关注村落空间的历史价值及民族文化元素。人们的日常饮食、村落中的建筑、节日传达的信息、以女性为主体的民族文化展示、区域性的歌场集会都成为三门塘人所指涉的"北侗"文化。

三门塘人运用记忆结合当下的实际需要，重新诠释了传统的村落景观，刘氏祠堂与王家太原祠，是对历史人物的文本创造与再记忆在建筑空间上的投射。人们将这些记忆符号置入特定的有形空间内，创造了三门塘传统意义上的文化资源，其叙事和历史的真实性得到了进一步的确立，而成为如今三门塘的传统文化与在旅游开发中带来价值增值的文化资本，七夕歌会也成为他们节日中民族文化

---

① 三门塘，三圣宫石门对联。

展演的一部分。女性作为民族文化展示的主体，传统侗族的女性形象在男性视角观看的需要下被塑造，从清代留存的文本资料上看，村落里女性的声音从来都被框在了男性的权力话语之下。

在到访村寨的他者眼中构筑的"北侗第一寨"，在其背后隐藏着三门塘人"是侗非侗"的模糊情感认同。三门塘人利用过去祖辈们留下的各种资源，添加当下的需求，对村内的房舍建筑、日常饮食、节日服装、婚姻民俗等方面进行新的诠释，以此提升旅游开发中村落历史民俗的文化资源。自村中大家族援引汉族身份的先祖故事开始，便为他们身份认同的不确定性埋下了伏笔，"北侗文化"也如同他们在过往历史中运用嫁接于正统的文化手段，以此来改变自身处于的政治、经济、文化的边缘状态。自明清以来，三门塘人一直都在努力改变隐退到帝国边缘的境遇，村落若是没有那些符合国家正统文化的历史，便会让他们无所适从。可过往的努力，沉淀下的村落文化，成为今日让观者看来缺乏"少数民族"元素的混搭文化，历史的悖论在这个村落的发展脉络中显现。

结　语

时间与空间，那交会的地方，便是历史。人们的记忆，是在那处的停留。如果可以，我想找寻到如同琥珀般的历史，依旧鲜活与充满生命。它的美，足以消弭时空的界限。

历史的多样性与复杂性很容易消失在线性历史的单一性中，这样历史叙事的封闭性也将遮蔽复杂缤纷的文化现象。除了可以查阅的地方志文献，田野中收集到的碑文、族谱、契约，我们对过去一无所知，而这些作为现象叙事的文本，本身就具有很大的建构色彩。任何一种存在都是历史性的存在，那么对它的解释也便具有了开放性。历史是一个无限世界的知识，不可能在文本写作中获得整体全面的历史，这种不可调和性注定了本书三门塘村落个案研究中历史的片段性、多面化。倾听他者的声音，不再从单一的叙述视角去把握一群人有关历史的想法，或许可以给予历史本质某种真实。

文献是建构历史脉络的基础，村落中的族谱、契约、碑文提供了村落经济文化的历史图景和村民之间的宗族血缘关系。对村中老者的访谈，扩展了我们对于诸多事件的历史性理解，那些口述材料也充当起历史文献的作用。已经发生过的历史与人们相信发生过的事，将人们的主观回忆叙述置于所谓客观历史的撰写中，或许更能贴近现实生活。历史不仅仅是文献上记载的，也是由具体个人在特定时间、地点进行回忆和讲述的结果，最后通过研究者的书写与探究去发掘其中的意义。历史是一个如此繁复的创造过程，面对这样的写作冒险，笔者时刻保持着反思与警觉；也因此，本书试图从多层面、多重维度、多种声音中去认识和理解三门塘村落中事件发生的逻辑和历史发展的因果。

本书的写作，以"历史的镜像"为题，寻求看待历史的多元视角。用村落呈现历史，将历史解构在村落空间内；而那些多面向的空间，错综复杂地盘绕在历史的过程中，却在村落的文化图景中保持着清晰的结构。对笔者而言，既然不可能在历史与文本之间"制造"出一致，那么便从缺失出发，努力来呈现一切。三门塘村落历史的演进过程，特别是家族的权势更迭成为本书叙述的线索，人们与空间互动的方式则构成了本书研究的文化视野。

对当地人而言，历史并非一种简单线性运动的时间序列，而是一些曾经发生或延续至今的事件。这些事件大都无法进入人们当下的日常生活中，而相关记忆也并非只是对过去事情的回忆，人们会添加进当下的需要与欲求，来调整自己的记忆与表述，他们所运用的空间知识就是其中重要的文化手段之一。人们感受到的历史真实，仅仅在于他们感知世界中的"真"，过往不是在他们述说的当下发生的，很多故事已失去了检验、证实的参照凭借。我们永远无法验证人们诉说先祖故事的真实性，但这些故事给村里人提供了安居乐业的时间感，提供了他们先来后到的合理性。三门塘人用他们的历史来理解并给出意义，随着不同的脉络、不同的理解，事物空间呈现多样的意义。

逝去的历史融进了三门塘人的日常生活之中，人们把自己听来的或是经历过的事，存档于头脑之中，这种记忆在对他们的访谈中被重新述说，这些具有故事形式的记忆被人们认作发生过的事。当时下村落面临旅游开发，人们开始将某些历史故事、人物与村落的景观嫁接；这一通过言语建构的世界，并非独立于这个物质空间之外的拟构世界，而是人们周遭生活的映照，它使得静默的建筑物有了时间的深度，并展现出千变万化的文化风景。

在三门塘谢、刘、王、吴几大姓氏修撰的族谱中，祖先作为遥不可及的象征符号，提供了家族血缘共同体的想象资源，与村落中实存于当下的建筑物，一同给予了不同姓氏空间的确认凭据。村头渡口寨尾庙的空间格局，则是明清时期在佛教及风水观念影响下带来的变动。所有的历史事件发生在特定时间和空间之中，人们对事件的记忆和叙述，乃至他们特殊的言语，通过族谱、碑文及类似的书写而得以保留。然而明清以来三门塘发生历史的内在性只能近似地到达，本书的叙述只可相对地坚持着叙述与历史真实发生之间具有的某种关联性。

村落空间吸纳了绵延的历史与众多的事件，三门塘人在营建村落空间的过程中有着不同的分类系统，有血缘界定的空间，有宗教（佛教）、风水观念影响下出现的空间，也有承载着历史记忆的空间意象，以及充满危险与庇护力量的象征空间等，它们都从不同侧面显现出不同家族人群关系的变动，以及村落权力结构的更改。其中的结构相对稳定地保存在了村落故事（如"邪气"故事）与仪式（如"推寨"）中，人们在经验脉络中运用约定俗成的概念，使村落文化在实践中不断得到重新评估与转承延续。如本书第六章中对桥的论述中，便可看见自明代以来三门塘人的修桥实践活动及在不同时期当地社会生活中桥象征内涵的演变，其间充分反映了村落空间与区域历史过程的密不可分。

村落内大家使用类似的方言，祭拜共同熟悉的神灵，基于亲属关系建造不同庙宇，以地缘或血缘联结起的组织安排村落事务。对一个区域、一个村落的文化研究，是为了更深刻地去理解整体历史的适用范围，不同地区的社会结构存在的多元特点与巨大差异。明清以来，清水江一带的木材贸易带来的区域变革，"争江""当江"等一系列的事件，都作用于三门塘村落的经济结构、家族形态、政治行为及文化心理。在这样一个与过去的事件、与事物有着因果关联的脉络中，人们无可避免地受到根植于村落文化中的历史的影响。然而，"事件"带来的历史感，往往带有短暂性，那些留存于空间中缓慢展开与变化的历史，则成为人们周期性重复、回忆与更新的事项。那些零散的石碑、古老的石桥、白墙黑瓦的窨子屋，构成三门塘人当下的生活情境；街头巷尾的闲聊故事、传说，人们借用村落空间来讲述记忆的事件，以及在其心目中沉淀下来的对村落、家族某种稳定的历史情感，则成为超越时间的历史存在。

空间的生产、历史的制作、社会的组构，可知与不可知、真实与想象的世界，这些由事件、政治、经验、情感选择构成的三门塘人的生活世界，成为三门塘人创作自身文化的源泉与动力。在村落形成的数百年历史里，人们对村寨的感知以时间的连续性为基础，空间便成为人们头脑中的一种图式，它不仅仅是一张村落地图，更是记载村落人群关系、历史记忆与超自然信仰的文化整合体。

笔者参与了这个村落，抑制着散发的想象力，走入他者的世界中。这个世界并非只是一个自然的物质世界，村落空间同样充满了象征与诗意。修庵建庙、架桥修渡、铺路凿井不仅仅是对于物质空间的使用，它们也反映了诸如宗族观念、积功修德、和谐风水等某些深层次需求。空间里回荡的歌声，描绘出村寨之间的网络图景，具有了一种我们无法在当下收获的时间感，它追溯着过去的那段风雨历史，捕捉即将来临的革新时刻。历史在词语构筑的时间里变得模糊，过去在当下的隔绝中却显现出张力。

那些存在的空间事物并不会因为人们为它添加意义而有所改动，只有当人们去述说、解释的时候，它才反映了与之牵连的故事，透露出故事里人们对待过往的态度。生活在人与人的交往、人与物的交互中，蕴含着村落的往事。透过这些人和事，我们重回旧时光，并在诉说的今昔往返中给出了意义。

村落空间是人们生存的条件，也是结果。空间成为人们物质性和心理感觉层面的中介，经过长期的历史过程，人们营造出的空间反过来强化了村落的文化系统。在不同时空中，人们有着守护与庇佑他们的力量，也面临被侵害与威胁的危险。在有关"邪气"与

"老人家"的抗衡中，人们相信了不可见之物。人们对空间产生了亲近与疏离、联结与分离、认同与排斥等态度和情感，而所有这些又与家族权力在村落中的阶序分布有关。透过对村落空间的认识，对故事的认同与述说，"七月半""推寨""寄拜"等仪式的参与，个体便将自己纳入当地社会的历史角色中，由此也成为传统承继的载体。本书对于空间与记忆的讨论，虽然无法得到一份精密的科学报告，但至少可以呈现三门塘人生活的部分和背景。

三门塘人受到佛教积功修德行善观念，以及山川地貌堪舆学说的影响，发展出一套有着双重性的空间文化：既按照现实来塑造自身，又按照自身来调整现实。村落空间是人们不断改造、修正而进入的完善现实。人们心中所倚靠的和谐风水，其实是他们内心的美好图景。与超自然信仰和观念相关的活动，则往往来自对现实经验不和谐的启示，三门塘人世代的辛勤劳作创造出的空间文化，便是他们的守护神。

文化在不停地蜕变，生活于其中的人们对此蜕变的知觉可能微乎其微。在这一条漫长的时间脉络里，这个小村落历经了或大或小的历史事件，因而各种静态的村落景观物表达着某种永恒的变动。村落空间本无上下之分、前后之别，但是只有如此的划分或区别，人们才可能在空间上合理地安排事物。空间的意义更多的来自生活于其中人们的文化实践，以及不同空间中对应的情感价值与历史记忆。村落空间有如舞台剧的背景，其中人们活动的场景、镜像，被感知又相互作用和影响。空间像是一个记忆的容器，石碑的镌刻、祠堂的建造等，无疑都在制造或记住历史，而历史同样加强了其存在的合理性。历史的制造，是空间生产的重要组成部分，这背后又与不同时期区域社会政治经济背景及村落内部权力结构变动紧密相连。

木材经济的隐退，使得三门塘人的生计方式发生了变化，与木材加工相关的专业技能不再重要，有关木材行业的记忆也逐渐被淡化，与传统维系的只是人们怀古追宗的情怀。人们在重构过去的过程中，往往同时也歪曲了过去；对于个体来说，某些事实或大量的细枝末节，如果没有更多的他人保持着同样鲜活的记忆，这些事实或细节便会被慢慢淡忘。对村落的记忆，人们尽可能删除可能导致群体疏离的记忆片段，而强化具有整合性的故事，比如关涉不同姓氏家族空间关系的"船形隐喻"，就是一个明显的例证。

过去的事件一旦被书写下来，便很容易成为持久而固定的记忆。在政府官员、研究者、旅游者等外部力量介入之后，石碑上镌刻的历史、宗祠上的图案、窨子屋上的雕花，无一例外地都让人们重新开始重视"历史价值"。这些行为强化了人们对过去的关注，而村落中矗立着的建筑物，更是如同镜子般映照着人们头脑中的历史。历史记忆在人们操演的仪式中，作为文本被阅读与理解。人生活在特定的脉络之中，对着具体的空间事物而展开行动；而随着时间流逝，过往经验会离开，但眼前的事物被改动时，人们的怀旧情绪就会被激起。在投入现场的一个知觉世界中，三门塘人在现实生活的理性需索中促成了历史思维的成长。

空间是以自然的地理形貌或人为的建构环境为其基本要素，人们的活动以其为中介物，并在此之上又发展出不同类别的象征空间或空间观念，因此，可以说空间也是一个不断建构的结果。有关空间的知识在历史过程中逐渐传承，它是由村落日常生活的象征符号表达的概念体系，也是蕴含于这些象征符号中的意义模式。三门塘村落中有关"邪气""船形隐喻"的故事，使得人们得以沟通、发展和延续他们对村落空间的知识和态度，在这些紧贴他们生活场景的观念中合成了他们的生活品质。相应的，存在于人们头脑中的家族故事、阶序关系、风水信仰，调整着人们的行为，并把这种秩序投射到对待空间的实际经验层面上。

三门塘村落空间是在不同历史阶段人们意识的一种投射，它映照出某段社会政治经济状况以及在此过程中人们的文化实践。另一方面，生活在当下的人们，则借由这些物质世界中可感知的符号载体，来理解与记忆意涵着村落权力象征秩序的家族故事、风水传说，发展出区划洁净与危险的禁忌与仪式，建构起"是侗非侗"的族群身份认同。所有这些，都构成了人们对村落文化的延续与记忆，从而衍生为村落认同感的基础。

人世代更替，建筑提供了传承的可能，它将社区的秩序、文化的逻辑和意义保存下来。它们诉说权力、营造记忆，让身处其中的人们暂时忘却了不确定性。三门塘人栖息于他们创建的和美村落空间内，屋舍不仅是实际用途的遮蔽所，它也是创造出生活背景、举行家族仪式的场所，当空间建筑发生变化，人们的感受也会随之而变。建筑作为村落中的可见之物，它们所承载的历史就更具有可信度与真实性。空间作为记忆的一种媒介，它传承历史，并在社会应用中构成过去；空间提供了回忆形象与储存村落知识的可能，人们处于对它们进行掌握、利用、改造的关系中。

人们从持久性中寻求现时的合法性，过去是合法性的资源，一段历史或许就构成某种认同，将村落、个人镶嵌在国家的权力文化网络之中。人们都是以现在的某种观点来看待过往经验的，总是以对当下处境的关切来反思过去。从本书对三门塘村落不同镜像的历史梳理中可以看到，自明清以来，三门塘人似乎一直在努力改变处于帝国边缘的境遇，也许在这背后的一个可能的逻辑是：村落若是没有那些符合国家正统文化的历史，便会让人们无所适从。

从本书的研究中不难看出，自村中的大家族援引汉族身份的先祖故事开始，便为三门塘人身份认同的不确定性埋下了伏笔。如今他们指涉的"北侗文化"在民族国家语境中产生，并在现代性开发进程中被强化。这种诉诸理性的族群认同方式，如同三门塘人的先祖们在过往历史中运用嫁接于正统的文化手段，同样的都是试图去改变自身所处的政治、经济、文化的边缘状态。他们找回历史，以避免出现和现实生活脱节、孤立无援的境地。

　　这个西南一隅的小村落所具有的边陲性，带来了村落人群对自身族群身份认同的模糊，而在不同社会历史背景下呈现某种形式的变动。在过往岁月中，三门塘人所做的努力，及沉淀下的村落文化，却成为今日让观者看来缺乏"少数民族"元素的混搭文化，历史的悖论在这个村落的发展脉络中显现。

　　人们生活在一种什么样的历史中？因为文化和时间的距离，我们只有靠某种安全的想象去构造稳定的文本叙述。历史的镜像感，来源于人们运用的想象与比喻的文化手段，这些并不能通过建立某种逻辑来完成对其过程化的解析，却要进入逻辑层面的文字来表达。历史的真实性，不在于它本身的客观，而取决于人们的信任程度，如果说这可以简单理解为未经历者相信了告知者，那么研究者对于它的解读，也便成了研究者自己的一套认识系统。

　　因此，本书在撰写过程中，力求避免出现概念先行的理论对话，而倾向于更好地去描写文化、叙述历史，将对村落中空间、权力、记忆的探讨，融入一个"历史中的村落"与"村落中的历史"的民族志写作之中，以期更好地去理解人们对于历史的态度以及地方感的情感诉求，为西南研究提供一个具体而微观的个案，同时也作为对缺乏历史感的人类学民族志写作批评做出的一点学术回应，以期对以人类学本位的历史人类学有所推动。本书在人类学整体全面、精细入微的传统民族志基础上，从纷繁复杂的空间现象中去发现当地文化运行的规则和逻辑，希望其中有关空间的讨论，可以加速人类学研究中"文化概念的历史化"。

　　无论是着眼于单个村落或多个村落，还是将村落置于区域框架中进行审视，不同的路径回归到一个"通过小村落，认识大中国"的学术目的。中国作为一个幅员辽阔，历史悠久的国家，不同地域文化显现出巨大差异，村落研究要反映中国社会文化的整体性是具有难度的，那么细致展现地方性文化图景的村落民族志，在某种程度上可以提供一个从特殊中领悟一般性意义的可能。随着全球化经济的冲击，村落社会的乡土性在逐渐淡化，传统意义上的村落在都市化进程中慢慢消逝，因而村落研究还具有寻求传统与现代性之间思考路径的方法论意义。无论是过去还是现在，村落研究的目的都在于超越村落，来回应更宏观、更深刻的学术命题，通过村落民族志写作来理解和解释中国社会与文化，或许是一个有其独特价值的方向。

近年来在历史人类学取向的研究中，出现了要求研究者心智与情感回到历史现场的新目标，这一目标具有深沉的人文关怀的学术努力，但从诸多此类研究实践来看，尽管研究者很好地做到了对整体历史的关注，并追寻区域社会历史脉络的地点感与时间序列的结合，但是其中关涉的一些叙事脉络下的历史空间依旧是僵化和固定的，即便地方历史的过程得以重建或再现，但或许仍旧远离了当地人对他们自身历史的感悟。在某种程度上，可以说真正走入历史的田野、找寻或建立起合适的地点感，从而形成历史人类学解释历史与文化的独特理论视野，尚有很多具有学术积累意义的探索性工作要做。

在笔者看来，历史人类学是对历史本质的一种反思，这包括以异文化、他者的历史观点来质疑本文化、自身的历史概念，也体现为人类学的文化论与历史学的过程论的协调。为此，本书研究过程中采用历史学和人类学的辩证、历时与共时的辩证，尝试提供一种新的历史叙述方式。笔者希望，本书从历史人类学的视角出发，对三门塘村落个案进行的解读，可以使我们有可能把被反思的诸如"空间"这样的文化概念放回到一个历史脉络中去阐释，也可以使我们有可能赋予历史过程本身一定的反思价值，并提供给当下生活某种价值重构的可能。本书把空间作为历史叙事的方式，在历史中将村落的空间展演铺陈开来，而其中这两者都依托于空间中人的文化实践。本书不仅尝试从空间这一独特视角寻找人们看待历史的方式，也希望从对三门塘村落空间的历时性考察中，发展出新的认识与理解，以此挑战过去的空间观念，以及历史与文化之关联。

一　三门塘姓氏户数统计表

单位：户，%

姓氏	三门塘一组	二组	三组	四组1	四组2	五组1	五组2	六组1	六组2	六组3	三门溪七组1	七组2	七组3	喇赖九组1	九组2	乌岩溪十组	合计	所占比例
王	0	13	10	10	7	0	0	8	15	11	18	24	26	0	0	15	157	43
谢	0	0	0	4	2	0	0	0	0	0	0	0	0	25	27	0	58	16
刘	24	14	3	4	0	0	0	0	0	0	0	0	0	0	0	1	45	12
吴	0	0	0	2	4	17	16	1	0	1	0	0	0	0	0	0	41	11
李	1	0	0	1	1	0	0	0	0	0	0	0	0	0	0	9	12	
彭	0	0	2	2	6	0	0	0	0	0	0	0	0	0	2	0	10	
蒋	0	0	5	5	1	0	0	0	0	0	0	0	1	0	0	0	9	

续表

姓氏	三门塘一组	二组	三组	四组1	四组2	五组1	五组2	六组1	六组2	六组3	三门溪七组1	七组2	七组3	喇赖九组1	九组2	乌岩溪十组	合计	所占比例
潘	8	0	0	0	0	0	0	0	0	0	0	0	0	0	0	0	8	
杨	1	0	0	0	0	0	0	0	3	0	0	1	0	0	0	0	5	
林	0	0	2	2	0	0	0	0	0	0	0	0	0	0	0	0	4	
印	0	0	0	0	3	0	0	0	0	0	0	0	0	0	0	0	3	
袁	0	1	0	0	0	0	1	0	0	0	0	0	0	0	0	0	2	
乐	0	2	0	0	0	0	0	0	0	0	0	0	0	0	0	0	2	
黄	0	0	0	0	0	0	0	0	0	0	0	0	0	0	0	2	2	
伍	1	0	0	0	0	0	0	0	0	0	0	0	0	0	0	0	1	
陈	1	0	0	0	0	0	0	0	0	0	0	0	0	0	0	0	1	
龙	0	0	1	0	0	0	0	0	0	0	0	0	0	0	0	0	1	
付	0	0	0	0	1	0	0	0	0	0	0	0	0	0	0	0	1	
合计	36	30	18	30	25	17	16	9	18	12	18	25	27	25	29	27	362	

注：三门塘村共有362户18个姓氏，其中王、谢、刘、吴居多，因此只对这四个姓氏做了百分比分析。

资料来源：坌处镇三门塘村计划生育户口簿统计所得。

二　垒处"内外三江木材商场"条规碑

　　锦屏、天柱知事邓、彭为会衔录批附条，出事晓谕，勒石永遵，永杜纷争事。民国五年八月十号案奉民政厅长何饬开、案奉督军刘□批，据天柱县商会禀请饬天柱、锦屏两县会衔出示木植场条规一案，奉批呈悉，仰民政所查案，核饬遵照文发，仍缴此批等因，奉此，查此案业据该商会禀同前由，未将条规附陈，当捡前巡署卷宗查阅，时局变更，无案可查，而原批见于政治公报，则又为确非虚伪。批令将原案条规另缮一份，禀由该管地方官转呈到所，再行核饬遵办在案。奉批，前因核阅条规，各条大致根据旧日习惯，尚属可行，既经前巡案使批准，应予继续有效。除详复并分饬外，合行抄粘奉发原禀随文饬发，仰该知事遵照，即便就地察酌情形，迅将原案条规出示晓谕。一面严加取缔，以防流弊而保商场，并转该商会知照此饬等因，奉此，查案于民国四年十月经锦屏、天柱两县商务分会会长匡涵春、杨应麟暨两属士绅吴代衔、邓大宾、王述信、张懋修、周作宾、王正思、胡锡三、王泽翰、龙安怀、潘滋杨、王泽浩、王永龄、龙治彬、王会宇、文明宪、王□□、王起训、王卜述等提出条件会同讨论，全体可决，利益均沾。业经前锦屏县黄知事任内，已将两属全体议决条件，由前镇远尹林转详前巡案使龙核准立案，详见五年一月十五日第一百十号贵政治公报实业栏内开载。据镇远道详复锦屏、天柱两县木植场条规，并咨由奉

　　巡案使　批详件均悉。据称三帮五勤，现在不过僅存，各目凡客商贩木，无论内外江的均系主家代购经理一切，于客商权利无甚增损。核阅转送该商会，拟具条规旧习究有变通，果使外江客人得由主家引进内江买木，则与从前不得进江者已有区别。既经该道尹派员查明，所拟条规尚无窒碍，应准立案。转咨湖南，惟饬严加取缔，俾免争执而广招徕，是为至要。切切。此批。等因。奉此合行

会衔附录条件，出示晓谕，为此，示仰内外客商行户，主家人等一体遵照后开条件，永远遵照，杜绝纷争而保权利。切切。毋违！特示。

附录锦屏、天柱两属全体议决规 旧章条件列后：

本条件以增进锦屏、天柱两县商场感情，各保权利及求商场上买卖自由，永远发达及和平；

徽州、临江、陕西称为三帮客，天柱所属壹勷半，芷江、黔阳、三勷半，为五勷客；

王寨、茅坪、卦治为内江，坌处、清浪、三门塘为外江；

三帮五勷客向在王寨、茅坪、卦治内江地方置有泊排成排码头者，为外江客；

王寨、茅坪、卦治内江地方，照旧永为买卖木植商场及三帮五勷泊排成排，内江行户不得拉将码头私于永州客、外江客停泊木排，以杜商场争端；

永州客、外江客内江既未置有码头，均照旧驻居于坌处、清浪、三门塘有木坞之主家，以便泊排成排。但内江行户不得接客，外江主家不得阻客，而作买卖自由公例；

永州客、外江客欲进王寨、茅坪、卦治内江买木，非有外江木坞主家引进，内江行户不得与外江客私自开盘议价，违者内江罚行户，外江罚客；

坌处、清浪、三门塘木坞主家引客进内江买木，交易成后照例先盖外江主家斧记，完纳厘税行用等费，随放外江主家木坞，内江客成排，除由木客照旧例每个苗头纳天柱中学经费壹两零五分外，并应酬给主家之劳动力费；

商场码头屡肇祸端，均由排夫购衅，嗣后茅坪杨公庙馆首及头夫，应由天柱商会公举公正殷实者，呈请天柱县署委任充当，咨锦屏县统征局暨江防局，一律保护以维持商场秩序而协商。如有不正当行为，得商请更换；

茅坪杨公庙五勷馆尚由三江行户于兑账单内亮挂每根抽钱一文半，每堆挂抽钱二十四缴作五勷馆杨公庙香灯费及天柱宾兴费，今仍一律由杨公庙馆首照旧办理。除酌香灯各费外，余提作天柱县中学校常年经费；

内江三帮五勷码头有认为必要须改良修整者，三帮五勷有完全自由之权；

天柱、锦屏两县有关于本条件认为应行会议者，商会教育会均得开联合会议公议决；

本条件以天柱、锦屏商会职员暨各界代表议决后，详天柱、锦屏两县通详立案，出示晓谕，勒石永远遵守。

右谕通知　　　　　　中华民国五年九月　谷旦　勒石

三　永定章程碑[*]

钦加同知县衔署镇远府天柱县事即补县正堂加五级纪录七次谢为遵录批示，出示晓谕事。照得县属沿河一带地方，为各省各邦木商放排经过必由之路，每遇大雨时，山水涨发，沿河所泊木排，多有被水冲散，附近居民捞获，掳为己有，木商备价向赎，勒索重价，方方刁难，议尚未成，擅行变卖，名许其赎，而终不能一赎。并有无知匪徒，每乘水势暴发，系缆危及之时，纠其多人，执械持器登排砍缆，令同党预伏下流等候，排一流下，即行强劫。并有乘其不备，黑夜偷解缆子，任排留下，遂驾小舟拆排掳抢。访闻客商所失木排洪水漂流者，十中不遇一二，余皆被若辈砍缆强劫偷窃，此等行为实与强盗无异。种种不法，真堪痛恨。上年总办瓮硐厘局委员详定，援照五分之一章程赎取。笼统而言，殆未盖善，旋据金寿、江汉、益阳、常德、黄州、长沙、永州、宿松各帮木商公议，仿照从前旧章，并新定详细章程，联名禀请立案前来，本县查阅所

---

[*] 该碑今立于坌处小学内。

拟各条，甚属周妥，详请贵州通省厘金总局宪立案，奉批：据详商各帮等酌拟赎木章程，禀恳转详前来，核与前饬仿照外省估木五分之一取赎，以便周妥，且出自木商自愿，自应准予立案。仰俟署令将前示撤销，转饬遵照，仍严禁沿河居民，不得有藏匿勒索等弊，以恤商情而昭公道。清册单并存。此缴。等因。此除遵照立案，撤销前示，并移瓮硐厘局委员及礼知镇远司令巡检遵照将示散销外，合行出示晓谕，沿河一带绅耆居民人等，一体知照：嗣后凡遇捞获漂流木植，赎取期限、估价以及租地青椿、运木雇夫等项，均应遵照后开章程办理，不准故意刁抗、违勒、抬价、藏匿、揹留，倘敢不遵，以及再有前项解砍缆子、聚众行强、黑夜偷窃并木排漂流因而夺取者，即与强盗无异，一经访闻，或被告发，定即饬差严拿，务获到案，照强例分别问拟车流纹斩，决不姑宽。其各凛遵毋违。特示。

右谕通知

计开详定各项章程

一、赎木限期，旧章改定廿日内等候木商取赎，逾期听凭捞木之人变卖。

一、凡遇满江大水漂流长杉木，每两码赎钱三千文。

一、凡遇半江水漂流长杉木，每两码赎钱一千五百文。

一、凡漂流无尾断椿，照正木每两码照正木折五钱。

一、凡遇双桐木长一丈二尺者，照正木每两码照杉木折三钱。

一、凡遇单桐长七尺者，照正木每两码杉木折二钱。

一、凡遇满江水借地青椿系缆，一条给租钱一串二百。

一、凡遇运木所用包头、排夫，听客自催，不准他人出头阻拦，倘敢不遵生事，送官惩办。

一、凡遇赎长木者，除寸头篾八尺照围。

一、凡遇沿河居民置买木植，不论整装零碎，问明来历，如系红印，削记盗卖之木，不准收买，倘敢不遵，查出指明禀官，拟案严办。

光绪二十八年　告示　二月二十日立

四　保安团防志略（节选）

龙昭灵

由义上里，当清水江下游，为湖南极西边。雍正时，由靖州拔隶天柱县，属镇远府，设千户，驻防垒处，以扼湘黔门户，而控清台苗民。明成化间，苏苗子、李惟先乱，大军溯沅水西上，直捣白岩塘，平之。其时，五溪同款，由湖广布政司颁花红牛酒。康熙三十五年，梅子溪土匪成群，四十八寨集竹刘寨议款禁，匪敛迹。道光六年七月，匪劫偏坡张廷伟家。七年正月，劫彭家冲、地冲，而廷伟家又劫二次。至是，款禁驰、团体解。长官漠视斯民，善良畏贼如虎，而肖小之辈，转得啸聚群党，乘机窃发，里人惴惴终日，束手无策救时病，乡井自是不安枕席矣。

道光三十年庚戌，广西陈亚贵乱，而洪秀全旋发难金田。县主魏承祝令由义里于双坳关、长嵊嘴筑墙建关，募军守之，是为防军之始。

咸丰元年辛亥，移防军驻龙凤山，远口司来劝捐馕防军，旋统四十八寨众去地湖清乡，取其保甲切结。四月初八日，里绅潘正文、潘代勋、彭相诏率众随远口司垒处汛往下江、地湖抄窝缉匪。县委彭相诏、徐起化募捐修县石城。

咸丰二年壬子元旦，家家不开门，如有所忌，而竟无人禁之者。是秋不稔，货物昂贵。

咸丰三年癸丑，大旱，田禾山粮收获仅二成，饥民以淘金为生。奸人图兼并，争端大起，伏路行劫者日有所闻。

咸丰四年甲寅，里人多往外乡就食，留而矿者，议分地段，诉讼斗殴少息。

咸丰五年乙卯，慧星见西方，长数丈，尾藏无数小星，革夷苗

313

张秀眉叛。四月，仁里土匪百余人劫麻盐塘，九月劫银洞，十一月劫锦屏县城。

咸丰六年丙辰，三月初五夜，仁里土匪数百劫宰贡。十一日，白昼劫垒处店户，十五清晨复劫垒处，挨户搜掳，全市骚然。汛官莫若何，里人惶恐。于是雅地、平芒、地冲、中寨、鲍塘、偏坡六寨首在雅地庵议联防守，互救援。夜柝昼瞭，人获安枕，里人渐知结团有益。九月二十八日，四十八寨集平芒议款。二十九日，匪劫新开田，又劫丫婆坳。加众追之，获匪送汛，供伙多里无赖。三十日，四十八寨齐往捕抄三处。获一匪，送汛沉之。十月，太平山俞老科叛，陷古州，围黎平。垒处汛吴运选、里绅王先和集四十八寨会议，贫者出力，富者出资，大寨置抬炮三门，小寨一门，匪来一致抵御，违者议罚。旋有和尚户牌传匪檄，搜得号片名簿，送汛斩之。十一月，俞匪窜锦屏，官弃城走。匪以入据之。匪前队掠至十里坪、岔路口、铜门、大腮等处。我境戒严，猪、羊、鸡、鸭杀尽，先过年。十二月初六日，四十八寨复集坪芒议守南防，派中寨、大山、唐家冲、吴家冲、吴家坳扎新鲁冲，地垒、妈羊、打口洞、丫叉坡、菜溪扎培加坳，花里、鲍塘、皆雅扎四方坡，竹寨、刘寨、高坡、浦头、新寨、栗木坪、棉花坪扎双坳关，冲安、孔阜、地柳、大冲、喇赖、三门塘扎九佛塘，雅地、地冲扎洞腊坳，垒处、清浪、宰贡、杨渡扎杨渡角。初七日，自备口粮，各守防地，是为我里防堵之始。

五　平茫四十八寨序

天下太平，武备废驰，乡里宴安尤甚。光绪丙午，股匪邱大汉，率二三百羽翼，横行湘西黔东间，我当冲要，颇受扰害。杨渡等寨与高让、甘洞、邦寨、茅平等处，会集黄少山订守望约，匪不敢犯。辛亥反正，有聂清远者，揭竿出南洞司串王寨，吾乡一日受惊。时团务分六寨为上段，四寨为下段，而以中段之垒处，设局总其事，严保甲以清内奸，编乡兵以应调遣，人心及以安静。丁巳南北战起，匪风日炽，幸下段乡兵一捷于凉伞，再胜于榜山，东南藩固，获安枕席。迄今戊午，邻团有为匪者，从东防间道，潜入去三门塘刘远峰，又掳抱塘全寨，捉粜周权等三人去，我边寨如皆雅、中寨、偏坡、雅地等处，尤属恐慌，甚有迁从露宿者，里之父老集议，以下各段龙君季成承受团务整理，五月始能就绪，其中经过，艰苦阶段，不知凡几。以视咸丰同治间，苗匪乱事，百倍于兹固无论矣！已末夏，拙园先生因防志成，冬月公议由局刊之，广传当时任事诸先达列绩，而垂鉴于后之从事团防者。庚申三月，付诸手民，今已告成。用摭数语，弁其首，述近丙午辛亥间团务大概云。

由义上里，当清水下游，为湘南及西边徼。雍正时，由靖州拨隶天柱县，属镇远府，设千户驻防垒处，以扼湘黔门户而控清台苗民。明成化间，苏苗子、李惟先乱，大军溯沅水西上，直捣白岩塘平之，在今锦屏县八阳河口上三里鸡冠山下，白岩乱滩右昆。其时五溪同款禁，即乡约，时谓团为款，由湖广布政司颁花红牛酒。康熙三十五年，梅子溪土匪成群，四十八寨集竹刘寨议款，禁匪劫迹。道光六年七月，匪劫偏坡张廷伟家，七年正月，劫彭家冲、地冲，而廷伟家又劫二次。至是款禁驰，团体解，长官漠视斯民，善良畏贼如虎，而宵小之辈转得啸聚群党，乘机窃发，理人惴惴终日，束手无策救时病。乡井自是不安枕席矣。

道光三十年庚戌，广西陈西贵乱，而洪秀全旋发难金田。县主魏承祝令由义上里，于双坳关、长嵊咀筑墙建关，募军守之，是为防军之始。

咸丰九年辛亥，移黄军驻龙凤山，远口司来劝捐让防军，旋统四十八寨众去地湖清乡，取其保甲切结。四月初八日，里绅藩正文、潘代勋、彭相诏率众随远口司、垒处汛往下江地湖抄窝缉匪。县委彭相诏、徐起化募捐修县石城。

咸丰二年壬子元旦，家家不开门如有所忌，而竟无人禁之者，是秋不棯，货物昂贵。

咸丰三年癸丑大旱，田禾粮获仅二成，饥民以淘金为生，奸人图兼并，争端大起，伏路行劫者，日有所□。

咸丰四年甲寅，里人多往外乡就食，留而□者，议分地段，诉讼斗欧少息。

咸丰五年乙卯，慧星见西方，长数丈，屋缠无数小星，革夷张秀眉叛。四月，仁里土匪百余人劫麻盐塘，九月，劫银洞，十一月，劫锦屏。

咸丰六年丙辰三月初五夜，仁里土匪数百劫宰贡。十一日白昼，劫坌处店户，十五清晨复劫坌处，挨户搜掳，全市骚然。汛官莫若何，里人惶恐。于是雅地、平茫、地冲、中寨、抱塘、偏坡六寨首，在雅地庵议联防守护救援，夜析尽瞭，人获安枕，里人渐知结团之有益。九月二十八日，四十八寨集平茫议款。二十九日，匪劫新开田，又劫丫爻坡，加众追之，获匪送汛，供伙多是无赖。三十日，四十八寨齐往扑抄三处，获一匪，送汛沉之。十月，太平山俞老科叛，陷古州围黎平，坌处汛吴运选、里绅王先和集四十八寨于平茫会议，贫者出力，富者出资，大寨置抬枪三门，小寨置抬枪一门，匪来一致抵抗，违者议罚。旋立和尚肩牌，传匪微搜获号片名簿，汛斩之。十一月，俞匪串锦屏，馆弃城走，匪入据之，贼前队掠至十里平岔路口、同门、大腮等处。我境严，猪羊鸡鸭杀尽，吃过年。十二月初六，四十八寨复集平茫，议守南防，派中寨、大山、唐家坳、彭家村、吴家坳扎新鲁冲，地坌、妈羊、打口洞、丫爻坡、菜溪扎培家坳，花里、抱塘、雅地扎四方坡，竹寨、刘寨、高坡寨、浦头、新寨、栗木平、棉花平扎双坳关，冲安、孔阜、地槲、大冲、腊赖、三门塘扎九福塘，雅地、地冲扎洞腊坳，坌处、宰贡、杨渡溪扎杨渡角。初七日，自备口粮，各守防地，是为我里防堵之始也。二十五日，靖州六寨响应，俞匪集雁鹅冲出掠九坡一带，被徐军扑散。三十夜禁饮酒盘，拿匪探一人，杀于大冲渡口。

咸丰七年丁巳正月，楚军复古州牛屏，由金山岩进扎十里平，俞匪遁，禁军缉辨秀迷二洞土匪百余人，谕四十八寨紧守关隘，屏蔽湘西。

自此四十寨由此产生。

平茫、中寨、雅地、偏坡、大山、唐家坳、彭家冲、吴家坳、地冲、花里、抱塘、皆雅、新寨、棉花平、梨木平、刘家寨、竹寨、地垒、妈羊、浦头、凯寨、新鲁冲、打口洞、丫爻坡、菜溪、大冲、地椰、冲安、孔皁、培家坳、高坡寨、三门塘、腊赖、垒处、清浪、宰贡、杨度、九福、洞腊、龙塘。

还有八寨没有记载，不属我县所管，故无考证。

六　需楼记

曾伯隅

垒处忠义祠既成，乃度为将事憩息，及会飨之次。以其地前途俯寻，历阶而降之，弗便于升也。于是即其右为楼，与堂基平，而余之曰需楼。盖易需于酒食，象曰以中正也。夫人之事君，无致身之心，及其从军，而有生还之志，则非所谓顺以听也。然而易言出自穴者，君子之以身殉国家，初非入于穴也。非独宁俞适丑为然也，富辰狼镡亦足当之。盖天下皆望穴页止，而不知幸免于穴者，幸而已矣，未可以出也。此顺以听之为难，圣人之所以美需于血也。然则，若诸公之膏流川谷，亦足合六四之占矣。至于旭日方赫，衣冠庋止，以肃厥事。祭毕而而飨，尊俎维旅，揖拜以饮，皆此楼也，又非所谓需于酒食者乎？虽然方诸公之效命疆场，岂意后之人必俎豆，而神明之为顺以听，是以死而弥光，久而人而谖也。然后知其出自穴也。后之人群，幸生承平之时，知酒食娱神及人之为乐，而不知当时血之沃于刀锯斧钺也。则酒食无，亦近荒乎？故曰："其亡，其亡，系于苞桑。"君子安而不忘危，存而不忘亡，治而不忘乱。昔之需于血，而必不知有酒食。后之人，需于酒食，而必不可以不知有血也。此则圣人之所以谓中正，而余之所以名些楼也。若夫江声、树影、月色，山光之胜，可以凭楼而得之者，又酒食之闲，所以佐游览之兴，而使人襟怀之超远然。君子则固可以酒食概之，而略而不陈也。八月辛酉望，澄滨野人再记。

七　十八杉传说

那些杉木当地人称为苗杉，又叫作十八杉。听老一辈的讲，清水江上游的山岭，从前一棵树都没有，有的只是山坡上的花花草草，那个时候没有树木建房子，住在这里的苗家、侗家都是搭茅草窝棚住，连野人都不如。苗家、侗家人连崽都养不活，姑娘家长大一个，就被下游的人买走一个。更令人痛心的是，没过多久，就出现一个现象：哪家生了妹崽，一落地就用水溺死，或者灌酒呛死，然后用糯合草一捆，埋进龙凤山。

后生们就到江边哭，后生们哭啊哭啊，不知哭了多少代，最后整个龙凤山一带的侗家、苗家，只各剩一个后生了，侗家的后生和苗家的后生商量了一下，便合在一起了。一天，两人煮饭，一个白胡子老者来讨米，为他们指点了方向，在龙凤山顶，出现了一个姑娘。两个后生飞快奔向山顶，向仙女般的姑娘求婚，姑娘微笑唱道：要想砍柴请上坡，要想打鱼请下河，要想采花请浇水，要想结伴请唱歌。

两个后生便你唱了我唱，我唱了你唱，赞颂姑娘的美丽，表达自己的爱慕，讲述苗侗的苦难，恳求姑娘同情。他们轮换着唱，一直唱了两百首，最后姑娘深情地对两个后生说："哥啊哥，你两个都唱得好，两个我都喜欢，可我只能嫁给你们当中的一个人，你们看如何办？"

两个后生你看我，我看你，既高兴又为难，最后同时指着对方，对姑娘说："嫁，嫁给他吧！"姑娘淡淡一笑："那好吧，既然你们都不肯要我，我只好走了！"说着拔脚就走，两个后生见姑娘误解他们的心意，一齐扑上去拉住姑娘不放。突然他们感到姑娘变硬了，抬头一看，可不！他们抱住的不是姑娘，而是一棵大树，这大树又高又直，树皮是红棕色的，树叶绿茵茵的，像耙齿一样。

两个后生伤心地靠在大树下坐下，一句话也说不出来。这时半空中响起了姑娘的歌声：苗家侗家好后生，莫发愁来莫伤心，只要保住大杉树，不愁姑娘不上门。两个后生这才知道，这棵树叫作杉树。他俩百思不得其解，为什么保住它就会有姑娘来成亲呢？半夜，两个后生在睡梦中被姑娘的呼救声惊醒，明晃晃的月亮照着他们，快到山顶，果然有个黑乎乎的东西举着斧子要砍树，苗家后生张弓拉箭，射中了那家伙的背心，只听那家伙哎哟一声，咕噜噜地滚下山来，侗家后生掏出腰刀，一刀插进那家伙的喉咙，那家伙化作一道黑烟逃走了。这时猛听半空中一阵火枪响，两个后生抬头只见那个讨饭的老者将那个黑乎乎的东西打倒了，原来是个黑狼精，老者指着骂道："你整个畜生，成精之后，装成山神，害死了多少苗侗姑娘，你想断我苗侗子孙，我要你永远给我们的子孙吃屎看门！"老者又对两个后生说："从今以后，你们要好好保护那棵大杉树，她是埋在龙凤山里千千万万个苗侗姑娘的心变成的！"

说完就不见了，两个后生跑到杉树前，杉树说："老爷爷说的都是真的，我就是苗侗姑娘的心变的。姑娘的心是红的，我的心也是红的。我同别的杉木不一样，别的杉树从树心往外烂，不值钱，我是从外边烂了心不烂，经久耐磨，用处多，清水江下游的人争着要，你们明天把我砍了，运到洪江、武汉去卖，有了钱就讨得起姑娘了。"两个后生一听，当场表示说"不，老爷爷要我们好好保护你，我们打一辈子光棍也不砍你！"

大杉树很感动，连忙唱起来：侗家哥哟苗家郎，你们都是好心肠，快快抱我摇三摇，快快抱我晃九晃。两个后生按照杉树的吩咐抱着它摇晃起来，这时只听风声呼呼，杉树种子纷纷扬扬，随风飘落到大山小岭。第二天，两个后生一起来，出门一看，世界大变样了，满山满岭，一夜之间长出了密密麻麻、苍苍翠翠的杉木林！

两个后生赶忙磨快斧子，砍了几十根大的扎成排，顺清水江运到洪江、武汉等地去卖。那里的人一见这么好的杉木，都惊叹不已，他们称为苗杉。有的还跟着两个后生进山采购，运到北京等地建造宫殿，后来更远销国外。

两后生从此一天天富裕起来，很快娶了妻子，他们又用苗杉作柱子，解板子作墙壁，树皮作瓦，盖起了宽敞的房子。于是把那棵老杉树当作救命恩人，称作杉仙，逢年过节都要给杉仙烧香磕头。

后来他们的妻子坐月子，杉仙托梦给两个后生说：侗家哥哟苗家郎，我们同坐高山上，祝愿世代不分离，相依为命幸福长。这天夜里，老爷爷托梦说："不要忘记妻子儿女是咋个来的，没有苗杉，我们苗家侗家早绝代了！你们光砍不栽，坐吃山空咋个好？靠山吃山，吃山养山。往后，你们每添一个娃崽，就在坡上栽一百棵苗杉，十八年以后，娃崽长成人了，树苗也成才了，那时，娃崽成亲，妹崽出嫁的费用就有着落了！"

从此，两家后生的崽刚一落地，他们就按老爷爷的嘱咐在山上栽杉苗，这些杉苗长大了，就叫十八杉。

每年农历正月和二月，是侗乡的植树季节。由家里的男子挖一棵杉树苗，再由家里的女子开窝栽，开窝时要插三根香，撒一把纸钱。培土时，把一枚银钱丢于小树根边，盖上土，然后用茶叶水浇灌，众人站起来，由男的唱道："问你根/问你栽树的原因/树苗原先生长在何处/哪位仙人把它送给谁家人/哪个年间栽树起/哪个年间树成林/杉树成林几多岭/造仓造物用去几多根/今天栽树又是为哪样/从头一二来说明。"女的接着唱答："报你根/报你栽树的原因/树苗原先长在天上/白发仙人把它送给凡间李家人/甲子年间栽树起/丁卯年间树成林/杉树成林十八岭/造仓造房用去九百九十根/今日栽树为了发财造新屋/你莫乱去外面告诉人。"

锦屏天柱一带，婴儿坠地，父母立刻栽杉树苗百株，待儿女长到十八岁，男婚女嫁，杉木也已长成林，砍伐解决婚事费用。砍树一般在农历五六月间，有的为了好剥树皮，提前在三四月砍伐，砍伐树木要举行伐木仪式，确定砍伐日期后，大家到林子里，烧香烧纸钱。由最年长者砍下第一斧，众人再接着一斧一斧地砍下一根杉木，倒后剥完皮。木头砍下放干后，运往河里，祭木头，求之赐福。把木头拖到寨上当建材用的念词唱道：树神山神路神！前些日子与杉木结拜为朋友兄弟，今天众人特来请它们到寨上去，到家中去，同去享乐享福，同去荣华富贵。请树神山神路神诸位神灵，开恩赐福，开道让路，让杉树与我们同行，让杉树跟我们同走。若是把木头拖往河边去卖，一般从山上放入山脚，再沿溪水铺设木道拉到河边，最后编木排放入江中。设祭坛后，要喊树神、山神、溪神、河神到位。念词唱道：今与杉木结拜为兄弟，请其出山去远方，祈求诸位神灵保佑，山上莫出事故，溪里莫断轨伤人，河里莫碰岩翻排，一路平安无事。

参考文献

一　地方志

贵州省天柱县志编纂委员会编《天柱县志》，贵州人民出版社，1993。

《贵州通志》，贵州文通书局，民国 37 年铅印本。

锦屏县林业志编纂委员会编《锦屏县林业志》，贵州人民出版社，2002。

《黎平府志》，光绪十七年刻本。

黎平县志编纂委员会编《黎平县志》，巴蜀书社，1989。

天柱县林业志编纂领导小组编《天柱县林业志》，1995。

天柱县志办公室编《天柱县旧志汇编》，1988。

二　族谱

《三门塘刘氏族谱》

《三门塘王氏族谱》

《三门塘谢氏族谱》

《三门塘杨氏族谱》

《远口吴氏族谱》

三　其他文献资料

贵州省编辑组编《侗族社会历史调查》，贵州人民出版社，1988。

贵州省志民族志编委会编《民族志资料汇编》第三集《侗族》，1987。

锦屏县政协文史资料委员会、锦屏县志编纂委员会办公室编，姚炽昌选校《锦屏碑文选辑》，1997。

黔东南州文化局编《黔东南文物志》第五集，1997。

热土飘香话天柱编辑委员会编《热土飘香话天柱》，1997。

游浩波主编《物华天宝——天柱风物录》，2001。

四　中文著作

埃马纽埃尔·勒华拉杜里：《蒙塔尤》，许明龙、马胜利译，商务印书馆，1997。

保罗·康纳顿：《社会如何记忆》，纳日碧力戈译，上海人民出版社，2000。

保罗·拉比诺：《摩洛哥田野作业反思》，高丙中、康敏译，商务印书馆，2008。

陈春声：《乡村的故事与国家的历史——以樟林为例兼论传统乡村社会研究的方法问题》，载《中国农村研究》第二辑，商务印书馆，2003。

陈垣：《明季滇黔佛教考》，河北教育出版社，2003。

程美宝：《地域文化与国家认同：晚清以来"广东文化"观的形成》，生活·读书·新知三联书店，2006。

杜赞奇：《文化、权力与国家——1900—1942年的华北农村》，王明福译，江苏人民出版社，2003。

费尔南·布罗代尔：《论历史》，刘北成、周立红译，北京大学出版社，2008。

费孝通：《江村经济——中国农民的生活》，商务印书馆，2003。

费孝通：《生育制度》，北京大学出版社，2003。

费孝通：《乡土中国》，北京大学出版社，2003。

格奥尔格·西美尔：《历史哲学问题：认识论随笔》，陈志夏译，上海译文出版社，2006。

黄树民：《林村的故事》，素兰、纳日碧力戈译，生活·读书·新知三联书店，2002。

黄应贵：《空间、力与社会》，台北：中研院民族学研究所，2001。

黄应贵：《物与物质文化》，台北：台原出版社，2004。

加斯东·巴拉什：《空间的诗学》，张靖逸译，上海译文出版社，2009。

克利福德·格尔兹：《文化的解释》，上海人民出版社，1999。

林耀华：《金翼——中国家族制度的社会学研究》，生活·读书·新知三联书店，2000。

林耀华：《义序的宗族研究》，生活·读书·新知三联书店，2000。

马克斯·韦伯：《经济、诸社会领域及权力》，李强译，生活·读书·新知三联书店，1998。

马歇尔·萨林斯：《历史之岛》，兰达居等译，上海人民出版社，2003。

玛丽·道格拉斯：《洁净与危险》，黄剑波等译，民族出版社，2008。

莫里斯·弗里德曼：《中国东南的宗族组织》，刘晓春译，上海人民出版社，2000。

娜塔莉·泽蒙·戴维斯：《马丁盖尔归来》，刘永华译，北京大学出版社，2009。

施坚雅：《中国农村的市场和社会结构》，史建云等译，中国社会科学出版社，1998。

施坚雅：《中华帝国晚期的城市》，叶光庭等译，中华书局，2000。

王明珂：《华夏边缘：历史记忆与族群认同》，台北：允晨文化公司，1997。

王铭铭：《村落视野中的文化与权力：闽台三村五论》，生活·读书·新知三联书店，1997。

王铭铭：《走在乡土上——历史人类学札记》，中国人民大学出版社，2003。

王晴佳、古伟瀛：《后现代与历史学：中西比较》，山东大学出版社，2006。

维克多·特纳：《象征之林——恩登布人仪式散论》，赵玉燕等译，商务印书馆，2006。

温春来：《从异域到旧疆——宋至清贵州西北部地区的制度、开发与认同》，生活·读书·新知三联书店，2008。

西佛曼、格里福编《走进历史的田野——历史人类学的爱尔兰史个案研究》，贾士蘅译，台北：麦田出版社，1999。

雅各布·坦纳：《历史人学导论》，白锡堃译，北京大学出版社，2008。

杨念群编《空间·记忆·社会转型："新社会史"研究论文精选》，上海人民出版社，2001。

张佩国：《近代江南乡村地权的历史人类学研究》，上海人民出版社，2002。

张应强、胡腾：《锦屏》，生活·读书·新知三联书店，2004。

张应强：《木材之流动：清代清水江下游地区的市场、权力与社会》，生活·读书·新知三联书店，2006。

赵世瑜：《狂欢与日常：明清以来的庙会与民间社会》，生活·读书·新知三联书店，2002。

赵世瑜：《小历史与大历史：区域社会史的理念、方法与实践》，生活·读书·新知三联书店，2006。

郑振满：《民间信仰与社会空间》，福建人民出版社，2003。

庄孔韶：《银翅》，生活·读书·新知三联书店，2000。

庄英章、林圯埔：《一个台湾市镇的社会经济发展史》，上海人民出版社，2000。

五　中文论文

陈春声：《信仰空间与社区历史的演变——以樟林的神庙系统为例》，《清史研究》1999 年第 2 期。

科大卫、刘志伟：《宗族与地方社会的国家认同——明清华南地区宗族发展的意识形态基础》，《历史研究》2000 年第 3 期。

刘志伟：《地域空间中的国家秩序——珠江三角洲“沙田－民田”格局的形成》，《清史研究》1999 年第 2 期。

萧凤霞：《传统的循环再生——小榄菊花会的文化、历史与政治经济》，《历史人类学学刊》第一卷第一期，2003 年 4 月。

张小军：《史学的人类学化和人类学的历史化——兼论被史学“抢注”的历史人类学》，《历史人类学学刊》第一卷第一期，2003 年 4 月。

张应强：《从卦治“奕世永遵”石刻看清代中后期的清水江木材贸易》，《中国社会经济史研究》2002 年第 3 期。

张应强：《清代西南商业发展与乡村社会：以清水江下游三门塘寨的研究为中心》，《中国社会经济史研究》2004 年第 1 期。

六　英文论著

A. Giddens, *The Constitution of Society*, Berkeley：University of California Press, 1984.

Carmen Patricia Tovar, Ph. D. , *Learning From（and Capturing）Spaces：Memory and History in Mexico City Novels*, University of California, 2008.

David Faure, Helen F. Siu, *Down to Earth, The Territorial Bond in South China*, Stanford , California：Stanford University Press,

1995.

David Faure, *The Structure of Chinese Rural Society: Lineage and Village in the Eastern New Territories, Hong Kong*, Oxford University Press, 1986.

David Faure, "The Lineage as a Cultural Invention: the Case of Pearl River Delta," *Modern China*, Vol. 15, No. 1 (Jan., 1989), pp. 4 – 36.

D. Jenks Robert, *Insurgency and Social Disorder in Guizhou: The "Miao" Rebellion*, 1854 – 1873, University of Hawaii Press, 1994.

Emily Martin, Emíly M. Ahern, *The Cult of the Dead in a Chinese Village*, Stanford University Press, 1973.

Evelyns Rawski, "Research Themes in Ming-Qing Socioeconomic History—the State of the Field", *The Journal of Asian Studies* Vol. 50, No. 1 (Feb., 1991), pp. 84 – 111.

E. Harambat, D. Phil., *Creating Places: Landscape, Memory and Identity in the Mid-Zambezi Valley*, University of Oxford (United Kingdom), 2006.

Helen F. Siu, *Agents and Victims in South China: Accomplices in Rural Revolution*, Yale University, 1989.

Henri Lefebvre, *The Production of Space*, Wiley-Blackwell, 1992.

Irina Gendelman, Ph. D., *Making Space: Memory, Identity and the Discursive Production of Place in the Urban Development of Seattle's Central District*, University of Washington, 2008.

Jing Jun, *The Temple of Memories : History, Power, and Morality in a Chinese Village*, Stanford University Press, 1996.

John E. Herman, "Empire in the Southwest: Early Qing Reforms to the Native Chieftain System," *The Journal of Asian Studies* Vol. 56,

No. 1 （Feb. , 1997）, pp. 47 – 74.

Laura Hostetler, *Chinese Ethnography in the Eighteenth Century*: *Miao Albums of Guizhou Province*, University of Pennsylvania, 1995.

Liu Tao Tao, David Faure, *Unity and Diversity*, *Local Cultures and Idetities in China*, Hong Kong: Hong Kong University Press, 1996.

Louisa Schein, *Minority Rules*: *the Miao and the Feminine in China's Cultural Politics*, Duke University Press, 2000.

Louisa Schein, *Popular Culture and the Production of Difference*: *The Miao and China*, University of California, Berkeley, 1993.

P. K. Crossley, *Empire at the Margins*: *Culture*, *Ethincity*, *and Frontier in Early Modern China*, University of California, 2005.

后　记

当自己还是个懵懂孩童的时候，异文化图景给心灵带来的"culture shock"成了一个萦绕心头追寻的梦。一次偶然的机会，从一部影片中得知了这个散发着神秘意涵的学科名称——"人类学"，因此在经济学本科毕业时便选择报考了人类学专业。

来到位于珠江一畔、翁郁苍翠的中大校园，愉快而又充实的两年硕士学习生活时光荏苒而过。其间，有幸得到黄淑娉教授、周大鸣教授、邓启耀教授、王建新教授、何国强教授、朱健刚教授等老师的授课指导。在每个老师各具风格的讲授中，逐渐步入人类学的知识领域，感受着人类学的学科魅力，对它的热爱也是与日俱增，更无悔于自己当初的选择。

为学期间，导师张应强教授的"传道授业解惑"给了学生最初的学术启蒙。老师严谨敬业、宽和谦逊的治学为人作风使学生深受感染；老师的循循善诱将自己领入学术殿堂，读书和田野中的思辨讨论也让学生受益匪浅。另一位张振江教授，对学生学业与生活上的关心与鼓励，也同样值得学生一生去感激。

为了进一步了知"历史人类学"，站在一个更加"人类学"的视角去尝试历史人类学的学术研究，本人有幸在中山大学历史学系接受博士阶段的学科训练。在此，由衷感谢中山大学历史学系的诸位先生：感谢导师陈春声对学生春风细雨般的学术教诲与熏陶，感激刘志伟老师这些年来对学生的宽容与关爱，感谢程美宝、温春来、黄国信等老师对我论文的批评与指点。他们务实严谨的治学态度，还将继续影响我。

感谢中研院民族研究所的黄应贵先生，他的点拨给予了困惑中的自己极大的学术信心；感谢吉首大学的瞿洲莲教授和罗康隆教授，他们对本人的田野及论文都提供了许多帮助；感谢天柱县原县委书记张美圣，县旅游局、文管所，坌处镇政府的有关人员以及锦屏县档案馆的王宗勋馆长对本人在田野调查中给予的莫大帮助。

感谢宋荣欣主任、编辑赵晨，以及此套丛书的编委成员，有了他们的支持与帮助，本书才得以顺利出版。

每次离开三门塘的时候，村里的阿姨姐妹们总是把亲手缝制的鞋垫送给我，"鞋垫鞋垫便是把你惦记在心里"。她们唱的那首侗歌，如丝带柔柔地飘向天空，散开在离别时的迷蒙江雾里。三门塘，在我返回村子的某个冬夜成了我生命意义的一部分，这也成为本书写作的信念所在。谨以拙作献给三门塘和那些不能在在世时看见我完稿的老先生们。在本书画上句号的时候，我也因村里的寄拜习俗，成了某位孩子的干妈。

我幸运地拥有许多份真挚的友情，感谢在我身边和在远方的朋友们，谢谢你们陪伴我走过的岁月以及给予的温暖力量，我想你们会原谅我不在此处一一道出你们的名字。

最后，感谢我的父母与家人，感谢他们无私的爱！

自己曾在一条艰辛、漫长的路上去寻找意义，在不经意而又绝望地寻觅中企及事物的隐秘。庄重无言的群山、缓慢精心生长的杉木，江面暮色中挥着透明翅膀的红蜻蜓，这一切就像一个可以归宿的时空，镌刻在我生命的图景中。

2018 年 3 月 30 日于春城

图书在版编目（CIP）数据

历史的镜像：三门塘村落的空间、权力与记忆/钱
晶晶著 . −−北京：社会科学文献出版社，2019.8
（清水江研究丛书）
ISBN 978 − 7 − 5201 − 3288 − 6

Ⅰ.①历⋯　Ⅱ.①钱⋯　Ⅲ.①村落文化 - 文化史 - 研
究 - 黔东南苗族侗族自治州　Ⅳ.①K297.35

中国版本图书馆 CIP 数据核字（2018）第 185858 号

清水江研究丛书
历史的镜像：三门塘村落的空间、权力与记忆

著　　者／钱晶晶

出 版 人／谢寿光
责任编辑／赵　晨
文稿编辑／杨鑫磊

出　　版／社会科学文献出版社·历史学分社（010）59367256
　　　　　地址：北京市北三环中路甲 29 号院华龙大厦　邮编：100029
　　　　　网址：www. ssap. com. cn
发　　行／市场营销中心（010）59367081　59367083
印　　装／三河市龙林印务有限公司

规　　格／开　本：787mm × 1092mm　1/16
　　　　　印　张：22　字　数：294 千字
版　　次／2019 年 8 月第 1 版　2019 年 8 月第 1 次印刷
书　　号／ISBN 978 − 7 − 5201 − 3288 − 6
定　　价／118.00 元

本书如有印装质量问题，请与读者服务中心（010 – 59367028）联系